网上药房
政府规制问题研究

赵晓佩 / 著

中国政法大学出版社

2022·北京

图书在版编目（ＣＩＰ）数据

网上药房政府规制问题研究/赵晓佩著.—北京：中国政法大学出版社，2022.7
ISBN 978-7-5764-0537-8

Ⅰ.①网… Ⅱ.①赵… Ⅲ.①药品－网络营销－政府－管制－研究－中国
Ⅳ.①D922.164

中国版本图书馆CIP数据核字(2022)第165299号

出 版 者　　中国政法大学出版社

地　　 址　　北京市海淀区西土城路25号

邮寄地址　　北京100088信箱8034分箱　邮编100088

网　　 址　　http://www.cuplpress.com（网络实名：中国政法大学出版社）

电　　 话　　010-58908285(总编室) 58908433（编辑部）58908334(邮购部)

承　　 印　　固安华明印业有限公司

开　　 本　　720mm×960mm　1/16

印　　 张　　14

字　　 数　　214千字

版　　 次　　2022年7月第1版

印　　 次　　2022年7月第1次印刷

定　　 价　　69.00元

本书出版受国家社会科学基金项目"药品安全视角下的网上药房政府规制问题研究"（16BFX084）资助

序

互联网自问世以来，正以前所未有的速度和广度改变着人类社会的方方面面，电子商务、电子金融、网络媒体、数字化管理等新的业态和模式层出不穷、方兴未艾。在这一浪潮中，"互联网+医药"也得以迅速崛起，互联网医院、网上药房在很多国家都进入发展的快车道。2020年新型冠状病毒肺炎疫情的暴发给网上药房提供了新的契机和动力，足不出户的购药方式和无接触配送模式在很大程度上满足了人们的购药需求。同时，相比原来的实体药房购药模式，网上药房作为新生事物，也给药品安全性带来了新的问题和风险，而政府规制经验则相对不足。具体而言，网络技术为网上药房提供快捷、便利、跨区域等优势的同时，也更容易出现绕过监管、违法销售假劣药品、出现药品安全风险。因而网上药房在世界范围内都受到严格规制，而规制权力的分配和规制手段的确定是网上药房规制过程中需要解决的核心问题。

在我国，网络发展速度也令人惊叹。网络从几乎不为公众所知到网络进入寻常百姓家、成为绝大多数人离不开的生活要素，仅仅用了十几年时间。根据我国互联网信息中心（CNNIC）发布的数据显示，截至2008年6月，中国网民数量首次超过美国，成为全球第一，而且中国的互联网普及率已经超过了全球平均水平。2021年CNNIC发布的第47次互联网统计报告指出，截至2020年12月，我国网民规模达9.89亿，手机网民规模达9.86亿，互联网普及率达70.4%。其中，40岁以下网民占比超过50%，学生网民最多，占比为21.0%。截至2021年，我国仍然是全球网民数量最多的国家。

网络使用如此便利，它在医药领域中的应用和推广也是必然趋势。这种变化在一定程度上将颠覆传统的医药服务模式。在人们的传统意识中，就医买药需要和医师、药师面对面沟通，无论是中医的望闻问切还是西医的视触叩听，乃至现代医学的各种检查手段和技术，都需要当面完成。即使在个别环节应用网络，也应当只是在有限的程度和范围内，如医疗机构或者连锁药房内部。实现看病就医全过程的网络化似乎是不可想象的。但是行业的发展往往会超出我们的想象，"互联网+医药"已经给人类社会展现了新的健康服务前景。

随着互联网的迅猛发展，"互联网+医药"产业迅速崛起，网上药房这一新兴事物在世界范围内快速发展起来。网上药房通过互联网销售药品的模式使消费者尽享便利，因而网上药房的发展在世界范围内产生了"马太效应"，其数量急剧增长。此外，全球医院对电子处方使用的不断增加，也促进了该行业的发展。十多年间，网上药房凭借其营业时间长、检索方便、价格实惠、送货上门等优势，发展迅速。美国、英国、德国和加拿大等国家都大力发展网上药房。我国网上药房发展势头也同样良好，根据商务部以及艾媒数据中心提供的数据显示，截至 2020 年，我国医药电商销售规模在全医药行业中规模占比达 11.4%。

不可否认，网上药房的确为患者买药带来了前所未有的、巨大的便利，而且对整个医药产业而言都是一次里程碑式的革命和机遇，引领着医药产业的发展方向和资金流动方向，整体上对于产业、患者都是重大的利好。然而，网上药房只是售药模式的改变，是在非物理接触和电子化的空间进行的医药服务，并不可能改变医药服务必须要确保的安全性。因为药品是特殊商品，其在疾病预防、诊疗和康复等方面发挥着重要作用。而药品发挥疗效，为人们健康提供强有力保障的关键则是药品的安全性。2015 年，李克强总理在十二届全国人民代表大会第三次会议的政府工作报告中提出，人的生命最为宝贵，要采取更坚决措施，全方位强化安全生产，全过程保障食品药品安全。2016 年 2 月 14 日召开的国务院常务会议上，李克强总理再次提出建设遍及城乡的现代医药流通网络。现代医药流通网络当然无法回避互联网售药。因此在实现网上药房的快速、便捷和可及的同时，如何确保其安全性、有效性就成为当前各国学者和政府在"互联网+医药"服务中不能不考虑的首要问题。总体而言，当前网上药房的有效规制在世界各个国家都处于探讨和不断完善的阶段。

应当看到，我国当前规制网上药房的法律制度不完善，国家主管部门对于网上药房执法检查手段不成熟，大量非法网上药房混杂于市场，以致大批假药劣药通过互联网快速流通，严重损害了消费者权益，对公众健康造成了极大威胁，这将无法充分保障公众用药安全。因此建立完善的网上药房规制制度迫在眉睫。

首都医科大学赵晓佩老师对网上药房的政府规制问题进行了系统的研究。该研究具有重大价值：第一，本研究探讨域外网上药房规制制度的基本模式与主要方式，总结其网上药房规制制度的优势与现实问题，为我国网上药房规制制度的完善提供制度依据。第二，本研究探讨我国网上药房规制制度的现实情况与主要困境，在借鉴域外先进制度模式的基础上提出完善我国现有网上药房规制制度的基本模式和理念。第三，本研究将具体总结适合我国网上药房规制的多种执法手段，为药品管理部门、卫生行政部门的执法工作出谋划策，以确保网上药房的药品安全。该研究内容对于促进我国网上药房行业规范、快捷发展，对于保障公众健康和用药便利，对药监部门的有效执法都很有意义。因此对网上药房政府规制问题的研究，在实践中能够达至政府、民众、药房和相关产业"四赢"的结果。

希望在这一基础上，作者能够进一步推动物联网药物和互联网医疗的研究，为我国"互联网+医药"服务的新业态和新模式提供坚实的法律基础。

王晨光

2022 年 7 月 23 日

目 录
CONTENTS

前　言

一、研究背景

网络实现了计算机与科学技术的高度融合，是人类社会历史上前所未有的革命性发明。网络的基本结构可以追溯到 20 世纪 60 年代。1961 年，科学家 Paul Barlin 开发出了分组交换技术，这种技术能够将消息分解为更小的数据包，随后经由网络分散发送出去。[1]早期人们将不同地域的网络进行连接，即构成了现在互联网的雏形。2021 年，全球互联网用户数量达到 49 亿，这意味着全球近三分之二的人都在使用互联网。[2]

网络推动了电子商务的迅猛发展，在此过程中，"互联网+医药"产业得以崛起，网上药房这一新生事物在世界范围内发展迅速。自 1999 年 1 月起，Soma. com 成为世界上第一家通过互联网直接向消费者销售药品的网上药房，至今全球已有约 35,000 家网上药房在线上开展售药和药品信息服务业务。[3]2014 年，以北美和欧洲为首的全球网上药房市值约为 293 亿美元，并以 17.7%的年复合增长率增长，预计到 2023 年将达到 1280 亿美

---

[1]　See Janet Abbate, *Inventing the Internet*, MIT Press, 1999, p. 11.

[2]　See Statista Research Department, "Internet Usage Worldwide-Statistics & Facts", available at https://www.statista.com/topics/1145/internet-usage-worldwide/#dossierKeyfigures, 最后访问日期：2022 年 7 月 16 日。

[3]　See Mackey T K, Nayyar G, "Digital Danger: Review of the Global Public Health, Patient Safety and Cybersecurity Threats Posed by Illicit Online Pharmacies", *British Medical Bulletin*, Vol. 118, No. 1. , 2016.

元。[1]另一份数据显示，全球网上药房市场 2018 年市值为 497.27 亿美元，并且将在 2026 年达到 1777.9 亿美元。[2]目前，在全球网上药房市场中，北美和欧洲处于领先地位；但是，网上药房的主要发展机遇应当在发展中的亚太市场，因为亚太市场有巨大的需求缺口。

我国网上药房的发展势头同样不容忽视。根据波士顿咨询集团 2016 年 4 月发布的报告，2014 年我国的网上药房市值约为 11 亿美元，并且未来仍会增多。2016 年网上药房销售总额为人民币 36 亿元，活跃用户量达 11,162 万。[3]

在新型冠状病毒肺炎疫情流行期间，网上药房更是发挥了重大作用。疫情流行期间，由于人们行动不便和外出买药受限，使得网上药房的重要性再次得到凸显。印度 FICCI（Federation of Indian Chambers of Commerce and Industry）[4]白皮书显示，疫情流行期间印度居民通过网上药房购药的数量相比同期增长了 2.5 倍。[5]我国虽然没有官方数据统计，但是疫情流行期间人们对网上药房依赖程度的增加却是不争的事实。而持续的疫情也改变着人们的购药习惯，越来越多的人由对网上药房的不信任变为认可，最终网上购药成为习惯。

相较原来的医院/药房模式，网上药房为患者提供了前所未有的便利。但是它也带来了潜在的风险，网上购药伴随着药品质量、处方、患者诊断、

---

[1] See Prabal Chakraborty, Alok Satsangi, "Online Pharmacy in India: A Study on Digital Marketing Perspective", *International Journal of Research in Engineering, IT and Social Sciences*, Vol. 2, 2019.

[2] See "E-Pharmacy Market Size, Share and Industry Analysis By Product (Over-the-Counter Products, Prescription Medicine) and Regional Forecast, 2019-2026", available at https://www.fortunebusinessinsights.com/industry-reports/epharmacy-market-100238, 最后访问日期：2021 年 2 月 21 日。

[3] 参见商务部："2016 年药品流通行业运行统计分析报告"，载 http://www.mofcom.gov.cn/article/ae/ai/201706/20170602592885.shtml，最后访问日期：2018 年 5 月 19 日。

[4] FICCI 成立于 1927 年，是印度最大最早的非政府、非营利性组织。FICCI 是印度工商业的代言人，其通过与业界和公众进行有效沟通，向政府提交报告，表达业界的观点和关注，影响政策的制定。该组织为印度私营企业、国有企业，为跨国公司成员提供服务，服务的公司超过 25 万家。FICCI 也从各州各地区的工商联合会吸纳力量，提升服务实力。FICCI 提供了一个业界和其他部门对话的平台，被印度商业界、政策制定者和国际商业界所信赖和依赖。

[5] See FICCI, "E-pharmacies at COVID-19 Frontline", available at http://ficci.in/spdocument/23316/FICCI-ePharmacy-Whitepaper.pdf, 最后访问日期：2021 年 2 月 21 日。

配送等安全隐患，需要政府加强规制。因此，当前对网上药房的规制在世界范围内都处于正在探讨和不断完善的阶段。许可网上药房发展的国家无一例外地在不断完善网上药房的规制模式和规制方式：优化规制权力的配置，探讨适合网络特点的规制方式。当前我国"互联网+医药"产业飞速发展，电子处方、线上支付方式改革涌现，新的医药法律制度较为频繁地出台，在此背景下，网上药房的发展更需要完善的规制制度作为保障。因此在现阶段，对网上药房规制制度的研究十分重要。

二、研究意义

网上药房是行业行使营业自由的全新模式。营业自由是行业享有的一项基本自由。随着科技日新月异的发展，行业营业自由的实现形式得到充分扩张。网上药房通过互联网技术，将实体药房面对面的售药模式变为以互联网为媒介，从线上到线下的全新售药过程，实现了药品买卖的电子化。与原有实体药房的经营模式不同，这是药房行使营业自由的全新销售模式。允许处方药网上销售的国家，无疑为行业的发展注入了更加强劲的动力，赋予了行业在网络空间更为充分的营业自由。而医药行业相关互联网技术的发展，如电子处方、医保电子凭证等，更是加速了网上药房以更大的渗透力快速融入人们的生活，改变着人们的购药习惯。

这是一次行业内部的重大革新和洗牌，能够快速、有效地占领互联网医药市场的药房，无疑会抢占互联网医药发展的先机，可能会成为医药行业未来的领军人物。所以一些大的电商平台、药房和有关企业均看重这一重大利好，进行着自身的布局和资金安排。而对于从事医药销售的行业而言，不仅应对资金和销售策略进行调整，更应基于本国法律制度的规定，如药品经营的法律要求、网售药品的相关规定等，合法有效地向消费者提供药房服务。网上药房在行使自身营业自由的同时，应当着力于保障公众最大程度获得用药安全。

网上药房的出现，重构着政府加强药品规制、实现用药安全的新模式。巨大的利益与风险相伴。网上药房有着传统药房难以匹敌的便利优势，是行业实现巨大利益的载体，吸引着资金的涌入，对国家医药产业的发展十分有利；但同时网上药房也带来了巨大的风险，为政府规制提出了难题。个别网上药房非法销售假药、劣药甚至毒品的行为，因网络空间的虚拟性、超国界性、分散性、交互性等特点都变得更加便利。因此如何有效规范网上药房的发展和经营行为，使网上药房的优势最大可能得以实现，将网上药房的风险有效控制，是政府规制网上药房过程中不断探讨的重要问题。

为实现对患者权益的充分保障，实现用药安全的根本目的，自网上药房出现以来，允许网上药房发展的国家无不选择通过多种模式、各种法律手段以达至有效规制网上药房的要求。对于传统的实体药房售药行为，政府往往可以通过当面检查、实物检查的方式，较易获得有效的证据材料。而网上药房的整个营业行为都主要通过电子化的形式进行，因此要求规制主体基于网络的特点设置不同于传统执法的新模式和新手段，这也推动着政府在互联网蓬勃发展的当下，必须找寻适应网络空间的规制模式与手段。网上药房促进了政府线上规制模式和规制手段的革新和应用。

就全球的发展趋势看，医药电子商务是大势所趋。而借助电子商务发展的网上药房必将成为售药购药的新模式。相较原来的医院/药房模式，网上药房为患者提供了前所未有的便利。但是它也带来了潜在风险，网上购药伴随着药品质量、配送等安全隐患；同时，我国当前规制网上药房的法律制度不完善，药监部门对于网上药房执法检查手段不成熟，大量非法网上药房混杂于市场，以致大批假药劣药通过互联网快速流通，严重损害了消费者权益，对公众健康造成了极大威胁，这将无法充分保障公众用药安全。因此建立完善的网上药房规制制度迫在眉睫。

三、研究现状

如前所述，电子商务不断创造着销售奇迹；但同时网上药房在网络这一虚拟空间完成，需要建立更加适合网络执法特点的风险规避机制。因此，网上药房自诞生以来，其规制问题就一直是政府和学者们关注的问题。

对于网上药房规制制度的研究，域外学者主要集中于以下两个问题：第一，对网上药房规制框架的整体研究。如 Carlisle George 教授的"网上药房：

全球威胁需要全球共同规制"[1]，他在文中对英国和美国的网上药房规制措施进行了比较，在研究基础上提出网上药房需要全球共同规制，因为其对全球的健康和福祉造成了潜在威胁。相似地，B. Schultz 的"网上药房规制：《瑞安·海特网上药房消费者保护法》能帮助解决国际难题吗"[2]，提出网上药房具有全球性特点，需要国际社会共同规制。JW Spain，CF Siegel 和 RP Ramsey 三位学者的"网上药品销售：有关配送的法律规制问题"[3]，认为处方药网上销售，尤其跨国销售，引发了重大的法律和规制问题。文章对欧盟、美国、英国、加拿大的法律制度进行了阐述，建议 WHO 制定规制框架。T. Bessell 的"全球网上药房的品质：我们能保护消费者吗"[4]，认为保护消费者利益与确保跨境药品质量十分困难，应借助自我规制力量，加强处罚措施。

第二，对相关国家或地区网上药房规制制度和措施的具体研究。如 J. Henney 的"网上药房和美国 FDA 的作用"[5]，文章在探讨网上售药优势和风险的基础上，重点论述了 FDA 对于网上药房予以规制的权限和规制措施。B. Paul 的"网上药房规制：澳大利亚的视角"[6]，文章认为现有的澳大利亚规定不能充分规制网上药房，建议专门立法对网上药房予以规制。

网上药房领域作为更为崭新、安全问题更为突出的研究领域，近年来一直受到我国学者的关注。主要研究有：如孟令全对英国网上药房规制制度的研究，胡颖廉从整体上对我国网络售药规制制度的探讨等成果。

---

〔1〕　See Carlisle George, "Internet Pharmacies：Global Threat Requires a Global Approach to Regulation", *Hertfordshire Law Journal*, Vol. 4, No. 1, 2006.

〔2〕　See B. Schultz, "Online Pharmacy Regulation：How the Ryan Haight Online Pharmacy Consumer Protection Act Can Help Solve an International Problem", *San Diego International Law Journal*, Vol. 16, No. 2, 2015.

〔3〕　See JW Spain, CF Siegel, RP Ramsey, "Selling Drugs Online：Distribution-Related Legal Regulatory Issues", *International Marketing Review*, Vol. 18, No. 4, 2001.

〔4〕　See T. Bessell, "Quality of Global E-pharmacies：Can We Safeguard Consumers?", *Eur J Clin Pharmacol*, Vol. 58, No. 9, 2002.

〔5〕　See J. Henney, "Cyberpharmacies and the Role of the US Food and Drug Administration", Journal of Medical Internet Research, Vol. 3, No. 1, 2001.

〔6〕　See B. Paul, "Regulation of Online Pharmacy：an Australian Perspective", Journal of Law & Medicine, Vol. 10, No. 3, 2003.

课题组以 2010 年至 2020 年 CNKI 中文数据库中与网上药房规制有关的文献作为数据来源，采用文献计量等分析法对文献进行了系统梳理和回顾。通过 CNKI 数据库以"网上药房""网上药店""网络售药""网上购药""药品网售""医药电商""医药电子商务""互联网药品交易"为关键词检索文献，以法学学科作为筛选条件进行数量统计，统计发文数量如图 1 所示。

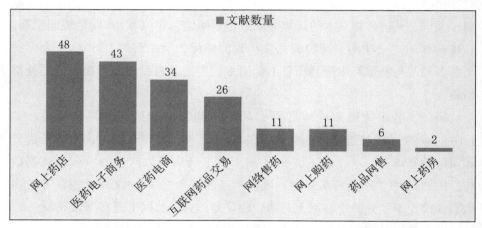

图 1　2010 年至 2020 年 CNKI 中文数据库中有关网上药房的文献数据

从上述统计可以看出，网上药房规制问题作为近年的热点问题，学者们关注较多，网上药房有关研究成果也比较多。但是从公法角度对网上药房规制问题的框架和体系进行系统研究的论著还比较少。本研究将着眼于公法学视野，探讨为了公众用药安全，政府应当如何采取有效的规制模式和具体法律手段，以规范网上药房的发展。

另外，国内学者对于网上药房规制制度的研究，主要从法学学科入手。鉴于网上药房是实践执法中应用性很强的问题，不仅与法学相关，而且与管理学、医药学等学科有密切关系，因此本研究旨在基于多学科视角、在实证基础上深入、系统对网上药房发展现状及规制问题进行探讨，以推动我国药品市场更为规范、安全地发展；为政府规制主体不断完善规制手段建言献策。

四、主要研究方法

网上药房规制问题乃是一个世界性话题，网上药房首先产生、发展于域外，一些国家和地区网上药房制度的确立早于我国，经历了较为长期的社会实践检验。分析这些国家网上药房规制制度的优势和存在的问题，为我国相关制度的不断完善提供经验借鉴，不失为制度改进的一条捷径。因此，对于网上药房的规制问题，本研究重点采取了比较分析的研究方法。所谓比较研究，亦可称为比较法，是指对不同法系、不同国家和地区的法律或者法律制度进行比较，发现其异同及各自的优点和缺点的方法。[1]

2000年6月，我国原国家药品监督管理局发布了《药品电子商务试点监督管理办法》，我国网络售药进入试点阶段；2019年新修订的《中华人民共和国药品管理法》（以下简称《药品管理法》）通过，未禁止网上药房销售处方药。我国网上药房产生晚、相关法律制度还处于不断完善的阶段。因此，通过对我国制度与域外制度的比较，充分对比中外网上药房制度存在的不同，总结中外规制制度的各自经验，是探讨我国发展和规制网上药房的有益路径。因此本研究将关注相关国家和地区网上药房规制的法律制度，包括法律制度的横向比较和纵向比较，通过对不同国家和地区规定的比较和国家和地区不同时期规定的比较，并结合不同国家和地区法律制度的历史渊源、基本国情，探讨有益的经验为我所用。

规范研究也是网上药房法律制度研究过程中不可缺少的研究方法。规范研究主要有法律解释层面的研究、立法层面的研究和学理层面的研究。[2]本研究主要基于立法层面和学理层面对法律制度展开讨论，具体而言，立法层面的研究试图回答面对某个特定事项法律当如何制定、某项制度应革应废、某个困境当如何突破；学理层面的研究试图回答某个法律问题在理论上如何建立。[3]课题组在收集了大量国内外的第一手资料并进行研究讨论的基础上，通过规范研究方法，探讨网上药房法律制度的现行规定，并从完善相关

---

〔1〕　参见梁慧星：《法学学位论文写作方法》，法律出版社2012年版，第84页。
〔2〕　参见何海波：《法学论文写作》，北京大学出版社2014年版，第17页。
〔3〕　参见何海波：《法学论文写作》，北京大学出版社2014年版，第17页。

制度的视角讨论制度发展的方向。

本研究还采用了实证研究的方法。为了解我国网上药房的发展和规制现状，课题组按照地理位置和经济发展水平，从全国各省市中选取了北京市、山西省、上海市和广东省四地的省级药品监督管理机构执法人员进行了个人深入访谈。北京市、上海市和广东省的网上药房发展在国内处于领先地位，网上药房数量比较多，药监部门更具规制经验；山西省作为西部内陆省，网上药房发展处于初期阶段，访谈主要了解未来本省网上药房的发展与规制的思路。通过对四地网上药房执法人员的深入访谈，课题组对我国网上药房发展过程中的基本理念、主要问题、执法措施等内容有了较为深入的了解。

除此之外，课题组为及时了解和掌握国家立法情况，先后多次对国家药品监督管理局执法人员进行访谈，充分了解我国网上药房国家层面立法和政策制定的理念和制度发展趋势。

深入访谈主要围绕以下问题实施：（1）本地网上药房发展的现状怎样，发展过程中存在哪些亟须解决的问题；（2）为保障药品安全，网上药房规制应注重哪些问题或环节；（3）网上药房规制方式与实体药房是否存在不同，为应对网上药房规制需求，可采取哪些创新性的规制方式；（4）当前我国对网上药房规制的法律规定是否健全；（5）我国当下放开处方药的网上销售，需要解决哪些问题。

同时，为掌握实践中网上药房售药情况，课题组成员以患者身份使用国内较大的医药平台，如京东大药房、美团买药、阿里健康等，通过亲身购买非处方药、处方药，记录药品购买流程，真实体验处方审核、在线问诊、购药流程等方面存在的问题。

本研究的具体技术路线如下：文献资料收集——文献资料分析——专家研讨——制定访谈提纲——培训调查员——确定调查对象——开展调研——汇总研究资料——现场观察——问题汇总——专家研讨——撰写结题著作。（见图2）

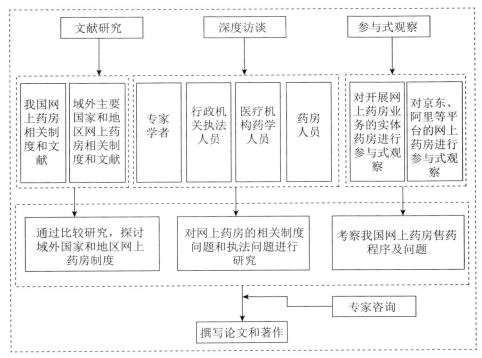

图2　本研究技术路线

网上药房和规制

药品在医疗卫生服务中往往起到核心作用。药品安全是公共安全的重要组成部分,事关公众生命健康权的实现。确保药品安全是保障社会稳定的重要内容。习近平总书记在全国卫生与健康大会上指出,要把保障人民健康放在优先发展的战略位置;要坚持预防为主的卫生与健康工作方针,将健康融入所有政策,人民共建共享。药品安全是一种最基本的公共安全,既是民生问题、经济问题,也是政治问题,承载着人民群众对美好生活的向往和追求。[1]当今世界,各个国家和地区都十分关注药品安全问题,药品安全成为衡量一国医药发展水平的重要指标。

药品安全指药品研发、生产、经营、使用的各环节符合国家法律和行业规范的基本要求,意味着保证药品从研发生产到用于患者的各环节的安全可靠性。为落实药品安全,我国政府不断强化药品全生命周期的持续监管。对于网上药房而言,药品安全主要指药品销售、贮藏、运输和使用环节的安全性。

首先,保障药品安全应当杜绝假药、劣药在网上药房的售卖。互联网的超国界性、虚拟性、电子性成为假药流转的温床。药品是特殊商品,其经济效益高于普通商品,易成为不法分子牟利的工具,因此应加强对此种违法行为的打击力度,对网上药房药品采购对象与渠道、购进记录予以规范。其次,保障药品安全意味着网上药房药品的适当储藏,即严格依照药品说明书的存储条件分类储藏药品,使药品质量得到保障。再其次,保障药品安全需

---

〔1〕 参见刘畅:"论我国药品安全规制模式之转型",载《当代法学》2017 年第 3 期。

要规范处方药的使用，保障患者合理用药。最后，保障药品安全还意味着药品配送的安全。网上药房与实体药房不同，其往往提供配送服务，实现从线上到线下的便利性。因此药品的配送需要保障质量，避免药品失效或被污染。

本研究正是基于促进网上药房药品安全的目的，探讨网上药房的规制问题。

一、网上药房的内涵及发展

（一）网络的特点

网上售药是依托网络发展起来的新型售药模式，因此在研究网上药房之前，应对网络的特点予以了解，以便更加深入理解网上药房建立的基础和其容易引发的风险点。

网络实现了信息的方便搜索和快速获得，也能够实现买卖互动和交流，并能进行线上支付，实现线上线下的连通。当今世界上绝大多数国家经济的快速发展，民众生活的正常运行，都和网络密不可分。网络已经成为拥有超能力的现代科技，渗透到人们生活的各个角落，逐步颠覆着人们固有的生活模式；网络像一个巨大的磁场，世界上绝大部分的人都被其吸引，不忍舍弃。所有这些都充分说明，网络带给人们生活很大的便利，网络的吸引力十分强大。为什么网络会产生如此效果呢？这和网络的特点密不可分：

第一，信息传输方便、快捷。网络是开放性的虚拟空间[1]，这是网络最为基本、重要的特征。如果对网络不施加任何干预，网络对信息和用户无选择性，再加上网络的开放性特点带给它极强的信息存贮和包容能力，信息一旦被发布到网络上，网络的巨大存贮空间就将信息存贮起来，并在人们搜索信息的时候快速将信息传输出去。

另外，网络还具有另一特点即发散性。在网络中，任何用户都可以发布信息，而没有谁能够成为信息发送的中心。当然，网络也的确没有规定明确的信息发布中心。信息在网络上一经发布，网络技术就会将该信息无限次复

---

〔1〕　参见［美］理查德·斯皮内洛：《铁笼，还是乌托邦——网络空间的道德与法律》，李伦等译，北京大学出版社 2007 年版，第 28 页。

制并传输。在网络中，信息可以通过无数通道传输，即使某个通道被切断，信息也能快速找到其他通道。[1]网络技术的这种分组交换模式对于网络的自救极为重要。[2]在该模式之下，网络通道很难被阻挡，当然这也给政府的网络规制带来了困难。可是对于网络的发展而言，这又是一个极为有利的技术优势，网络空间像是布满了无数条高速公路，信息就在这些高速公路上被快速地发布、复制、传播，永远不会塞车。信息获得传播的通道实在是太多了，信息在一条通道上卡塞，又可以快速通过其他通道传输。

因此通过网络空间，患者可以非常容易地搜索到大量的、甚至域外的药品信息。而其中带来的风险也是显而易见的，大量的医药信息被传输，必然产生信息质量良莠不齐的问题。网络上既有医师、药师、保健人员等专业人士发布的权威医药信息，也有患者个人发布的使用心得，甚至有一些别有用心的人为了自身的经济利益而发布的错误、虚假医药信息。而消费者或者患者作为普通人，如果没有专业人士指导，很难分辨收集到的医药信息的真伪，而如果采信错误虚假的信息，将有可能带来极为严重的后果。可能导致患者错误用药、购买虚假医药产品等，总之其结果都是十分危险的。

第二，网络的交互性和虚拟性。网络空间基于自身的技术特点可以方便买卖双方实时沟通，及时对话。例如，患者在网上药房搜索药品时，点开客服服务提示，即可向客服提问，实现实时咨询的目的。网络的这个特点，使得线上购药十分方便。患者购药时，就像有一名导购员陪在身边，随时解答问题。而且网络可以实现全方位、多形式的商品介绍。患者在网上药房购药时，可以通过网站发布的文字介绍、图片、视频等多种形式了解药品特征、具体情况，以及其他消费者真实的感受。

同时，网络也具有虚拟性的特征。网上购物时，消费者可以使用网名进行购物，将真实姓名和真实身份予以隐藏。尤其是一些患者购买的药品涉及隐私问题时，往往更愿意选择在网上药房购药，因为可以避免面对面咨询带来的尴尬。但是虚拟性也给网上药房的规制带来了挑战，一旦出现药品不良反应等情况，由于患者信息可能是非真实的，规制主体很难通过技术跟踪等

---

[1] 参见李忠："因特网与言论自由的保护"，载《法学论坛》2002年第1期。

[2] See Katie Hafner, "The Internet's Invisible Hand", *The New York Times*, Vol. 10, No. 1., , 2002.

手段查找到本人；而且虚拟性也使得违法售药购药行为变得方便。

对此，各个国家和地区要求网上药房和网络平台采取多种措施解决该问题。药房和平台主要采取的措施就是实名认证，并且认证信息与公安信息网关联，防止患者提交虚假错误信息。例如，在我国患者在京东大药房、阿里健康等网络平台购买药品时，应当输入本人姓名和身份证号等个人真实信息，进行实名认证，这对于保障药品安全规制十分必要。所以对于药品而言，网络的虚拟性在更大程度上应当受到限制。当然，这并不影响患者在购药时为免去面对面的尴尬而选择在网上药房购药。

除此之外，网络的超国界性也使得域外网上药品交易成为可能。患者可以基于自己查找到的药品信息和网站，与域外网上药房进行沟通，支付下单，然后通过国际物流运送药品，实现药品的国际交易。但是整体交易过程也会面临诸多不确定的风险，从而引起药品滥用、误用，因此域外网上药品交易同样是加强规制的领域。

（二）网上药房的内涵

得益于网络的上述特性，网上药房实现了蓬勃发展。网上药房，或称为网上药店、互联网药房、电子药房、远程药房等，其英文为 Internet Pharmacy，Online Pharmacy，E-pharmacy，Tele-pharmacy。如英国药政总局（The General Pharmaceutical Council，GPhC）将网上药房定义为"通过互联网销售、提供药品、药剂产品或其他专业服务的注册药房"[1]。互联网药品服务，主要包括配药、卖药以及在网上提供药品信息等。美国国会在 2008 年《瑞安·海特网上药房消费者保护法》（Ryan Haight Online Pharmacy Consumer Protection Act of 2008）中规定"网上药房"指在美国或境外，有意通过互联网传递、分销或分发、提供管制药品的个人、实体或网站。由于该法主要针对管制药品进行规定，所以在定义中将药品限定为管制药品，但其实在美国，并非只有管制药品才可以通过网上药房销售。我国有学者认为，网上药房主要通过网络向消费者提供药品和其他医药产品，是医药电子商务中企业与消费

---

〔1〕 See Vikas Chaurasia etl.，"The Modern Era：Online Pharmacy and Self Medication"，*Asian J. Pharm. Tech*，Vol. 1，No. 1.，2011.

者间进行交易的过程中的一方主体。[1]

网上药房应当具有以下特点：通过互联网提供药房服务，服务包括销售药品、展示药品信息、提供用药咨询、展示保健常识和用药常识等多项内容。网上药房经营过程中涉及药品安全合理使用、患者信息保护、药品邮购等问题，其营业活动应符合本国药品药房法律的基本要求。

网上药房在发展过程中，逐渐形成两种类型：第一，网上药房是独立的互联网企业，不依托实体药房而建。此种类型由于规制难度大，在很多国家受到禁止，允许此种类型网上药房发展的国家主要是美国。第二，网上药房必须依托实体药房而建。此种类型下规制机构对药房药品的进购、存贮、交易和配送规制起来较为方便，是当前许多国家允许的发展类型，如英国、加拿大、德国和我国等均通过立法要求网上药房必须有自己的实体药房。加拿大立法更是规定网上药房作为实体药房的一部分应接受现场执法检查。

实践中上述两种类型的网上药房都可以通过以下两种方式建立：一是网上药房入驻网络平台，通过网络平台进行药品销售。在这种情况下会产生网络平台对平台内网上药房的规制问题。二是网上药房通过自己的 APP 销售药品。网上药房会签约医生，他们通过互联网对患者进行远程诊疗，评估患者病情，并决定是否开具处方。网上药房的基本类型见图 3。

图 3　网上药房基本类型

（三）网上药房的历史发展

网上药房首先在欧美国家产生。美国首批网上药房于 1999 年创建，其

---

[1]　参见顾东蕾、蔡惠明编著：《医药电子商务》，化学工业出版社 2012 年版，第 108~110 页。

中最大的是 Drugstore. com，其由美国网络销售平台 Amazon. com 建立。Drug-
store. com 之后与美国实体连锁药房 RiteAid 合作，双方合作之后药品配送的
速度大大加快，消费者在网上下单的当天就可以通过 RiteAid 获得药品。
Drugstore. com 和其他网上药房如 Soma. com 和 PlanetRx. com 的兴起是对传统
药房销售模式的重大挑战。当前美国医药界已进入电子商务时代，网上药房
的销售规模和资金规模已经逐步超过实体药房，网上药房在医药卫生领域的
影响也逐渐赶超实体药房。线上购药已经逐渐成为一种成熟的药品交易
模式。

　　"上海第一医药"是我国第一家网上药房，于 1998 年开业，彼时我国的
医药电商才刚起步，但次年关停。[1]2004 年，国家允许取得"互联网药品
信息服务资格证书"的药店在网上进行药品信息服务。根据原国家食品药品
监督管理局官网统计数据可知，我国自 2005 年底北京京卫元华医药科技有
限公司获得开办第一家网上药房的资格开始，之后批准的合格网上药房越来
越多，如药房网、天猫医药馆、京东大药房等。

　　一些国家或地区网上药房的建立与快速发展除得益于其蓬勃发展的电商
行业外，也与医药分家制度的实施密不可分。在美国、德国等国家和地区，
医院往往不设门诊药房，患者就诊后需要到社会药房购买药品，而社会药房
也与医保系统连接，患者购药可以报销；而在日本等国家和地区，医院设有
门诊药房供患者选择，患者可以自行选择在医院或社会药房购药，[2]当然，
患者选择去社会药房也可以报销。医药分家制度的实施，使患者在医院诊疗
后需要或者可能需要去社会药房购药，而在实体药房购药需要花费患者更多
的时间和精力，网上药房正好可以解决这一问题。

　　进入 20 世纪，网上药房因电子处方的推行获得了更大程度的发展。电
子处方是互联网医药发展过程中的一个核心问题，因为只有实行电子处方，
才能使网上药房的优势得以充分、有效地实现，才能真正方便公众买药。电
子处方实现了医师和药师间的直接沟通和信息共享，提高了医疗服务的质

---

〔1〕　参见薛原、杨令："'互联网+'背景下网上药店市场经营现状与监管对策探讨"，载《中
国卫生事业管理》2020 年第 5 期。

〔2〕　参见赵晓佩："试论农村基层医疗机构药品安全规制制度的挑战与变革——以村卫生室为
例"，载《浙江工业大学学报（社会科学版）》2017 年第 1 期。

量，提高了开处方和配药的效率，节省了医疗成本，极大地方便了患者，更为重要的是电子处方能在很大程度上降低纸质处方的差错，同时提供用药安全警告，为安全合理用药提供了一层保障。随着各项信息技术的发展和成熟，电子处方的互动性、简便性、准确性和安全性越发得以实现。当今世界上许多发达国家和地区，如澳大利亚、日本和欧盟国家均通过法律推动电子处方在本国的应用。如澳大利亚，自20世纪90年代以来，就力推电子处方系统，2005年，90%的澳大利亚全科医师都在使用电子处方。2007年，美国的电子处方随着《患者和医疗服务提供者医疗保健改善法案》（Medicare Improvements for Patients & Providers Act）的实施在全国范围内合法化。2016年美国全面推行电子处方制度。在一般情况下，医生和医疗专业人员应当使用电子处方，患者就诊后医师将直接将其处方上传至处方系统，患者到社会药房买药时，社会药房进入处方系统就可以获得患者处方为患者配药。为响应国家号召，电子处方流转工作的推进在我国出现快速发展的势头。2018年国务院办公厅发布的《关于促进"互联网+医疗健康"发展的意见》指出，探索医疗卫生机构处方信息与药品零售消费信息互联互通、实时共享。2021年4月7日和2022年1月24日，国家发展和改革委员会、商务部先后发布《关于支持海南自由贸易港建设放宽市场准入若干特别措施的意见》和《关于深圳建设中国特色社会主义先行示范区放宽市场准入若干特别措施的意见》，支持建立海南电子处方中心和深圳电子处方中心，实现医疗机构、各类处方药销售平台、医保支付结算机构的对接。

"互联网+医药"发展过程中需要解决的另一个问题就是医保问题，只有实现"互联网+医保"，患者能够线上报销医药费用，可以足不出户完成在线问诊、网上购药、线上医保支付的全部就医环节，"互联网+医药"实现完整的闭环，才意味着"互联网+医药"的优势得到了最充分、最有效的发挥，"互联网+医疗健康"模式完全落地。就全国的发展趋势看，"互联网+医保"的应用是大势所趋。"互联网+医保"工作在我国也处于蓬勃发展的阶段。如2021年11月1日，福建省医保"双通道"电子处方流转平台正式上线，患者可以通过定点医疗机构和定点零售药店两个渠道购买医保谈判药品。

（四）网上药房的优势

实践中，网上药房经营模式方便其服务于更广泛的客户群，同时网上药房经营模式也吸引着更多消费者。客户量的增加、药品销售数量的增多，有利于网上药房降低成本、提高利润率，实现网上药房营业模式的可持续、快速发展。具体而言，网上药房的优势如下：

1. 对于患者或消费者而言，网上药房优势很多

第一，网上药房增加了患者或消费者购买药品的便利性。患者能够通过手机或电脑非常方便地订购药品。网上药房一般提供邮寄服务，患者可以足不出户获得所需药品，既节省了患者的时间，也极大地帮助了那些年老、患病无法外出的患者购买药品，尤其对于生活在偏远农村地区的老年人、残障人士和行走困难的人来说，在线健康信息、药品销售以及直接送货上门甚至可以成为救命稻草。而且，网上药房销售模式有利于患者保护自己的隐私，避免了面对面与医师药师讨论病情的尴尬。

第二，网上药房增加了患者购买药品的可及性。通过网络的发散性技术，患者可以同时自由访问多个网上药房，查看不同药房的售药情况。而且通过搜索引擎技术，患者查找某一药品的便利性大大增加，患者不需要像线下购药那样，亲自到多家实体药房咨询，对于库存有限的药品更是如此，网上药房对供应情况进行汇总，从而方便消费者。而且，患者在网上很容易实现药品不同品牌和价格的比较，能够选择更加适合自己的药品。这在线下的实体药房几乎是不可能完成的，因为即使消费者货比三家，但也只是在有限的空间和时间内，而网络将消费者的购买空间极大扩展，使消费者购买到满意的药品。

第三，网上药房的药品更具价格优势。网上药房的经营模式一方面有利于药房扩大客户群；另一方面可以减少药房的店面、人员等支出，即使需要依托实体药房而建的网上药房，网上药房的销售部分也减少了营运资金的支出，因此网上药房销售药品具有价格优势，这将最终惠及消费者。网上药房的存在也将增进药房市场的透明度和刺激价格竞争，从而最终使消费者更容易负担得起药品费用。

第四，网上药房有利于患者快速收集药品信息。在无网络时代，人们只

能通过报刊、广播电视等传统媒体获得药品信息，或者必须亲自前往实体药房询问。药品信息获取的方式单一、所获信息不完整，而且资源有限。网上药房的出现和发展极大提升了患者获得药品信息的便利性。网上药房基于网络的便利，提供了大量的药品信息供患者查找，因此患者可以登录到各大网上药房甚至域外的网上药房的网页，查找自己所需要的药品信息，从而最大可能地满足自身要求。

第五，网上药房有利于增加患者的用药知识。网上药房往往会为消费者和患者提供大量有用的健康和药品知识，作为网上药房提供的增值服务，这有利于帮助患者树立正确的药品使用理念，例如药品的相互作用、副作用、安全用药常识等。患者通过网页浏览药品信息的同时能够阅读到这些知识和信息，长此以往能够有效提高患者的用药水平。

2. 对于规制主体而言，网上药房的优势也十分明显

首先，网上药房方便规制主体进行数据追踪。网上药房可以实现将药品的完整信息通过电子方式予以记录并上传，因此药品的批次编号、药房的名称和地址、开药医师、病人名称和联系方式等内容都十分容易追踪和获得，从而减少了药品滥用的风险，在更大程度上保障患者用药安全。一旦发生药害事件，能很快追踪到购买者，实现药品可追溯。而且网上药房存贮和上传的药品销售数据，为医药卫生行政主体分析全国范围内消费者的购药情况提供了大数据的便利，这对因地制宜制定公共卫生政策将非常有用。例如加拿大的药品识别号，通过扫描该识别号，就可以获得药品基本信息。WHO 号召世界各国加强药品序列号的立法，通过科技手段有效打击假药。

其次，网上药房模式方便查验药品真伪。药房所有的进药、售药记录都十分完整地存贮于网络，规制主体通过技术跟踪系统可以十分容易地追溯到销售商，容易发现假药劣药问题，使市场规制变得便利。

最后，很多网上药房都依托网络平台而建，而政府借助网络平台的自我规制机制，可以降低行政规制的成本。政府可以通过立法要求网络平台承担一定程度的规制职责。网络平台应当对进入平台的网上药房进行监督和审查，并从技术层面配合规制主体的监督。网络平台在地位上既是政府规制的对象，同时相对于进入的网上药房又具有一定的规制职责，打破了原有的只

依靠政府机构或行业协会完成药品规制的双方局面，有利于规制主体在节省行政成本的基础上更加有效地对网上药房予以规制。

所以，网上药房既给政府带来了新的挑战，又有利于实现政府的大数据利用和追溯便利，并且推动了网络平台自我规制机制的不断完善。从这个意义上而言，制定适合网上药房的有效规制模式和规制手段也极为关键，因为实现网上药房的规范、良性发展，才能促进上述便利性的实现。

3. 对于药师而言，网上药房有利于促进药师的职业发展

首先，网上药房模式增加了商机。网上药房实现在线运营，其服务地域和服务人群都更为广泛。传统药房一般服务于附近居民，而网上药房的消费者范围广泛很多。网上药房模式提供了强大的营销渠道，这对于药师而言，无疑在很大程度上增加了售药的机会。

其次，网上药房增加了药师提供药品服务的机会。药师可以使用电子邮件或实时聊天方式回答消费者关于药品使用的问题，因不受时空的限制，药师可以在更长时间内为更多患者开展药学服务。

4. 网上药房的发展对制药企业也有诸多好处

首先，有利于制药企业做出更为正确的投资决策。传统实体药房无法记录产品销售数据，而网上药房则很容易收集并分析这些数据，这有助于医药行业内部分析药品销售流向和趋势，从而相应地调整投资策略。

其次，制药企业对患者需求数据的分析，有利于销售策略的制定。通过网上药房，制药企业能够跟踪产品的详细需求信息，从而有针对性地制定药品的销售策略。

最后，网上药房使患者对特定药品的依从性更强。在网上药房模式下，患者倾向于通过移动应用程序和系统软件在购物车中加入所需药品，这使得患者更容易遵循既定的疗法，减少药品使用的改变。用药习惯模式化也更加有利于企业进行大数据分析。

新型冠状病毒肺炎疫情的流行更加清楚地显示出技术和数字基础设施对于医药行业发展的重要性。为了战胜新型冠状病毒肺炎疫情，全球许多国家都在努力寻找正确的方法快速结束疫情，将其对商业、健康和生计的影响最小化。减少人员流动，尽可能避免与病人接触十分必要。而网上药房与国家

防控目标非常吻合，对公众健康和整个行业的发展都十分有利。

网上药房优势良多，然而必须明确的是，上述所有优势的实现都必须以网上药房被有效规制、实现合法营业为前提。

（五）网上药房的劣势

网上药房经营模式具有极大的便利，但同时也面临着各种潜在的风险。网上药房基于互联网而建，相较于传统实体药房承担着更大的风险，并且这种风险因药品的特性而加强。网络所具有的一定程度上的虚拟性、匿名性的特征和通过技术手段修改数据的便利性，使得药品的违法销售行为变得更为常见和便利。网络最大程度上超越了地域限制，在地球的任何一个角落，只要连上国际互联网络，就可以超越地域限制，快速、便捷、成本低廉地进行药品销售。因此网络在很大程度上推动了假药销售链条的形成，违法者更容易绕过政府规制，使假药进入消费者手中。网上药房在销售处方药的时候，必须凭合法真实的处方，而处方的开具过程很容易产生各种问题，如医师的身份问题、处方开具的依据问题等，并且容易导致重复用药的情况。而现有的规制手段面对互联网的快速发展可能陷入力不从心的境地。因此，网络规制是一场技术赛跑。由于规制部门的网站备案系统是静态的信息收集工具，即使发现了非法网上药房的存在，非法经营者也能够在监管部门进行上行下达工作流程的同时换成另一个地区的网站接入口，使监管部门难以抓获其违法行为。[1] 整体而言，网上药房销售模式主要使如下风险增加：

1. 患者自我诊断、自我用药风险增加

网上购药方便了患者，但是也导致患者自我用药风险的增加，尤其是违法销售处方药，以及网上假药的充斥。非法的网上药房可能在没有有效处方的情况下销售处方药。当患者基于自己的判断购买处方药时，基本的保障措施被遗漏，不仅使患者错过了医师的检查，而且药师也无法复查处方。在没有专业人士指导的前提下使用处方药，患者往往可能只是依据互联网上获取的医药信息而进行自我用药，这很有可能带来药品滥用和不良反应的现象增加。

---

［1］ 参见刘少冉："加强我国网上药店监管的对策研究"，沈阳药科大学 2009 年硕士学位论文。

即使是合法的网上药房，在处方上也会产生新的问题。因为互联网诊疗的推行，让处方的获得变得极为容易。实践中，患者如果没有处方，可以通过网上药房链接的互联网诊疗的医师开具处方。在此过程中，医师往往也是根据患者开具某种药品的要求有针对性地开具处方，但整体过程缺乏充分的检查和沟通，非常快速，而且也难以针对患者的各种用药问题进行详细的询问，可能会导致患者多次用药，或者药品间相互有不良作用的问题难以被发现。此外由于网络的隐蔽性，实践中难以判定医师本人的基本情况、是否本人在问诊开药等，存在安全漏洞。

除此之外，通过网上药房购药，患者可能会提供具有误导性的或者错误的信息，而由于医师处方开具过程中没有面诊患者，所以难以发现患者的信息错误或检查中的失误。

2. 患者信息泄漏的风险增加

医疗保健信息通常被认为是最私密和敏感的个人信息之一，即使极为私密和敏感，网上药房也能够比较容易地获知消费者的个人信息，例如患者身体健康情况、家庭关系、药品使用情况等信息，甚至患者个人的想法、感情等情况。个人健康信息的私密性使患者希望最大限度保护自己的信息，而网上药房购药过程中通过互联网提供医疗保健信息，加剧了患者个人健康信息泄露的风险。

网上药房较实体药房面临的患者信息泄漏问题更加突出。因为相关传输和存储信息都是通过电子化的方式进行，因此相关网站一旦受到黑客攻击，患者信息泄露的风险很大。药房如果使用防火墙等安全服务器技术，对患者个人数据进行严格的保护，并在传输过程中对交易数据进行加密，则可以在很大程度上降低患者数据泄露的风险。然而，这需要网上药房投入更多的资金和专业人员，需要国家法律强制性规定。

另外，网上药房可能会产生违法利用数据的行为。网上药房向第三方出售患者私密信息，为药品生产者、经营者或者保健品产业开展营销活动提供数据基础。这种违法披露私人医疗或处方信息的做法不仅侵犯了患者的隐私，而且可能会引发各种问题，例如就业歧视、健康或人寿保险费增加，甚至拒绝承保事项等。加州医疗基金会（The California HealthCare Foundation）

赞助的一项研究于 2000 年 2 月 1 日发布成果显示，许多在线医疗服务网站不遵循自己的隐私政策，与第三方业务合作伙伴共享过消费者的健康信息。[1]

3. 假药销售更为便利

假药的危害极为广泛，2008 年，在美国数十名美国人因受污染的血液稀释剂而死亡，还有很多人因此患病；2011 年，在新西兰某些在网上购买 DIY 肉毒杆菌的女性被假注射液中的杂质（包括食用油）毁容。[2]2012 年发表在《柳叶刀》杂志上的一项研究显示，在东南亚调研的抗疟疾药品中，多达 36% 是伪造的，而在撒哈拉以南的非洲，多达 33% 的化学药品是假药。假药给人类造成的痛苦无法估量。

依托于网络空间的网上药房，因互联网技术的匿名性、高速性以及跨越国家的通信能力，使得假药销售和非法用药的情况变得比实体药房时代更加严重，这给公众健康带来了巨大风险。2013 年美国国家医药委员会协会对网上药房的分析显示，在超过 1 万个销售处方药的网上药房中，97% 的药房涉及违法行为，或者是非法运营，或者是没有良好地遵守药品法律和标准。根据世卫组织的数据，从非法网上药房购买的处方药中，超过 50% 的药品是假冒的。[3]提供低价处方药的网站，其处方药可能存在未经批准，或经过伪造、更换标签，或使用未经批准的设施进行生产等问题，这些药品流入销售链条，对公众健康构成了严重威胁。

而且，在某些情况下患者会绕过国家规制购买药物，例如从海外药房邮购药品、从国内非法来源购买药品。网上购药极大增加了实施上述行为的便利性，因此具有更大的用药风险。鉴于互联网覆盖全球，网上药房问题超越

---

〔1〕 See Nicole A. Rothstein, "Protecting Privacy and Enabling Pharmaceutical Sales on the Internet: A Comparative Analysis of the United States and Canada", *Federal Communications Law Journal*, Vol. 53, No. 2. , 2001.

〔2〕 See Joe Whyte, Global Serialization Lead, Rockwell Automation, "Pharmaceutical Serialization: An Implementation Guid", available at https://literature. rockwellautomation. com/idc/groups/literature/documents/wp/lifesc-wp001_ -en-p. pdf, 最后访问日期：2021 年 1 月 26 日。

〔3〕 See Joe Whyte, Global Serialization Lead, Rockwell Automation, "Pharmaceutical Serialization: An Implementation Guid", available at https://literature. rockwellautomation. com/idc/groups/literature/documents/wp/lifesc-wp001_ -en-p. pdf, 最后访问日期：2021 年 1 月 26 日。

了国界，有效规制网上药房，保障用药安全已经成为国际话题。

网上药房销售模式带来上述风险的增加，加之药品安全的重要性，政府需要不断改进技术，加强对网上药房的规制，严格、有效、规范的规制十分必要。

二、规制、自我规制和政府规制

在探讨"如何规制网上药房以确保公众用药安全"这一核心命题之前，应当首先明确规制的涵义和种类，以便将规制手段更加合理有效地应用于网上药房。

（一）规制的内涵

规制的英文是 regulation，也可以被翻译为监管。一般认为，规制属于目的性活动（purposive activity），旨在实现特定领域或跨领域的公共政策目的，当通过法律手段或程序实现这些目标时，规制就有别于很多法域中的法律，因为规制更强调目标和结果，而法律更关注过程。[1]

除了规制之外，实践中还经常使用"监管"的说法。监管，顾名思义即为监督、管理。从效果层面看，规制与监管并无实质区别，都是有关主体给予相关对象的规范。两者的不同之处在于监管相较规制呈现出更加强硬的执法特点，尤其在畅行服务行政的当下，监管使人更多联想到被管理、被限制的情形；而规制这一术语则较为柔和，更有利于被规制者接受规制，规范自身行为。因此，规制、监管从执法效果本身来看并无实质区别，但规制更加强调规范、规则，被规制对象心理接受度更高，所以使用规制这一术语更加契合当前现实情况。

规制指根据具体的要求或者标准规范、约束特定行为。[2]规制的实施主要包括三个步骤：首先是确定规则，确定规制实施的具体规则，然后将规则予以实现。在此过程中，规则的适当十分重要，其决定着规制的效果。在任何一个规制体系中，各类标准都有着重要地位。从最广义的角度而言，标准

---

〔1〕 参见［英］科林·斯科特：《规制、治理与法律：前沿问题研究》，安永康译，宋华琳校，清华大学出版社 2018 年版，第 17 页。

〔2〕 See Herman T. Tavani, "Ethics and Technology: Ethical Issues in an Age of Information and Communication Technology", *Journal of Information, Communication and Ethics in Society*, Vol. 5, No. 1.

包括规范、目标、任务以及规则，规制体系正是据此得以形成。[1]其次是规则的实施。通过将规则作用于规制对象而达致规制的结果，即为规则的实施。规则实施的过程必然伴随着具体手段的应用，如对违反规则者实施的惩罚，以保障规则效果良好实现。最后是冲突的解决。虽然规则制定过程中人们会进行审慎的思考、多次的修改，但是规则仍然无法做到完美。制定的规则受到人的认识能力的约束与限制，受到立法技术本身的限制，也受到复杂多变的现实社会的影响，因此规则实施的过程会伴随争议。而且规则实施者的专业性、法律素养的高低，也是导致实践中出现争议的重要原因。确定有效的争议解决机制是必要的。争议的有效解决有利于权利的及时救济、社会矛盾的缓解，从而实现社会的正常良性发展。[2]

规制主要有两种形式：政府规制和自我规制。自我规制方式长期以来并没有获得足够的关注。正如 Haufler 指出的，自我规制在近些年才被更多人关注，这可能是因为过去其本身作用有限，不容易受到重视。[3]

最为常见的当然是政府规制。政府规制是指特定的政府机构把相关立法，或者自身制定的有关的行政立法和标准，作为规制过程中应当遵守的基本规则，然后通过执行这些规则，实现控制或影响社会的形式。[4]政府规制的性质是国家行为，其为公权力的运行。

（二）自我规制和政府规制

1. 自我规制

（1）自我规制的内涵

自我规制为何在当代受到前所未有的重视？可以推测出的答案是，自我规制契合了当前互联网时代的技术特性，能够实现网络空间更为安全有序地

---

[1] 参见［英］科林·斯科特：《规制、治理与法律：前沿问题研究》，安永康译，宋华琳校，清华大学出版社 2018 年版，第 66 页。

[2] See Eric Brousseau, "Internet Regulation: Does Self-Regulation Require an Institutional Framework?" Paper to be presented at the DRUID Summer Conference on "Industrial Dynamics of the New and Old Economy-who is embracing whom?" available at www. brousseau. info, 最后访问日期：2018 年 10 月 6 日。

[3] See Haufler, *A Public Role for the Private Sector: Industry Self-regulation in a Global Economy*, Carnegie Endowment for International Peace: Washington D. C. , 2001, p. 9.

[4] See Peng Hwa Ang, *Ordering Chaos: Regulating the internet*, Thomson Learning, 2005, p. 2.

发展。真实情况的确如此。那么何谓自我规制呢？简单地说，自我规制是相较于政府规制而言的。与政府规制依靠法律、依靠公权力对社会给予管控不同，自我规制主要依靠社会规范实现社会管理。网络法律和政策论坛（the Internet Law & Policy Forum，即 ILPF）[1]对自我规制机制的问题进行了较为深入的探究，提出了颇有创见的建议。研究的负责人 McCloskey 对网络空间的自我规制进行了分类研究，其将自我规制分为用户自我规制、社会自我规制、网络自我规制和行业自我规制四种实现机制（见图4）。[2]

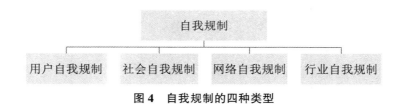

图4 自我规制的四种类型

用户自我规制主要指用户自身对其行为的自律。网上售药的用户自我规制，主要指网上药房的自律。对于网上药房而言，其应当严格按照法律要求，不售卖假药，保护患者隐私，保障网络售药电子系统的安全可靠；售卖处方药时应对处方进行审核并严格凭借处方卖药。网上药房的自我约束体现了"经济人"的基本特征。"经济人"是自利的，亦即追求自身利益是人的经济行为的根本动机；"经济人"是理性的，他能根据市场经济情况、自身处境和自身利益之所在作出判断，从而使所追求的利益尽可能最大化；只要有良好的法律和制度作为保证，"经济人"追求个人利益最大化的自由行动会无意识地增进社会的公共利益。[3]一般情况下，社会中的每个个体都会对自身行为予以自我规范而不轻易超越法律的界限，因为每个个体都是"经济

---

〔1〕 The Internet Law & Policy Forum（ILPF），是 1995 年被一些大公司例如 Netscape，AOL，Visa，Fujitsu 和英国电信共同创建的非营利性商业协会。该组织致力于研究政府和业界随着网络越来越成为经济和社会的重要因素，所面临的复杂问题。通过协商会、工作组和专家研讨会，ILPF 提供了中立的论坛和国际视野，以发现最好的实践经验并提出实际解决方案。载 http://www.ilpf.org/about/，最后访问日期：2018 年 3 月 9 日。

〔2〕 See McCloskey，"Bibliography of Internet Self-Regulation"，转引自 Peng Hwa Ang，*Ordering Chaos：Regulating the internet*，Thomson Learning，2005，p. 2.

〔3〕 参见王茜："'"经济人"假说'刍议"，载《经济问题探索》2007 年第 8 期。

人"，都会明白违法带给自身的不利后果。而且，消费者在网上药房购药时的慎重，对非法网上药房的回避，也促使网上药房实施合法行为。当然，实践中也会出现一些特殊情况，如违法成本相对较低，同时会带来十分高昂的利润收入，则使得一些人铤而走险。药品销售行业正是这样一个能带来高额利润的领域。因此，网上药房的自律虽然必要，可是在某些情况下也会失控，突破法律的约束。现实中网络上充斥的假冒药品甚至毒品交易，则大大显示出网上药房自我规制的局限性，这种依靠自律的规制形式是不可靠的。

社会自我规制强调社会规则对个人行为的规制。每个存在于社会中的私人主体，无论是组织，还是个人，都应当遵守社会正常运行的基本规则，如诚实信用、公序良俗。社会基本规则往往更多地体现为道德，它源于人们生活于社会空间，与其他人交往时不影响其他人利益，不给其他人带来不便的社交规则。社会自我规制依据社会规则实施，而社会规则呈现出不确定性、宽泛原则性的特点，因此社会自我规制对个人行为的约束有限。对于网上药房而言，网上药房为了实现自身经济利益的最大化，一般情况下会对患者负责，基于基本的社会规则实施药房服务。但是，社会自我规制的软性、缺乏制裁性又使得该种规制机制难以令人信服，规制效力十分有限。

网络自我规制，即通过网络管理员实现对网络的规制。这种规制机制要求网络空间通过技术性手段对网络上的信息和行为进行审查，对违法行为及时处理，对违法信息删除并上报。网络自我规制对于网上药房而言十分重要，因为从当前网上药房的发展而言，大多数网上药房选择进入网络平台，依靠平台的网络便利和知名度进行线上药品销售。而网络平台作为网上药房的接收方，其应当在一定程度一定范围内对网上药房的营业行为予以监督。因为在大多数情况下，消费者到某一平台购买药品时会关注该平台的知名度，因此平台应当对其消费者负责。网络平台的自我规制是政府规制的重要补充，但网络平台与网上药房的利益具有一致性，网络平台规制网上药房的积极性显得不足。

行业自我规制，即通过行业协会的力量实现某行业内部的自我规制。行业协会通过制定行业内共同遵守的规则，对本行业协会成员进行制约，规范成员行为，保障成员的外在行为是合法的。在自我规制的四种类型中，行业自我规制应当是最受关注的规制类型。行业自我规制具有突出的优势，因为行业内部对本行业的具体情况更为熟知，尤其对于一些专业技术领域而言更是如此。对于网上药房而言，因其售药行为的特殊性，与一般的行业领域有所不同，政府可以赋予行业协会更多的规制职权，行业协会专业性强的优势，有利于对网上药房实现有效的规制。

对于网上药房而言，上述四种类型中网络自我规制和行业自我规制是较为有效的规制手段，这两种手段最契合网络规制的特点，同时又能解决网上药房存在的问题，因此应当予以重点关注。

（2）自我规制的优势与不足

自我规制适用于网上药房治理存在诸多优势：第一，自我规制相较政府规制灵活性更强，自我规制依据的规则修订起来更加方便、快速，而政府规制中所遵守的法律法规一经制定就具有较强的稳定性特征，较难修订。因此，通过自我规制机制对网上药房行为进行约束，就可以发挥自我规制社会适应性强的优势，根据具体情况进行及时调整。网上药房作为新生事物，规制措施需要基于具体情况及时调整，所以自我规制对于实现网上药房的有效规制十分有益。第二，行业内在一般情况下也更愿意选择自我规制机制。如行业自我规制中，规则的制定是自下而上进行的，需要行业成员参与讨论，给予了行业成员更大的自主性。第三，自我规制机制有利于降低行政执法成本。如行业自我规制对于行业内部能够有效规制的事项，政府应当交由行业协会进行管控。政府应当作为上层的规则制定者，监督行业协会履行自我规制的职责，而无须事必躬亲。第四，自我规制因为越过了政府的介入，解决了管辖权问题，因此可以适用于不同国家。特别是对于网上药房存在域外售药的问题，自我规制机制可以有效解决不同政府的管辖权冲突问题，更容易在各国政府间达成共识，相比政府规制具有更强的适应性。

然而，自我规制机制也存在不少问题，其中最大的问题就是执行和约束力问题。自我规制机制执行力比较弱，规制效果十分有限。这个结论很容易理解，因为自我规制机制的实施在很大程度上都离不开当事人的自律，或者说自律是达成自我规制效果的决定性因素。受人的理性有限性和自利性的限制，当面临重大诱惑而且没有有效的约束措施时，每个人都很难保证完全不犯错误，自我规制机制呈现出比较软的控制力。对于网上药房而言也是如此，如果网上药房的违法营业行为能使经营者获得足够多的经济利益却没有严格的法律制裁，那将难以保障其行为的合法性，巨大的利益诱惑很可能使其放弃对规则的坚守。例如，网上药房不应违法发布药品广告或者发布违法的药品广告，不应夸大药品疗效，隐瞒药品的副作用。因此有效的法律约束和法律责任规定无比重要，它能引导市场主体的行为，让市场主体做出合法正确的行为。如果仅仅适用自我规制机制，由于自我规制机制本身的执行力不足，强制力不够，因此在一些情况下并不能达到良好的规制效果，所以政府规制必须发挥应有的补充作用。这也再次说明了，对于网上药房规制机制，即使在采取自我规制模式的国家，政府规制也在幕后发挥着应有的保障作用，即绝对有效的自我规制对于网上药房规制而言是不存在的。如美国虽然由药房委员会对网上药房进行规制，但是在具体执行的州层面，州药监部门对网上药房的经营行为具有较强的规制权。

另外，自我规制机制还面临着其自身难以突破的局限性，即规则制定过程中成员间的利益协调。自我规制实施过程中，必须制定行业内成员共同遵守的行为规则，而行为规制涉及每个成员的具体利益，当成员间利益容易达成一致时规则的制定比较容易。但是在很多情况下，成员之间存在利益冲突，共同遵守的规制难以达成，这必然导致了较大企业将会基于自身经济实力把握行业话语权，在行业内形成垄断。在此情形下，自我规制规则反而成为个别企业利益的"保护伞"，损害自由市场的价值，而此种情形下的自我规制也难以达成其对行业内实施有效规制、维护行业整体健康发展的目标。为防止自我规制机制为个别企业利用，行业协会为个别企业把控，一些行业协会往往在规则制定时明确规定要求公众参与。如美国《标准州药房法》中就要求各州的药房委员会中必须有一定数量的公众代表，而且对公众代表的任职条件提出了要求，如不能是药师的配偶等规定，以在最大可能的情况下保障规则制定过程的程序正当性和公平性，防止协会规则受到成员的过多干涉，侵害公众的合法权益。

2. 政府规制

政府规制与自我规制具有明显的不同，政府规制是基于公权力，依据法律实施的社会治理。政府规制具有更强的执行力、强制力和稳定性。政府规制过程中，政府通过立法设定被规制者应当承担的法律责任，在相对人违反法律的时候予以制裁，保证了政府规制实施的效果和威慑力。依托于互联网的网上药房更是如此。网上药房行业与一般的网络使用行为不同，是关系到民众身体健康与生命的重要领域，政府对其加强规制更是责无旁贷。实践中，当网上药房难以自律或者难以通过技术手段进行有效的自我管控时，政府的有效执法将成为打击网上药房违法经营行为，从而捍卫公众安全的重要手段。此外，对于前文所述的自我规制过程中大企业对于行业规则影响的问题，通过政府规制也可以有效解决，使得规制行为更加公平。

但是，政府规制也有其固有的缺陷。首先就是规制规则的难以变动性。政府规制往往基于立法，而立法具有相对的稳定性，在一些情况下会面临规则的滞后性、难以适应性等问题。其次政府规制还将面临网络空间的管辖权障碍。对于网上药房而言，网络空间超国界的特点，使得实践中域外线上购药成为可能。在这种情况下，确定管辖权标准是较为困难的，因为域外线上购药涉及多个管辖权主体。当发生冲突时，具体适用哪个国家的法律制度难以确定。因为不同政府基于各自文化的差异，达成统一的管辖权规则是相当困难的。最后政府规制还面临专业知识不足的困境。这不仅与政府对其所规制的市场了解多少有关，也涉及政府机构能在多大程度上有效纠正市场主体行为。[1]

（三）网上药房规制

由于网上药房事关患者用药安全，世界各国都无一例外地选择通过公权力对网上药房给予规制，发挥政府规制执行力强、更具公平性的优势。但同时，各国政府对于自我规制机制的态度、自我规制力量在网上药房规制过程中所体现出的角色、地位，以及所拥有的权力，在世界范围内形成了不同的网上药房规制模式。有的政府对自我规制抱有保守的态度。然而有的政府却认为，在网上药房规制领域，自我规制模式更加灵活，并且适用行业自我规制能发挥行业内专业人员的优势，尤其适用于药品这一专业技术领域。政府

---

[1]　参见［英］科林·斯科特：《规制、治理与法律：前沿问题研究》，安永康译，宋华琳校，清华大学出版社 2018 年版，第 12 页。

规制和自我规制力量如何具体分配，则取决于一个国家整体的规制理念和规制制度。

仅就自我规制模式而言，由上述内容可知，自我规制包括的用户自我规制和社会自我规制，难以产生较强的社会规制效力，只能作为整体规制体制的补充发挥作用，不做深入研究。而网络自我规制和行业自我规制在网上药房的规制过程中将发挥较强的规制效力。第一，对于网络自我规制而言，在立法上规定网络平台对平台内网上药房应当履行的法律义务和承担的法律责任十分必要，尤其对于当前大多数网上药房选择进入网络平台发展的现实情况更是如此。法律义务和法律责任的确立，将使网络平台加强对自身的监督，主动对进入平台的医药电商进行审查，并通过技术手段留存证据，这对网上药房市场的规范运行和行政主管部门有效实施规制权力都很有帮助。第二，加强网上药房的行业自我规制力量。通过行业协会深入对网上药房经营行为的规制，如药房经营行为的规制、药师的身份认证、培训和继续教育等内容，都可以由行业协会完成。这不仅降低了政府规制的成本，而且对网上药房自身的发展也十分有利。行业协会规制因行业专业人士的加入，使得协会内部对本行业发展中的现实情况和存在的问题更加清晰，也更加容易作出准确的判断。当然，为避免"规制捕获"，政府规制力量不可或缺。政府规制应成为行业合法发展的有力保障。

网上药房规制的理论基础

网上药房是电子商务发展成熟的必然产物。网上药房呈现出的前所未有的便利性、价格优势，影响着人们就医买药的传统习惯，这是网上药房在世界范围内得以快速发展的前提。网上药房的发展也带给医药卫生行业新的发展模式和发展空间。

同时，网上药房的规范课题，也构成了医药卫生领域的新问题、新挑战。对于网上药房这个新生事物，政府必然会对其规制。然而政府规制的理论基础是什么？规制过程应当受到哪些限制？在探讨具体的政府规制模式和手段之前，这些问题作为基础性内容无疑需要优先回答。

一、网上药房的营业自由

(一) 何谓营业自由

网上药房规制必须从其营业自由说起。就法理上而言，对于网上药房的规制，本质上即对其营业自由的规制。因此，只有以营业自由为前提论之，才可为网上药房规制奠立正当性基础，才能更好地达成自由与安全间的平衡。反之，如果不以个体权利的主体性为前提，那么对于市场规制乃至我国的整个改革开放进程的分析探讨，就只能从功利性的效益层面寻求其合理性。[1]

在法理上，营业自由属于职业自由的一部分，主要在于以营业为目的的从

---

[1] 参见陈端洪："行政许可与个人自由"，载《法学研究》2004 年第 5 期。

事自主活动的自由。[1]营业自由是多个重要国际条约和许多国家法律上都已明确规定的基本权利。《世界人权宣言》第 23 条第（一）项规定，人人有权工作、自由选择职业、享受公正和合适的工作条件并享受免于失业的保障。各国宪法营业自由的规定方式不尽相同，有自由权吸收方式、经济与财产自由包含方式、职业自由概括方式和营业自由表达方式等不同模式。[2]

1873 年的屠宰场案中，美国联邦最高法院对此进行了经典的阐释：个人选择职业的权利是自由的基本内容，是政府保护的对象；该职业一经被人选定，就成了一个人的财产和权利……是他们自由权的一部分。[3]约瑟夫·布拉德利大法官认为，从事合法职业的权利是最值得珍视的权利，立法机构无权侵犯；选择和从事何种职业是一种自由，而且职业本身也是一种财产。[4]

从工具或效益意义上而言，自由是人类文明的基石。通过自由竞争优化资源配置，才能最大程度上提高效率，使消费者和公众受益。市场经济的核心是自由竞争，经营者自由是自由竞争的前提。[5]网上药房一方面降低了药房经营者的成本，并使药品经营行为大为便捷；另一方面对于药品消费者而言，可以享受到更低的价格，且能更方便地获得药品信息，对于各种药品进行比较和选择，个人隐私更能得到实现等。网上药房的发展带给整个医药行业的影响是巨大的，对于该行业营业自由的实现是十分重要甚至可以说是革命性的影响。

从线下转到线上，网上药房售药模式为医药卫生行业带来了广阔的发展空间。网上药房依托互联网而建。网络搜索技术的发展使人们可以以秒为时间单位，找到大量所需要的资讯，而不必像过去那样费时费力地求诸图书馆、专业人士等，因此患者可以通过不同的网上药房快速获得需要的药品信

---

[1] 参见宋华琳："营业自由及其限制——以药店距离限制事件为楔子"，载《华东政法大学学报》2008 年第 2 期。

[2] 参见肖海军："论营业权入宪——比较宪法视野下的营业权"，载《法律科学（西北政法学院学报）》2005 年第 2 期。

[3] 参见刘文娟："论宪法上的营业自由权及其限制与反限制"，中国政法大学 2009 年硕士学位论文。

[4] 参见张大为："论营业自由的性质及其法律规制"，载《北京航空航天大学学报（社会科学版）》2013 年第 6 期。

[5] 参见周灵方："市场、国家与经营者自由——反垄断法的经济伦理学批判"，载《湖南大学学报（社会科学版）》2012 年第 3 期。

息。网络传播信息也极为丰富，综合了包括文字、图像、声音和视频等各种形式在内的各种内容，因此患者可以十分直观地看到网上药房发布的各种药品信息，获得药品包装、药品说明书、购药指南等各种信息。网络具有极强的互动性，患者可以通过网上药房设置的聊天功能与医师和药师实现即时通话，实现线上问诊。网上药房购药容易实现，人们只需要有一台电脑或者一部手机，并且经过简单的操作和常识学习，就可以通过互联网查找药品信息、购买药品；而且再次购买相同药品时，由于网上药房提供了购物车和已购清单服务，患者可以快速调出需要的药品。从查找药品到下单完成，只需要几分钟时间。而且网上药房还降低了药房经营者的成本，药品消费者可以享受到更低的价格。超强的便利性吸引着更多的消费者到网上药房购药，越来越多的消费者将网络作为收集医药信息和购买药品的渠道，近年来世界范围内网上药房的营业额都处于快速增长的态势。因此，保障药品网售的营业自由，不仅是营业自由权的应有之义，也有着重要的经济与社会意义。

（二）营业自由权在我国《宪法》[1] 上的体现

仅从字面上来看，我国《宪法》并未规定营业自由权利。而且，我国《宪法》上与营业自由最相近的概念即经营自主权，只是对国有企业而言的。[2] 但并不能由此说营业自由在我国不受《宪法》保护，只是外国法或法理上的概念。相反，可以很确定地说，营业自由不仅可以从我国现行《宪法》推导出来，而且有多处直接、有力的宪法依据。

更根本的依据和背景是 1993 年 3 月 29 日八届全国人大一次会议通过宪法修正案，将《宪法》第 15 条"实行计划经济"修改为"国家实行社会主义市场经济"，"社会主义市场经济"被《宪法》确认，成为我国基本的经济发展体制。作为经济体制的市场经济的确立为充分保障经济自由提供了宪法基础。[3] 众所周知，相对计划经济而言，市场经济是自由经济。因此，虽然我国并未明确将营业自由写入《宪法》，但随着市场经济入宪，经营自由

---

[1]　《中华人民共和国宪法》以下简称《宪法》。

[2]　我国《宪法》第 16 条第 1 款规定，国有企业在法律规定的范围内有权自主经营。显然，此规定所言的经营自主权的主体，仅限于国有企业。

[3]　参见韩大元："中国宪法上'社会主义市场经济'的规范结构"，载《中国法学》2019 年第 2 期。

权已成为我国《宪法》的题中应有之义。

同时，营业自由也可从私有财产权和社会主义市场经济体制辐射下的劳动权中得出。在市场经济入宪的背景下，我国《宪法》所规定的劳动权不仅保障从事劳动的权利，还包含选择与从事某种正当职业的自由。[1]因此职业自由已是受宪法保护的一项基本权利，而营业自由作为职业自由的一部分直接受到宪法职业自由的保护。[2]

但与此同时，由于我国原有社会经济管理方式的惯性，我国正处于逐步走向市场经济模式的特殊转型期，因此实践中仍有不少有碍营业自由的问题需要通过不断深化改革予以解决。这在网上药房问题上也同样存在，比如相关立法的内容有待进一步完善。对于这些问题，无疑同样需要进一步探讨。

（三）营业自由的界限

任何自由权利的行使都有其限度，没有绝对的权利和自由，即使是宪法权利也是如此。绝对的权利和自由对公共安全和他人利益将产生无可预计的危险与风险，因此必须禁止，法律往往为权利的行使设定了必要的限度。实际上，从权利和自由保障的视角而言，个人权利的边界决定着权利的实际范围，因此明确权利的边界，其实比简单地宣示权利更为重要。

与其他自由权利一样，营业自由同时受到宪法和法律、政策的一定限制，这种限制的正当性在于社会公共利益。在我国，其宪法依据就在于《宪法》第51条对个体自由的原则性限制。

就网上药房而言，由于药品是具有与生命健康紧密相关的高度特殊性的商品，而且互联网的虚拟性使得虚假宣传、违规售药等问题更具有独特性和复杂性，也容易导致药师用药指导的真实、准确性难以得到保证。现实当中，有不少非法网上药房，合法网上药房也时有违法行为。[3]凡此种种都说

---

〔1〕 参见陈征、刘馨宇："改革开放背景下宪法对营业自由的保护"，载《北京联合大学学报（人文社会科学版）》2018年第3期。

〔2〕 参见陈征、刘馨宇："改革开放背景下宪法对营业自由的保护"，载《北京联合大学学报（人文社会科学版）》2018年第3期。

〔3〕 参见李桂桂等："互联网销售药品网站审批备案和监管技术的分析"，载《中国医药导刊》2016年第10期。

明，网上药房无疑应在保障其营业自由的同时，不断完善必要的规制制度，以期保持民众生命健康安全和营业自由间的动态平衡。对于网上药房，虽然我国已经制定出一套法律、法规和规章予以规范，但是与传统的实体经营执法模式相比，仍显得规制经验不足，规制措施不够完善，未来还需要在不断的研究和探索中加强和完善网上药房的规制制度。

截至目前，最新一版的《药品网络销售监督管理办法（征求意见稿）》（以下简称《征求意见稿》），是继 2017 年 11 月公开征求意见后，在出台《关于促进"互联网+医疗健康"发展的意见》、新修订实施《药品管理法》和颁布《中华人民共和国疫苗管理法》（以下简称《疫苗管理法》）背景下的再次意见征求，体现了药品规制的风险管理、全程管控、社会共治的原则，使得药品网络销售新业态在规制和发展之间保持合理平衡。[1]《征求意见稿》中尤为值得关注的主要有：有条件允许网售处方药、禁止销售国家特殊管理的药品、第三方平台的责任与义务、药品销售质量管理等具体规定。显然，这一背景迫切召唤对目前我国网上药房规制的突出问题尽快提出相应的解决方案和制度完善的建言。

综上所述，之所以专门从营业自由角度探讨网上药房规制的理论基础，并非为了表面上所谓"体系结构完整"或"理论性"而强以为之。而主要是基于营业自由本身是一个不太引人关注的权利，更未被我国《宪法》所明确规定；再加之药品作为商品的极端特殊性，或许还由于在我国生命健康权相对于自由权具有绝对压倒性的特有权利观念。总之，网上药房规制似乎较少从营业自由权的角度来探讨。

然而，这一欠缺不是一般意义上的研究角度或方法不同的问题，而是涉及网上药房规制的基本前提性问题。从理论上厘清网上药房规制的实质乃是对于营业自由问题，至少可以保证对该问题的探讨不至于出现基本方向上的错误；而且，对于权利规制法学上早已有非常成熟、系统和恰当的分析框架和分析工具。

---

〔1〕　参见张昊："药品网售规制：可以关注哪些点"，载《医药经济报》2021 年 3 月 11 日，第 B02 版。

二、网上药房规制的正当性

（一）实现公共利益

营业自由权当然有其限度，从而也应对其施加必要的规制。但是对营业自由的规制也并非是随意的、毫无约束的，没有约束的规制将会在另一层面侵害私人的合法权利。网上药房规制也是如此。对于网上药房经营行为的规制，只是为了最大程度防止网上药房侵害他人的合法权利，如患者的健康权。当私人自由与他人合法权利发生冲突时，法律只能选择保障他人合法权利。

在实践执法层面，"他人"又具体表现为两种情形：其一，他人表现为具体、特定的个体。例如，网上药房违法销售处方药给某一患者，患者服药后出现副作用，网上药房的行为侵害了特定患者的身体健康。其二，他人表现为不确定的多数人。如 2016 年 3 月疫苗案件中，山东省警方破获案值 5.7亿元非法疫苗案，疫苗未经严格冷链存储运输销往 24 个省市。疫苗含 25 种儿童、成人用二类疫苗。此事件涉及 24 个省份近 80 个县市，[1]影响到大量儿童、成人接种疫苗的安全。在这种情况下，受到侵害的对象为不特定的人的安全和权利。

然而，立法者在制定法律的时候，并不能预见未来可能遭受权利侵害的具体个人，只能通过法律制度实现对整个社会的规范，保护的也是所有不确定人的合法权利，因此必须从普遍的意义上界定受到某种违法行为侵害的所有个人都受到法律某一条款的保护。因此法律所界定的所有个人的利益可以体现为具体个人的利益或者公共利益。而无论侵害的是特定个人的利益还是现实的公共利益，其实都可以解读为侵害了公共利益。因为对公共利益给予保障的本身也是为了实现个人合法利益的保障。事实上，"公共利益"或"公共秩序"并不是个人利益的简单叠加或组合，而是最终通过保障个人利益的形式得以实现。

网上药房经营行为事关公众药品安全，关乎每个人的健康和生命，是政

---

〔1〕 参见 360 百科："3·18 山东济南非法经营疫苗案"，载 http://baike. so. com/doc/23639405-24194355. html，最后访问日期：2018 年 1 月 5 日。

府应当规制的重点，这是政府应当承担的重要公共职能，是公共利益理论的应有之义。在网上药房规制问题上，基于药品的特殊属性，其安全使用极为重要。而实践层面，无论是非法的网上药房还是合法的网上药房，都有加强规制的必要，因为一旦存在药品的违法销售行为，将必然侵害患者健康，因此对网上药房给予有效规制是保障公民权利、社会秩序的重要手段。

（二）符合法治的基本要求

为达致公共利益目的，规制主体必须采取具体的规制措施，对权利给予适度的限制。权利或者自由的实施必须明确界限，给予合理的限制，否则权利的滥用必将对公共利益或对他人权益造成侵害。限制措施必须能够直接达致正当目的，而不只是产生一定影响。对于网上药房营业自由的限制也是如此。限制网上药房的措施必须适当适度、谨慎确定、实践中有效。对于网上药房的规制措施，应当在营业自由与用药安全上达致基本的平衡，既能保障网上药房的规范发展，又能有效遏制其违法行为，保障患者用药安全。

具体而言，任何对自由的限制，必须符合法治的基本要求。法治是现代社会的一个基本特征。法治从最基本的意义上而言，是要求任何人或任何机构都不应凌驾于法律之上，并要求政府的行为必须由法律授权，以此作为政府行为的依据；而且对政府行为合法性的争议可以由独立于政府之外的法官来裁决。[1]法治是公平公正的体现，也是民众权利保障的利器。

政府对网上药房规制，体现了公权力对特定的医药卫生领域的约束与规范。如上所述，只有以营业自由为前提，才能为网上药房规制的合理性奠定正当性基础。如此而言，固然权利有界限，但对权利的限制也有界限，唯此才能达至个体权利和公共利益间的平衡，此乃基本法理，自不待言。同样，网上药房营业自由规制的限制，亦不外乎权利规制之限制的基本框架与要点，如法律保留、比例原则、正当程序等。这些自然也已是基本的常识性公理。但上述常识性公理，又是指导整个研究所不可或缺的理论基石和系统分析的体系性框架。而且，就网上药房营业自由规制而言，在一些方面具有较为突出的特性表现。

---

〔1〕　参见［英］威廉·韦德：《行政法》，徐炳、楚建译，中国大百科全书出版社1997年版，第25～27页。

1. 法律保留问题

就法治的基本要求而言，首先便是法律保留问题。政府实施任何行为必须获得法律的授权，政府行为必须有法律依据。详言之，法律保留是指对于一国的重大事项特别是关乎个人权利的事项，必须由民意代表机关制定法律才可以规定，而不得由其他机关尤其是行政机关越俎代庖。换言之，行政机关如果规定事关个人权利的事项，必须具有明确的法律授权。[1]

法律保留的根本目的是更好地保障个人的基本权利不受任意侵害，要求任何对基本权利予以限制的规定必须是有权机关才能做出。质言之，它意味着立法权对行政权的限制，保障个人权利免受行政权扩张之害。它还意味着只有民意代表机关通过法定的讨论、辩论程序，并基于公众民主参与程序如公众征求意见程序，让规定得到充分的辩论，经利害相关人表达自己意见之后表决通过的法律，才能对个人权利做出限制性规定；该原则区分了立法权与行政权对个人权利给予限制的界限。从这个意义上而言，立法权对个人权利给予限制的权力是当然具有的、先天获得的；而行政权对个人权利予以限制的权力是后天获得的，必须是经过授权的。

如上所述，对于个人权利的限制，应当由民意代表机关制定法律予以规范。行政机关如果要制定规定规范个人权利，必须获得法律的正式授权。因此，正式授权便显得极为重要，否则授权将流于形式，而无法达到通过授权约束行政权之目的，法律保留原则的要求将会形同虚设。因此授权必须是尽量明确、具体的，授权目的、授权内容都应在法律中予以详尽规定，而不能是过于宽泛、模糊的空白授权。

这体现了法律保留原则中法律明确性的要求。法律明确性要求的核心内容是立法在对个人权利做出限制性规定的时候，必须对个人权利应受限制的情形进行尽可能明确的规定，最大程度实现可操作性，而不能通过不确定的法律概念对行政权力进行宽泛含糊的授权。不确定的法律概念，宽泛含糊的授权，可能导致行政机关对授权进行自我解读，赋予行政机关过度的自由裁量权。想要通过授权约束行政机关的行为，为个人权利提供基本法律保障的目的将难以实现，最终也将违反法律保留原则的根本目的。

---

[1] 参见陈新民：《中国行政法学原理》，中国政法大学出版社 2002 年版，第 34~35 页。

2. 比例原则方面

比例原则的实质是通过为实现正当目的确定的合理适当的措施来解决个人权利限制与公民合理负担之间的关系。该原则要求政府在实施限制个人权利的所有措施前都必须经过审慎的考量。首先是目的性考量，限制措施必须能够实现法律既定的目的。其次措施的实施不得对个人权利造成过度的侵害。即使存在违法行为，也受到该原则的保护。最后应当在公共利益和个人权利限制之间找到基本的平衡点，达至既维护和保护公共利益不受侵犯，又不至于过度侵害个人权利的目的。

网络规制和药品流通规制都具有高度技术性、专业性，这就决定了网上药房规制具备双重专业技术性。进而言之，网上药房规制更多地涉及规制的合理性问题。对于审查判断规制的合理性问题而言，最为重要的分析检验工具无疑是比例原则。这也正是比例原则被称为帝王条款的根本原因。

实质上，比例原则形成发展史上的标志性案件，即 1958 年德国的"药房案"（Apothekenurteil），该案恰巧是关于药品经营的事件。不能完全说是巧合，很大程度上这是由于药品经营的特殊性所决定的。此案的案情如下：巴伐利亚邦 1952 年的《药剂师法案》第 3 条第 1 项规定新开设的药房必须符合以下条件，即新药房应当具有商业价值，且对其他药房不构成不正当竞争的情况下，才能获得营业执照。该法的目的在于对药剂师的执照予以数量上的限制。一位东德的药剂师移民到巴伐利亚邦后，向政府申请营业执照。但根据上述法案的内容，政府拒绝给他颁发执照。于是该东德移民提出宪法诉愿，称该法案侵犯了其职业自由的权利。因此，这里的关键问题是：巴伐利亚邦 1952 年的《药剂师法案》第 3 条第 1 项（规定新设药房必须符合一定的要件）是否与其《基本法》第 12 条第 1 项第 1 句所保护的职业选择自由相抵触。最终邦宪法法院认为，《药剂师法案》的规定违反了《基本法》的规定。[1]

在该案件的判决中，邦宪法法院基于比例原则对《药剂师法案》第 3 条

---

[1]　BVerfG June 11, 1958, BVerfGE 7, 377（404-05），参见刘权："目的正当性与比例原则的重构"，载《中国法学》2014 年第 4 期；另参见徐继强："德国宪法实践中的比例原则——兼论德国宪法在法秩序中的地位"，载许崇德、韩大元主编：《中国宪法年刊》，法律出版社 2011 年版。

第 1 项规定给予了判定。该法律规定的开业限制的"必要性"问题，是应当首要考虑的，即开业限制是否存在"迫切的社会需求"，应包括三个要素：

第一，采取的措施必须经过谨慎选择，以确定措施的执行能够实现预期的法定目的。措施的选择应当是审慎的、不得随意而为。措施的选择应当能够达至公平合理的法定目的。政府在对自由或权利采取特殊的干预措施时，必须能够证明这种特殊干预措施是必要的。在本案中，邦宪法法院的法官提出了一种假设，即如果将邦《药剂师法案》中规定的开业限制条款取消，那么是否一定会对正常的药品市场秩序造成干扰进而危及公众健康呢？答案显然是否定的。开业限制条款与药品交易的市场秩序并无直接关联，只要政府加强规制，药剂师经营药房行为合法，不但不会危及公众健康，扰乱社会秩序，相反还能促进药房间的良性竞争，最终使患者受益。

第二，干预应当贯彻最小侵害的原则，不过度损害公民自由权。例如美国联邦最高法院曾这样评论这一要求的重要性：即使政府的目的是正当且重要的，然而当该目的能在较小的范围内实现时，就不能通过扼杀人的自由这一基本权利来追求该目的。[1] 在本案中，采取禁止经营自由的措施来达至所谓的正常秩序之目的，显然不符合比例原则最小侵害的基本精神。

第三，政府对公民权利的干预措施所达成的目的与对公民权利造成的侵害之间应当进行比较。只有前者法益更大而后者侵害较小时，相关措施才可以执行，否则为较小的法益而侵害了较大的公民权利时，即使已经通过了前两个阶段的检验，相关措施仍不能执行。邦宪法法院认为：依照基本法，自由是人格实现的最高价值，法律应当维护人职业选择时的最大程度的自由。因此不应以牺牲自由的方法获得所谓的正常经营秩序，除非有需要保护的重大公共利益。

从比例原则的角度，特别是从上述药房案判决的说理过程来看，无疑会对我国网上药房规制的进一步发展完善，提供不可或缺的经验。

3. 正当法律程序问题

正当法律程序可谓法治的核心内容之一，也是私人权利得到保障的重要原则。正当法律程序是指公权力对私权利予以规制时应当遵循的一系列方式

---

〔1〕 参见丹尼尔·西蒙斯："对言论自由的可允许限制"，载《国际新闻界》2005 年第 4 期。

方法、步骤过程。正当法律程序从程序上对公权力的执法行为给予了约束和规范，要求公权力执法不能任意而为，必须满足法律的基本程序性规定。

正当程序源自英国古老的自然公正原则，其主要有两点内容：一是任何人不能做自己案件的法官。该内容要求公共官员执法时不能参与与自身利益相关的案件。例如对于网上药房的执法检查，公务人员如果发现该网上药房的经营者与自己熟识，可能会影响到执法公正时，应当主动申请回避。该内容实质上仍是为了实现执法的公平公正性。二是执法措施可能会对他人利益造成不利后果的，执法人员应当履行告知义务，并充分听取对方的陈述申辩，并且不得因对方的陈述申辩而加重对其处罚。这是相对人应当享有的正当的程序性权利，目的在于避免错误执法，保障相对人合法权益不被随意侵犯。1789 年法国《人权和公民权宣言》第 7 条、1791 年美国《宪法第五修正案》和 1868 年美国《宪法第十四条修正案》进一步丰富了正当法律程序原则的含义。[1]时至今日，正当程序的观念已经几乎为世界各国所接受和实践。

在很多情况下，公权力行为的结果公正与否，一般人并不容易判断，但公权力行使的过程是否公平正当，则往往是显而易见的。也正是在此意义上，程序正义被视为"看得见的正义"。因此通过程序规范公权力行为的实施，更容易为社会为相对人所接受。正义不仅应得到实现，而且要以人们看得见的方式加以实现。[2]程序正义对于政府行为可接受性的确具有不可或缺的增进功效。

最后，众所周知，"迟来的正义为非正义"。程序正义不仅不是简单地排斥效率，而且在一定程度还要求程序必须高效。当然，这里所强调的效率并非我国传统法律文化以及当代法律工具主义背景下人们所通常理解的行政效

---

[1]　法国《人权和公民权宣言》第 7 条指出，除非在法律所规定的情况下并按照法律所指示的手续，不得控告、逮捕或拘留任何人。1791 年美国《宪法第五修正案》是美国联邦宪法第一次对正当法律程序作出规定。1868 年美国《宪法第十四条修正案》是美国宪法再次对正当法律程序作出规定。美国《宪法第十四条修正案》规定，所有在合众国出生或归化合众国并受其管辖者，都是合众国及其所居住州的公民。任何州不得制定或执行剥夺合众国公民特权或豁免权的法律；任何州，不经正当法律程序，不得剥夺任何人的生命、自由或财产；州管辖范围内，也不得拒绝给予其管辖下的任何人以平等法律保护。

[2]　参见陈瑞华：《看得见的正义》，中国法制出版社 2000 年版，第 2 页。

率观——这种效率观不是片面地强调个人对于国家权力的绝对服从，而是注重程序的迅捷（expeditiousness）、简明（simplicity）、省时（timeless）和便利（convenience）[1]，其要旨在于遏制公共机构办事拖沓、低效，降低相对人参与法律程序的成本，从而也有利于更大程度上将民众的行为纳入法律的范围之内，减少民众苦于法律程序的繁琐拖沓转而进行法外活动的情形。

具体到政府对网上药房的规制而言，正当法律程序原则一方面要求政府对网上药房、网络平台的权利予以限制时应当向相对人说明理由，告知并给予相对人陈述申辩之权。这也是权利救济原则的基本精神。另一方面对于规制主体和网上药房之间产生的纠纷，要求法律应当赋予网上药房必要的救济权利。实践中，往往由司法机关对私人权利进行救济。在本研究中，由于网上药房及网络平台等相关私人主体的司法救济、针对政府机关提起行政诉讼与其他性质的行政诉讼并无区别，所以对于司法救济问题不再展开论述。

此外，就网上药房规制的程序而言，除了要符合正当程序所要求的说明理由、陈述申辩和中立裁决等，可能不大被注意的是，还要强调程序的效率，避免繁琐和拖延，从而减少对经营者带来的麻烦，例如要减少不必要的、重复的事先审批程序。我国网上药房的设置需要依托于实体药房，因此只需实体药房获得药品经营许可证，不需要再办理网上药品经营许可，相关的手续要在保证有效规制所必需的前提下，尽量简明扼要、省时便利，等等。

三、网上药房的风险管理

（一）风险社会的兴起

1. 风险社会理论的提出

"风险社会理论"（the Risk Society Thesis）最早由德国学者乌尔里希·贝克（Ulrich Beck）于1986年提出。贝克于1986年出版了名为《风险社会》（the Risk Society）的著作，预示了风险社会的到来。贝克提出，在他1986年首次有关风险社会的论述中，他把风险社会描述为先进的工业化所带来的

---

〔1〕 参见杨寅：《中国行政程序法治化——法理学与法文化的分析》，中国政法大学出版社2001年版，第227页。

不可避免的社会改变。风险的管理涉及政治、伦理和道德的因素。[1]1992年贝克的《风险社会：迈向新的现代性》（Risk Society：towards New Modernity）一书被翻译成英语，贝克的思想在世界范围内引起了更加广泛的关注。之后英国社会学家安东尼·吉登斯（Anthony Giddens）也对风险社会进行了持续的研究。

　　学者们认为现代社会的发展、人们活动的增多是导致现代社会风险不断产生的根源。虽然风险一直都存在于社会发展的各个阶段，但是现代社会风险的发生与人的活动密不可分，这区别于以自然风险为主要风险来源的社会。现代社会的风险主要呈现以下特征：第一，风险由人类的实践活动产生。由于贝克深刻认识到当代的新风险根植于现代人不合理的实践活动和现代社会无节制的发展方式之中，所以，贝克在寻求风险社会出路时，特别强调从根本上破解当代人的实践矛盾和发展悖论的思想观念基础，而破解的途径就在于"启蒙"。[2]吉登斯指出，虽然人类一直处于一定程度的风险之中，但现代社会却面临着一种特定类型的风险，这种风险是现代化进程本身的结果，从而将改变社会结构，现代风险是人类活动的产物。[3]从吉登斯关于风险种类的研究中，可以看到相较于来自外部的、自然的和固定的风险，风险社会中充斥着"被制造出来的风险"，这种风险产生于人类的实践活动，来自于人类的不断探索与进步对世界的影响。[4]在医药领域，一般将药品风险分为天然风险（固有风险）和人为风险（偶然风险），后者作为在生产、流通、用药环节产生的风险，突出了"人为性"的特征。[5]第二，风险具有全球化趋势。现代社会的发展，通讯、互联网和信息等技术的普及，全球化不仅指经济、文化的全球化，也指风险的全球化。如传染病疫情在世界范

---

〔1〕　See U Beck，"Risk Society's 'Cosmopolitan Moment'"，载《复旦人文社会科学论丛（英文版）》，Vol. 2，2010.

〔2〕　参见刘岩："风险意识启蒙与反思性现代化——贝克和吉登斯对风险社会出路的探寻及其启示"，载《江海学刊》2009 年第 1 期。

〔3〕　See Giddens，Anthony，"Risk and Responsibility"，*Modern Law Review*，1999.

〔4〕　参见［英］安东尼·吉登斯：《失控的世界》，周红云译，江西人民出版社 2001 年版，第 22 页。

〔5〕　参见侯茂鑫、王前："风险社会理论视域下对我国药品风险问题的思考"，载《医学与哲学》2016 年第 6 期。

围内的快速传播，疫情难以在个别区域得到彻底的控制；如药品的跨境买卖，问题药品通过网络予以销售，并经由国际物流系统而流传到世界范围。这也揭示了现代社会发展的一个重要特征，即国家间交往的密切性、频繁性而导致现代社会危险危害程度的剧增。第三，风险具有不确定性。人为导致的风险的核心特点在于其具有不确定性。这与自然风险不同，自然风险具有更强的可监控性，如对地震、暴雨的监测与防范，人为风险具有难以监测性的特点。基于人类活动而导致的风险往往具有突发性，突然产生、危害性大。

风险社会理论成为 20 世纪最为重要的社会学理论之一。伴随工业文明、科技发展突飞猛进，人为制造的风险在量上不断积累、在破坏潜能上迅速扩张，公众对风险的焦虑与日俱增，这势必引发政治议程的转变，国家任务开始向健康、环境等领域的安全保障职能倾斜。[1]对风险社会风险问题的讨论，人们能够正视现代社会风险的来源，并不断探讨识别具体风险和解决风险的路径，以减少风险发生的频率和降低风险程度，达至整个社会的有序和安全。

2. 风险社会的特点

"风险社会"指的是为应对风险而组织起来的社会。贝克认为，第二次世界大战结束以后，激进的社会变革发生，在过去一段时间，西方社会已经从工业社会转变为新的历史时代，即风险社会。[2]风险社会理论者认为，为应对现代社会风险的全球性、人为性和突发性，当代风险社会呈现出以下特点：

制度的复杂性增强。现代社会，经济因科学技术的推动而加速发展，人类社会进入工业社会以来飞速发展的时期。人工智能、计算机技术革新颠覆着人们的日常生活方式，而技术发展在推动经济高速发展的同时，也产生诸多涉及伦理、权利等亟待解决的问题，需要制度不断完善予以回应和规制。在风险社会，政治和经济变得更加不确定。[3]这种模糊性将改变现有的社会

---

〔1〕 参见赵鹏：《风险社会的行政法回应》，中国政法大学出版社 2018 年版，第 7 页。

〔2〕 Dingwall, R, "'Risk society': The Cult of Theory and the Millennium?", *Social Policy and Administration*, Vol. 33, No. 4., 1999.

〔3〕 See Beck, U, Beck-Gernsheim, *Individualization: Institutionalized Individualism and its Social and Political Consequences*, Sage, 2003, p. 29.

结构、制度和社会关系，使其趋于更加复杂、偶然和碎片化。[1]

政府规制的预防性。贝克认为，风险社会的核心问题之一就是人们当下所预见到的许多风险，如果成为现实，将会对人类社会产生灾难性的后果，如核事故风险。等到事故发生才作出应对是不明智的。因此，在这种新的风险环境中，需要有"修复未来"的能力，这样才能在风险发生之前"修复"可能的风险问题。[2]贝克试图研究技术、科学、政治和社会制度之间的关系，以及其对于个人和整个社会所产生的影响，这一方面是对技术对人类福祉的作用的评估；另一方面也是探讨科学、技术的发展对社会政治制度的反作用。[3]虽然现代风险具有不确定性和突发性的特点，但是政府仍然应对相关风险予以预判，并通过完善规制制度来降低风险，减少对整个社会的危害。对于如何预防与控制风险，贝克和吉登斯倾向于从风险扩张与加剧的源头，即制度的失范与如何消解入手，构想在风险社会中建构规范的制度系统和规则，认定和评估风险，对风险进行预警和控制。[4]

政府管理职能的突出。人们一方面依赖技术进步对日常生活的改变和便利，另一方面也要求政府能够控制工业化过程中的风险，保障公众的基本安全。这样的困境出现在当代社会发展的诸多领域，如健康问题、公共卫生、自然灾害、环境等，这些风险被认为比之前更加多样化，更加难以预测。现代社会已经成为风险社会，现代社会的基本特点之一是不断地讨论、避免和管理自身产生的风险。风险的管理，则无法回避社会责任和政府责任问题。因此在风险社会下，政府责任更加突出，尤其在涉及健康和安全的领域，需要政府给予重点规制，以保障民众的基本健康和生活。

公权力与私权利的平衡。为了控制或管理风险，各国政府已经制定了新的立法措施。这些立法措施对人们的一些基本权利构成了限制和约束，例如

---

〔1〕　See Adams B, Beck U, Loon J V, *The Risk Society and Beyond: Critical Issues for Social Theory*, Sage, 2000, p. 5.

〔2〕　See Shearing C, Johnston L, "Justice in the Risk Society", *Australian and New Zealand Journal of Criminology*, Vol. 38, No. 1., 2005.

〔3〕　See Jarvis D, "*Theorizing Risk: Ulrich Beck, Globalization and the Rise of the Risk Society: A Critical Exegetic Analysis*", Social Science Electronic Publishing, 2008, pp. 1-56.

〔4〕　参见庄友刚：《跨越风险社会——风险社会的历史唯物主义研究》，人民出版社 2008 年版，第 54~55 页。

对人身自由、私人家庭生活、个人数据等方面的影响，换句话说，建立安全的社会是要付出代价的，公民不得不放弃他们的一些权利，以换取一个更加安全的社会。[1]政府在一些领域规制职能的增强，必然伴随对私人权利的干预。而如何在确保公众安全和维护公民权利之间达至基本的平衡，也成为政府和学者们关注的基本问题。因此，在风险社会的理论下，一方面，面对风险的不确定性，政府如何为实现公众安全而进行有效的规制；另一方面，政府的规制必将在一定程度上影响私人权益，会产生公权力与私权利的平衡问题。如在风险社会治理之下，为达至药品安全，政府采取了诸多措施，如许可政府、追溯制度等，对药品相关企业的经营自由，对患者的信息权都需要在一定程度上给予约束。

（二）网上药房的风险管理

风险社会学描述的现代社会风险特征，对相关法律制度的建构具有相当深远的意义，它揭示了现代社会中国家干预风险的正当性基础，也暗示了国家干预风险所面临的一系列困难。[2]药品安全问题作为事关公众健康生命权利保障的重大问题历来受到各国政府的持续关注。应当承认的是，我国当前也正处于充满风险的社会历史时期，而识别与防范风险正是国家和社会所面对和承担的基本职责。药品领域的风险管理也应秉持这一理念，在不断判断和识别事关药品安全的风险问题的前提下，进行有效的制度设计和改革，促进并规范药品市场的蓬勃发展，保障公众健康权利的实现。我国政府在对药品问题进行有效规制、实现药品安全的路径方面，进行了长期不懈的积极探索。药品规制理念的改革，药品规制主体的确立成为我国国务院历次机构改革的重点。我国在药品规制措施方面不断完善制度建设，2019年修订后的《药品管理法》出台，加强和深化了药品全生命周期的治理理念，药物警戒、药品追溯制度更加健全。

以药品法律的颁布修订和药品规制主体的确立为例。1984年，我国《药品管理法》由第六届全国人民代表大会常务委员会第七次会议通过，这

---

〔1〕 See Valentine J, "Justice in the Risk Society", *Contemporary Political Theory*, Vol. 4, No. 3., 2005.

〔2〕 参见赵鹏：《风险社会的行政法回应》，中国政法大学出版社 2018 年版，第 9 页。

是我国第一部药品管理的法律，标志着我国药品管理上升到法律的层面。1988 年 3 月，国家经济贸易委员会下设国家医药管理局，为国务院直属机构。国家医药管理局负责全国药品（不含中药材、中药饮片、中成药）的行业管理。1993 年国务院机构改革，国家医药管理局改为国家经济贸易委员会管理的国家局。

1998 年，我国政府为加强药品管理，提升药品安全，国务院机构改革时将国家医药管理局和卫生部药政局、中医药管理局的药品管理职能合并，组建了国家药品监督管理局，作为国务院直属的副部级单位，将国家医药管理局行使的药品生产流通监管职能、卫生部的药政管理和药品检验职责、国家中医药管理局的中药流通监管职能集中起来。这是我国政府第一次建立独立的药品规制机构，是我国药品安全专门机构监管模式的开端。2000 年，我国在药品规制体系借鉴国际经验，决定建立垂直管理制度，实行省级以下垂直管理，各地成立职能统一的药监机构。国家药品监督管理局统一负责药品的研发、生产、流通和使用各环节的药品规制。

2001 年，《药品管理法》修订，由第九届全国人民代表大会常务委员会第二十次会议通过，自 2001 年 12 月 1 日起实施。我国的药品规制法律体系得到进一步完善。2003 年，国务院机构改革，在国家药品监督管理局的基础上，成立国家食品药品监督管理局，该机构新加入了对食品、保健品和化妆品的监管职能。

2008 年机构改革，一方面取消了食药领域的省级以下垂直管理的体制，另一方面食品药品监督管理局重又归入原卫生部管理。改革取消了省级以下垂直管理，加强了各地政府药品规制的责任，加强了同级卫生部门对药事行为的监督指导。将药品规制归入卫生机构管理之下，有利于协调和统一医疗与药品的关系，深化医疗卫生体制改革，确保药品的可及性、安全性。

2013 年机构改革对食药领域的规制主体进行了较大的整合，具体将国务院食品安全委员会办公室、国家食品药品监督管理局、国家质量监督检验检疫总局和国家工商行政管理总局有关食品药品的监管职责整合，组建了国家食品药品监督管理总局，成为国务院直属的正部级单位。此次改革提升了我国食药规制机构的级别，是政府大力解决实践中食药安全问题，统一食品药品安全监管职能的变革。

2013年机构改革之后，基于药品监督管理能力的实际情况，2018年国务院再次对药品规制主体进行了改革。首先将国家工商行政管理总局、国家质量监督检验检疫总局、国家食品药品监督管理总局、国家发展和改革委员会中价格监督检查与反垄断执法职责、商务部经营者集中反垄断执法和国务院反垄断办公室等职能予以整合，组建了国家市场监督管理总局，同时在该总局之下设置国家药品监督管理局，以凸显药品规制的重要性。

网上药房规制模式

探讨网上药房的不同规制模式，必然需要针对各国的药品规制主体展开论述。无论是实体药房还是网上药房，其规制主体一般而言并无差别，然而本研究探讨规制主体仍然十分必要，原因主要如下：

其一，研究网上药房的规制问题，很难绕过规制主体。规制主体是规制问题研究的基本内容和核心内容之一。其二，虽然规制主体呈现出的一些问题如规制权力、规制实效等在实体药房规制时也存在，但是相关问题将会因网上药房数量的快速增长和风险的集中化而变得更为突出。

根据自我规制模式，尤其是行业自我规制力量对网上药房规制的强度，世界主要国家的网上药房规制模式可以被分为三种：政府规制模式，如英国，主要依赖政府力量对网上药房给予规制；政府规制为主，行业自我规制为辅模式，如德国；倡导行业自我规制模式，如美国、加拿大，网上药房的规制主要通过行业协会实施，但是为了弥补自我规制的缺陷，美国和加拿大在各州或各省层面又呈现出政府规制和行业协会规制相互配合，行业协会受到政府机构有效监督和领导的局面。

一、自我规制为主模式

之所以强调是自我规制为主模式而非完全的自我规制模式，是因为网上药房规制并不存在完全的自我规制模式，正如前文所述，自我规制虽然优势良多，但执行力、强制力不足，如果没有政府规制作为坚强后盾，很难达成有效的规制结果。而且一般而言行业协会往往由会员自愿参加，协会规则的实施依靠会员的自律，这样的运行模式对于网上药房这种事关公共安全的领域而言并不合适，需要政府对行业协会规制力量注入一定的强制性。

自我规制为主模式中，政府规制力量一般不直接施加于企业本身。政府往往作为行业协会的后盾和负责任的指挥者，支持并督促行业协会发挥规制作用。通过此种规制模式，国家实现了行业营业自由和公共安全的基本平衡。

（一）美国的药房委员会模式

自我规制为主模式的代表国家是美国。美国是世界电子商务的起源地，成熟的电子商务市场为网上药房的发展提供了技术支持和参考样本，网上药房的起步比较早，发展规模在世界上处于前列。而网上药房规模的增加，药品线上交易数量的增多也为法律制定提供了现实依据与需求。美国政府经过不断探索，构建出比较完善的医药法律体系和制度。

根据现行法律，美国食品药品监督管理局（FDA）负责执行《联邦食品、药品和化妆品法》（Federal Food Drug and Cosmetic Act，FDCA），是药品规制的主管部门，除了与国内其他组织机构合作规制国内网上药房，还监测国外网上药房，并与多国政府合作打击网上非法宣传、销售药品等行为。FDA 从 1994 年就开始关注网上药房的售药行为。[1]

除 FDA 外，美国药品使用环节的规制主要由行业协会负责。美国药品领域最为重要的行业协会组织是全国药房委员会（NABP）。全国药房委员会颁布《标准州药房法》（The Model State Pharmacy Act），为各州制定药房法律提供标准。各州可根据自身情况以《标准州药房法》为蓝本制定本州药房法，但不得低于《标准州药房法》的要求。这种模式保证了法律体系的统一性与灵活性。[2]各州药房委员会（SBP）基于本州药房法对本州药房予以规制，实施日常监督工作。其工作内容主要包括：药师的考试注册，药房许可证的发放、更换和吊销，药房日常经营活动的执法检查等。目前，除美国国内各州外，加拿大、澳大利亚等国的多个州及新西兰、南非等国也参照《标准州药房法》制订了各自的药房法律法规。[3]

---

〔1〕 See U. S. Food and Drug Administration，Online Pharmacies FAQs，available at http：//www. fda. gov/oc/buyonline/faqs. html. 最后访问日期：2020 年 3 月 5 日。

〔2〕 参见鄢灵、赵晓佩："中美执业药师制度比较研究"，载《中国药房》2017 年第 16 期。

〔3〕 参见王怡慧等："对美、英等发达国家零售药店监管体制的分析"，载《中国药房》2005 年第 17 期。

除此之外，联邦贸易委员会主要对网上药房的产品广告宣传进行规制，保证消费者能够获得真实可靠的信息。美国海关负责管制药品的进口。

总体而言，美国联邦层面主要由 NABP 制定标准约束各州药房制度，而 FDA 对于药房的规制权有限。在州层面，则是各州药房委员会在州卫生行政机构的领导下具体行使网上药房的规制权，政府规制的力量明确加强。美国模式主要基于成熟的市场和完善的法治，强调社会、政府、市场相互协作，其优势在于规制成本低、制度运行能力强，多种手段相互补充。[1]下文将重点介绍 FDA 和 NABP 的设置及规制权，以实现对美国网上药房规制模式更为深入、直观的理解和思考。

1. FDA 的设置及职权

FDA 是联邦卫生和公众服务部（Federal Health and Human Services Department）的下属机构。它是迄今为止药品安全规制领域最为成熟的独立管理机构，为世界各国药品规制提供了极为宝贵的经验。美国是联邦制国家，FDA 属于联邦机构，实行全国范围内的垂直管理。目前，FDA 的规制领域包括药品、医疗器械、兽用药等产品在内的诸多产品，所涉及的科学领域涵盖产品的上市前审评、疗效和安全性评价，上市后不良反应事件监测以及质量和安全规制的全部科学和技术。长期以来，FDA 被民众视为公众健康守门人或者把关人，在保障美国公民健康方面的地位不可撼动。[2]

在机构设置上，FDA 为了确保专业机构独立、客观地开展工作，其地方机构的设置并未遵循行政区划，而是完全打破州的界限，按照地理位置进行设置。FDA 在全国设置了 5 个大区（regional office）（东北、东南、西南、中部、太平洋区）和 13 个药品检验所（lab）（曾经属于辖区，现在是独立机构），它们是 FDA 的直属机构。大区办公室设立在 5 个大区的中心城市。大区办公室下设 20 个辖区所（district office），其中一个专门处理进口产品。辖区所下设 100 多个监督检查站（resident post）作为派出机构。FDA 的上述机构负责对本地区的食品、药品、医疗器械等领域实施规制检查。

与按照行政区划设置地方机构相比，FDA 的大区制划分更有利于摆脱州

---

〔1〕　参见宋春峰："国外如何监管互联网药品市场"，载《中国防伪报道》2014 年第 2 期。
〔2〕　参见杨悦编著：《美国药品监管科学研究》，中国医药科技出版社 2020 年版，第 1 页。

政府的干预，以便更好地保持规制机构自身的独立性和公正性。对于 13 个药品检验所，FDA 也不是按照级别设置，而是在全国统一设置。13 个药品检验所是独立的药品检验机构，FDA 还将 13 个药品检验所（lab）从辖区（district）级别提升到大区（region）一级，成为与大区所平行的独立机构，如东南区实验室、温彻斯特工程和分析中心（Winchester Engineering and Analytical Center）等，进一步保障了其独立地位。

在人员编制上，FDA 的做法有两点值得借鉴：第一，工作人员数量不施行简单的平均主义。由于 FDA 实行自上而下的垂直管理体制，工作量多集中在总部层面，许多事项的决策决定是由总部发出的。因此，FDA 将三分之二的人员集中在华盛顿总部，主要负责产品审查和法规政策实施，体现垂直规制的意义。各区所的规模视工作量而定，全美的药品 65% 以上在中部区生产，因此该区的药品规制力量较强，核定的人员较多。第二，在人员结构上，除了药品检验所等技术机构必须雇佣相关专业人员外，在行政管理机构中，生物学家、化学家、医师、生物医学工程师、兽医、毒理学家以及公共卫生教育和通讯领域的专家等专业技术人员也占有相当大的比例。这保证了 FDA 决策制定的专业性。

在经费方面，FDA 的经费由众议院统一拨付，并且预算逐年递增。充足的经费保障大大加强了规制力度，同时也有效降低了规制人员被规制对象"俘获"的几率。

FDA 的主要负责药品的研发和生产环节，而药品使用环节，即药房的规制职责则主要由 NABP 负责。当然，作为药品领域的主管机构，FDA 十分重视药品安全，如药品使用中的不良反应等问题，对于药房销售假药的行为，FDA 也给予重点打击。针对网上药房销售药品时呈现出的各种风险，FDA 多次采取行动加强宣传，强化公众用药安全意识。FDA 专门在其官网上设置了"网购——医疗欺诈"的安全警示专栏，里面的内容包括网上药房购药的潜在风险、互联网安全购药指南、互联网健康咨询评估指南、消费者安全指南手册等内容。通过警示消费者非法网上药房的危害，FDA 旨在实现保护消费者和打击非法网上药房的双重目的。[1]

---

〔1〕 See FDA, "Protecting Yourself", available at https://www.fda.gov/ForConsumers/ProtectYourself/index.htm, 最后访问日期：2018 年 5 月 21 日。

另外，FDA 还多次在全国范围发起"BeSafeRx——了解你的网上药房"的专项行动。其目的在于告诫医疗保健专业人士和消费者从非法网上药房购买药品的危害性，指导人们安全网购药品，帮助网上药房的潜在消费者做出明智的购药决定，从而从供需关系的源头打击非法网上药房。

2. NABP 的设置及职权

NABP 是具有国际影响的协会组织，成立于 1904 年，独立于 FDA。1904 年，在 26 个州的 SBP 代表会议上，NABP 成立。第一次会议与美国制药协会（the American Pharmaceutical Association）年会同时举行。委员会制定的《标准州药房法》是委员会对 SBP 有效促进和约束的重要手段。《标准州药房法》明确了该法的目的，即通过有效控制和规范"药房实践"来促进、维护和保护公众健康、安全和福利。其对"药房实践"进行了界定，指出药房实践主要包括解释、评价、执行医嘱等药学服务，也包括利用新技术和技能培训，提升药房的服务质量，增强患者购药用药的安全性。药房委员会施行会议制，通过召开会议处理业务。委员会主任或三分之二以上成员可以召集额外会议以处理特殊事务。委员会的会议通知应依照《行政程序法》规定的方式和程序发出。委员会会议和听证会原则上应向公众公开，委员会有权依法决定部分会议不予公开。

（1）NABP 成员

NABP 成员为美国联邦各个州、哥伦比亚特区、加拿大各个省以及其他司法管辖区的药房委员会（或类似的药房许可机构），申请加入委员会需经执行委员会批准。新会员的申请应提交至执行委员会主任，在执行委员会会议上，需要全体成员的三分之二以上的赞成票同意，新成员方可加入。NABP 由活跃成员和准成员组成。活跃成员是本州已经正式遵循协会的章程和细则，可以与 NABP 进行信息交换的委员会；准会员为那些已经提出申请，但是尚未成为活跃会员的委员会。[1]

目前 NABP 的活跃成员由 45 个州、哥伦比亚特区、阿拉斯加和波多黎

---

[1] See "National Association of Boards of Pharmacy", *Report of the Committee on Constitution and Bylaws*, available at https://nabp.pharmacy/wp-content/uploads/2020/07/CBL-Report-2020.pdf，最后访问日期：2021 年 5 月 21 日。

各的制药委员会或许可机构组成。加利福尼亚、佛罗里达和纽约的制药委员会是准成员。该协会成立的目标在其章程中说明，是基于统一的药房设立最低标准和统一立法，实现药品许可证的州际互惠，并通过与州、国家、国际机构和有类似目标的协会间的合作，提高药房服务标准。

（2）SBP 的组成和职权

《标准州药房法》规定 SBP 应由多名成员组成，成员应包括公众代表和符合规定、经过认证的药师。全国药房委员会规定，在 SBP 中任职的药师应满足以下条件：在本州居住不少于 6 个月；目前在该州获得执业资格并信誉良好，可以从事药房实践工作；在本州积极从事药房实践工作；取得许可后，在本州具有 5 年的药剂业从业经历。上述规定对任职药师的执业资质、主观意愿、药学经历和居住时限给予要求，保证了任职药师具备专业素养，熟悉本州具体情况，有能力有意愿从事委员会工作。

SBP 的公众成员应当是本州的成年居民，并且不能有以下情况：现在是或曾经是药师，是药师的配偶，与药房有任何重大金钱利益，从事过与药房实践直接相关的任何活动。公众代表的引入和任职条件的限制都是为了提升 SBP 的公正性，在很大程度上解决了 SBP 中大药房垄断话语权而侵害公共利益的问题，有利于决策的公正性，有利于弥补自我规制模式的不足。

SBP 主任根据法律规定任命成员，任何个人、协会或其他实体均可向主任提名候选人，但此类提名仅是建议，对主任不具有任何约束力。

《标准州药房法》关于 SBP 成员的规定，各州可以根据自身情况予以明确。如内华达州 SBP 规定其由 7 名成员组成，包括 6 名药师和 1 名本州公民。药师需要在内华达州注册，积极从事药学实践，并且在被任命之前至少有 5 年药学工作经验。

加利福尼亚州 SBP 颇有历史，可以追溯到 1891 年，当时州参议院颁布了第 84 号 Mather 法案，要求规范加利福尼亚州的药房和药品销售行为。早期的法规赋予了委员会与今天大致相同的权力和职责。在它运行的前六年多，据统计，该委员会总共为 1063 名药师和 369 名助理药师完成了注册；一百多年后，委员会基于 32 个许可程序工作，规制的对象，包括 47,000 多名药师，其中包括 550 名高级药师、6500 名实习药师和 70,000 名药房技术人员。[1]该州药房法规定，SBP 由 13 名成员组成，其中 7 名是注册药师，6 名是公众成员。主任或三分之二以上成员可以召集额外会议。SBP 采取多数决的方式，会议和听证一般应当对公众公开。

《标准州药房法》指出，在规范药房实践之前，各州应首先建立 SBP 并赋予其规制权。《标准州药房法》为各 SBP 的具体权力和责任提供了范本，其提出 SBP 应负责本州药房行为的规制和调节。SBP 对实体药房和网上药房给予日常规制。《标准州药房法》规定，从事网上售药的药房应当比照实体药房的建立条件予以确立。因此网上药房应当满足经营的基本要求，如许可证，药品存贮、配药，配备药师等规定。《标准州药房法》中认为 SBP 的职权主要包括但不限于以下各项内容：

许可权。许可权的范围主要包括以下内容：向提出申请的药师颁发资格证书；为位于本州的实体药房和网上药房签发和续签执照；为药房实习生、药房技术人员和药房技术人员候选人进行培训并授予资格；为在本州内提供药学服务的药品、器械生产商、经营商签发和续签许可证。

规则制定权。这是 SBP 的一项重要权力。规则制定权主要包括以下内容：确立药师的专业标准和行为准则；公布药学专业学位的课程认定标准和药学专业学生的实习培训要求；确定特殊药品存储、配制的特殊标准；确定维护处方信息和患者信息完整性、机密性的最低标准等。

要求各州赋予 SBP 充分享有规则制定的权力是《标准州药房法》的一项重要规定。该规定充分认识到各州立法机关不可能对 SBP 在监督和执行工作中遇到的所有问题进行立法，并且由于药学服务和医疗保健工作的快速发展，立法机关也难以及时修订、制定法律规定以快速应对。尤其是网上药房在美国出现并快速发展以来，呈现出与实体药房不同的经营问题，如网站的建立、患者信息的加强保护、药品邮寄问题等。针对网上药房的新问题和新风险，让各 SBP 具有规则制定权就更有必要。因此 NABP 建议州政府应当赋予 SBP 充分的权力包括规则制定权，SBP 通过制定或修订法律实施细则，

---

〔1〕　See Joint Sunset Review Oversight Hearing, "Background Paper for the California State Board of Pharmacy", available at https://abp. assembly. ca. gov/sites/abp. assembly. ca. gov/files/Board%20of%20 Pharmacy%20Background%20Paper. pdf, 最后访问日期：2021 年 1 月 22 日。

以最大程度的灵活性实现对药房行为的有效规范，让行业协会自我规制机制充分发挥其作用。联邦卫生和公共服务部、监察长办公室（OIG）也意识到该问题，监察长办公室在 1990 年关于《药师的国家纪律》的报告中指出，许多 SBP 保护公众的效果受到法律权限、行政程序和资源局限性的限制。基于此，OIG 建议州政府应确保 SBP 拥有足够的资源和权力来有效地履行其执法职责。

处罚、强制等日常监督执法权。SBP 应当被授予针对个人或药房的违法行为作出撤销、中止、警告等处罚的权力；针对将对公众健康和福利构成即刻危险的药品实施予以扣押等行政强制措施的权力；对人员、药品依法进行日常监督检查的权力。

上述职权规定的初衷是保障 SBP 能够有效打击实体药房和网上药房的违法行为。但是在州层面，各 SBP 职权的强弱并不相同，呈现出多元的状况，有的州赋予 SBP 以较强的规制职权，通过 SBP 对该州的实体药房和网上药房予以规制；有的州仅授权 SBP 培训、协调性职权，主要的规制职权仍由该州卫生机构实施。

3. 州卫生行政部门

在州层面，各州均设有卫生行政部门，管理医药事务。州卫生行政部门负责人由州长委任，受州政府领导。州卫生行政部门是各 SBP 的主管部门，基于本州药房法对该州的网上药房事务予以规制。

4. 美国网上药房规制模式（见图5）评析

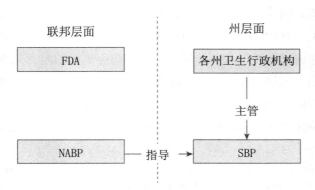

图5 美国网上药房规制模式

美国网上药房规制呈现出联邦和州分别规制的状况，存在以下特点、问题和值得借鉴之处：

（1）FDA 对于网上药房的规制权有限

1906 年美国国会通过《纯净食品药品法》（Pure Food and Drug Act），标志着近代药品规制制度的确立。哈佛大学肯尼迪政府学院的丹尼尔·卡彭特（Daniel P. Carpenter）教授指出 FDA 在药品监管过程中扮演的是守门员（gatekeeper）的角色，因此其一贯将主要资源放在药品上市前的审批过程，而一旦药品进入市场之后（post-marking），企业公司应对监管的行为发生变异后 FDA 就难以有足够的资源和能力去防范药品上市后的风险。[1]从 FDA 的职权可知，FDA 对药品使用环节的规制权有限，除非药房出现了售卖假药的严重违法犯罪行为。FDA 对于药师和药房的日常执业行为不予规制，药品使用环节的规制权主要由各州实施，联邦层面少有行政权力的规制。美国是一个联邦制国家，州事务主要由各州政府予以管理，各州政府向本州选民负责，州相对联邦具有很强的独立性，联邦规制机构一般不能直接插手州负责规制的事项。就网上药房规制而言，即使 FDA 发现网上药房从事非法药品买卖行为，也不能直接对其予以规制，而是应告知 SBP。而实践中 SBP 是否规制、如何规制则取决于其重视程度。因此联邦和州在规制权力衔接方面极有可能存在漏洞、灰色地带，这会影响到药品使用环节的安全性。

2012 年美国暴发的脑膜炎疫情事件就折射出 FDA 和 SBP 药品规制的漏洞。由马萨诸塞州的新英格兰合成药品中心（the New England Compounding Center，NECC）生产的类固醇针剂被真菌感染，引发此次疫情。一些患者因注射这些针剂而感染了罕见的脑膜炎。美国卫生部官员说，23 个州的 76 家医疗机构均接受过这种被感染的类固醇针剂。美国疾病控制和预防中心说，多达 13,000 人接受过注射，存在感染脑膜炎的风险。[2]该案中的类固醇针剂属于复合药品，复合药品是州和联邦规制的纠纷地带。

---

〔1〕　参见刘鹏：《中国药品安全风险治理》，中国社会科学出版社 2017 年版，第 26 页。
〔2〕　参见"美国脑膜炎疫情扩散"，载 http://world. people. cn/n/2012/1010/c157278-1921 0494. html，最后访问日期：2020 年 8 月 13 日。

传统的复合药品是药师将两种或多种原料药混合在一起向患者提供的无法在市场上买到的药品。制作复合药品是患者护理的重要组成部分，因为许多患者需要这种复合药，而这些药没有被药品生产者生产。由药师进行复配是满足这些患者需求的唯一方法。传统的复合药品的生产在药房，药房未在FDA注册为药品生产商，FDA不能对其直接规制。SBP通常控制药房制作复合药品的记录并对其予以许可和认证。这样的规制结构并不罕见，许多美国医疗保健法都遵循联邦制原则，为州保留了实质性权力，州对医药行为均拥有主要规制权。[1]

随着某些复合药品市场需求量的增加，一些企业开始钻法律的漏洞。这种企业虽然大量生产复合药品，但是却没有向FDA提交注册申请将自己注册为药品生产企业，而是因生产复合药品将自己描述并注册为药房。这样的企业产生的问题，FDA是不能按照药品生产企业的要求给予严格规制的，而SBP对于药品生产行为缺乏有效的规制，进一步导致潜在风险的增加。因为对于传统的复合药品而言，使用人群极为有限，导致的社会风险有限；而对于规避法律大量生产复合药品的行为而言，既没有有效的规制，药品的使用人群又相对较多，其公共风险之大不言而喻。此次脑膜炎事件正是这一风险的体现。

2012年的脑膜炎事件引起了美国政府的高度重视，成为长期以来FDA和SBP对于某些药房业务规制争议不断的导火索。2013年5月15日，卫生教育劳工和养老金委员会（the Committee on Health, Education, Labor and Pensions, HELP）批准了《药品质量、安全和责任法》（The Pharmaceutical Quality, Security and Accountability Act）。该法案提出传统复合药品将继续由各州规制，而复合药品的大量生产将由FDA规制。该法在由SBP规制的"复合药品制作行为"和将由FDA规制的"复合药品生产行为"之间划了界限，复合药品生产商将无法获得药房许可。同时，法案确定了联合执法机制，在必要时，FDA和SBP将共同调查复合药品生产的任何可疑做法，以便为了患者的最大利益对复合药品进行有效规制。

---

〔1〕 See Kevin Outterson, "Regulating Compounding Pharmacies after NECC", *New England Journal of Medicine*, Vol. 367, No. 21., 2012.

2012 年的脑膜炎事件虽然反映的是 FDA 和 SBP 在规制实体药房行为时产生的冲突和纠纷。然而可以预见的是随着网上药房的迅速发展，网上药房带来的用药安全风险的增加，如违法销售药品的更加便利、患者违法购药的增多，必然会导致 FDA 和 SBP 在网上药房某些问题规制上的冲突。而两者规制权冲突的本质也体现出联邦权力和州权力之争。

（2）NABP 是联邦药房规制的主要机构

NABP 虽然并不直接对各州药房给予规制，但其作为行业规制的领军机构，通过制定药房规范标准，通过规定药师的准入和培训制度，可以促进实体药房和网上药房售药行为更加合法化。NABP 是行业协会规制力量规制网上药房的成功模式，其对于保障药品使用环节规制的实效，减轻行政规制的负担十分有利。并且随着 NABP 成员人数的不断增加，它已经成为一个国际性的协会组织，其规制力量也随着它的影响力逐渐扩大。

（3）SBP 规制能力有待提高

首先，SBP 规制力量有待增强。各 SBP 往往由 10 名左右成员组成，规制力量薄弱，而许可、培训等事项已经让委员会十分忙碌。之前实体药房规制尚且如此，而随着网上药房数量的快速增加，委员会将承担更大压力，对于网上药房的日常行为，委员会难以实施有效的规制。

其次，各 SBP 成员包括多名药师代表和公众代表。作为行业性规制机构，委员会引入药师代表本身无可厚非，但现实的问题是药师代表较公众代表往往在数量上占有多数，同时其具有更强的专业知识背景，所以委员会即使引入了公众代表以平衡药师的权力，力争最大程度保障委员会的公平性和代表广泛性，在制定具体规则时，药师代表也能基本掌握委员会的话语权。同时，虽然美国规定药师代表不能同时担任药房员工，但是在实践中这些药师代表与各大药房存在千丝万缕的人际关系和利益联系。因此让 SBP 在日常规制中做到完全为公众健康考量比较困难。

SBP 存在的问题也体现出行业自我规制机制本身存在的弊端。而解决该问题的主要途径在于政府规制的介入，这也解释了美国一些州为什么没有将药房的主要规制权授予 SBP。但是由州卫生行政机构承担药房主要规制职权的做法又使政府规制面临诸多压力而难以有效应对，网上药房的出现更是在很大程度上增加了这种压力。因此州卫生行政机构和 SBP 有效配合、共同行使规制职权乃是解决之道。

综上所述，美国由行业协会为主规制网上药房的模式值得借鉴。药房委员会作为行业协会组织，具有极强的专业性优势。由 SBP 制定药房规制的政策蓝本，保障了药房规制标准的科学性和专业性；各州卫生机关和 SBP 对各州药房事项履行具体的规制职权，保障了规制措施的实效。

（二）加拿大的药房规制机构模式

加拿大网上药房是一个利润丰厚的行业，该行业始于 2000 年左右，每年为加拿大带来了约 4 亿美元的收入。[1]加拿大的网上药房规制模式与美国十分相似，加拿大卫生部主要负责药品上市前后的规制；药房行为主要受各省规制，提供网上售药服务的任何药房必须符合本省的药房规范标准。各省规制药房行为的主要机构为行业协会或者大学的药学院。省和地区药房规制机构组成国家药房规制机构协会，代表成员利益采取行动。

为有效规制食品药品等健康产品，加拿大于 1985 年通过了《食品药品法》（the Food and Drugs Act），该法案最近一次修订时间为 2021 年 5 月 6 日。《食品药品法》确定了药品规制的主管机构是加拿大卫生部（Heath Canada）。

1. 加拿大卫生部

在加拿大，任何药品在销售前都应取得销售授权许可，药品只有成功通过药品审查程序，才能被授权销售。为了将药品风险降至最低，加拿大卫生部对在加拿大销售的药品等健康产品进行规制，以确保其安全、有效和符合质量要求。当卫生部发现未经授权的药品在市场流通时，为防止可能会产生的健康风险，卫生部将立即采取适当行动扣押药品并通知公众，同时通告加拿大边境服务局（CBSA），防止未经授权的药品进出口。

加拿大卫生部中专门负责药品上市前后审查的部门是健康产品和食品司（the Health Products and Food Branch，HPFB）（组织图见图 6）。HPFB 是管理、评估和监测人用药安全性、有效性和质量的机构。该司专家或者聘请的外部专家，经过对药品安全性、有效性和质量进行评估，决定是否授权销售。针

---

〔1〕 See Amir Attaran, Reed F. Beall, "Internet Pharmacies：Canada's Transnational Organized Crime", *Health Law in Canada*, Vol. 34, No. 8., 2014.

对的药品包括处方药和非处方药。在整个过程，加拿大公民的安全和福祉是首要考虑因素。药品上市后，药品经营企业必须向 HPFB 报告有关药品严重的副作用和未能产生预期效果的信息。HPFB 监测药品上市后的情况，实施日常市场监督，监控不良反应报告，调查投诉问题，并在必要时对药品予以召回。

图 6　健康产品和食品司组织图

HPFB 下设各个局执行具体职能，与人用药品直接相关的主要有生物和放射性药品管理局（Biologic and Radiopharmaceutical Drugs Directorate，BRDD），负责管理生物药品（包括疫苗）、放射性药品以及人体细胞、组织和器官相关事务，该局负责执行《辅助人类生殖法》（Assisted Human Reproduction Act，AHR）及其配套法规；市场健康产品管理局（Marketed Health Products Directorate，MHPD），该局与其他组织合作评估健康产品的风险，并做出风险应对决定；天然和非处方健康产品管理局（Natural and Non-prescription Health Products Directorate，NNHPD），其授权天然保健品和非处方药在加拿大销售；治疗产品管理局（The Therapeutic Products Directorate，TPD）是加拿大的处方药管理机构。

经过卫生部严格的审查程序，药品才能获得许可在加拿大销售，同时药品被授予一个 8 位数的药品识别号（DIN）。[1] DIN 的 8 位数字由计算机直接生成，是独一无二的。DIN 表明卫生部已经对药品进行了评估，按照其使用说明书使用是安全有效的。DIN 必须被张贴在加拿大以剂型销售的所有药品标签上，包括处方药和非处方药。DIN 是识别以下信息唯一标志：制造商，产品名称，活性成分，活性成分的强度、剂型和给药途径。DIN 能有效

---

〔1〕　See Drug Identification Number，available at https://www.canada.ca/en/health-canada/services/drugs-health-products/drug-products/fact-sheets/drug-identification-number.html，最后访问日期：2021年 2 月 15 日。

跟踪市场上的药品，是对药品召回、检查和质量监控的工具，是应对药物不良反应的重要方法。

网上药房的发展使 DIN 的效用得以更大程度的发挥。因为网上药房的所有数据，包括进购、销售药品，包括购买者、患者等信息都是电子化形式的。电子化让 DIN 的使用更加便利，通过网上药房存贮的药品 DIN 码，规制主体能更加方便地跟踪药品，获得药品使用信息。

2. 国家药房规制机构协会

国家药房规制机构协会（The National Association of Pharmacy Regulatory Authorities，NAPRA）成立于 1995 年，是一个由省和地区药房规制机构组成的非营利性协会组织。作为一个全国性的药房规制机构协会，NAPRA 的主要目的是为其会员服务，并通过获得各省和地区的药房规制提供的监管信息，为公众提供信息查询服务。

NAPRA 董事会的 17 个成员中，有 14 个成员代表其各自管辖区（PRA），包括艾伯塔药学院、不列颠哥伦比亚省药师学院、曼尼托巴药师学院、新不伦瑞克药师学院、纽芬兰与拉布拉多药房委员会、新斯科舍省药师学院、安大略药师学院、魁北克药房协会、爱德华王子岛药学院、萨斯喀彻温省药学院、西北政府、育空政府、努纳武特政府和加拿大军队药房服务机构。[1]协会每年从董事会中选出一名主席和一名副主席，与执行董事一起担任主要领导。

NAPRA 代表 PRA，在以下方面开展具体工作：制定国家示范标准和指导方针，供其成员在其管辖范围内调整；尽可能协调各辖区的药房执业行为，促进药房专业人员跨辖区流动，并保证患者享受一致的药房护理水平；代表加拿大药房规制机构与联邦政府、国内和国际政府机构以及各健康专业组织对话；代表成员制定诸如国家药品目录和加拿大药师门槛等规定；提供平台讨论影响加拿大药学实践的常见问题。例如，对于处方药的销售，加拿大卫生部明确规定于《处方药清单》（PDL）或《管制药品和物质法案》中。一旦加拿大卫生部将一种药品确定为处方药，该药品就需要凭借处方才能在加拿大销售，但省和地区政府有权规定药品的具体销售条件。1995 年以前，

---

〔1〕 See NAPRA, "Pharmacy Regulatory Authorities", available at https://napra. ca/pharmacy-regulatory-authorities，最后访问日期：2021 年 2 月 15 日。

省和地区各自立法确定处方药在本省的销售条件，导致加拿大各地的药品销售条件有很大差异。1995 年，NAPRA 的成员，即 PRA 批准了一项名为"国家药品目录（NDS）计划"的议案，该议案提出调整省和地区的药品制度，使各地的药品销售条件更加一致。该议案的实施和推行由 NAPRA 负责。

PRA 对网上药房日常经营行为给予规制，保障药房行为的合法性，促进消费者安全用药。消费者在网上药房购买药品时，对于列出具体街道地址的网上药房，可以向 PRA 咨询，以获知药房是否取得许可。例如，如果网站提供魁北克省的一个地址作为其药房位置，消费者可以向魁北克 PRA 查询药房经营者是否有执照；如果网上药房显示其位于曼尼托巴省温尼伯市，消费者可以访问曼尼托巴省药师学院的网站，确认该药房是否获得经营许可。

另外加拿大还有药师协会（The Canadian Pharmacists Association，CPhA），其成立于 1907 年，是加拿大全国药房和药师行业的代言人，影响着药师行业的政策、方案、预算和倡议，指导药师提供世界一流的药房服务，促进加拿大民众的健康和福祉。

3. 加拿大网上药房规制模式评析

加拿大药房领域是施行自我规制的行业之一。[1]联邦和省、地区政府将药房规制的权力授予行业机构，行业组织为个人及药房颁发许可证，并对药房行为给予日常规制。

加拿大的网上药房规制模式整体上与美国极为相似：首先，联邦层面，加拿大卫生部下属的 HPFB 与美国联邦卫生和公众服务部下属的 FDA 在性质和职权方面相当，两者都是药品上市的检测和许可机构，是国家药品进入消费者市场的强有力的屏障，地位十分重要。在药品销售和使用环节，两者的规制权均有效，一般仅在销售假药和药品不良反应方面具有执法权。其次，加拿大和美国的网上药房规制主要依靠行业机构自我规制。药房的资质许可、日常规制和药师的许可和管理，都由行业机构负责。在具体的权力分配

---

〔1〕　See NAPRA，"Pharmacy Regulation in Canada"，available at https：//napra. ca/pharmacy-regu-lation-canada，最后访问日期：2021 年 2 月 15 日。

上，两国同样都是联邦制国家，联邦层面 NABP 和 NAPRA 负责制定国家规范标准，促进安全合理用药；而具体的规制权在各州或省，SBP 和 PRA 具体负责网上药房和药师的规制。最后，两者行业机构规制的实效均不足。为应对网上违法销售药品的风险，政府规制的力量均需加强。

两国网上药房规制模式在具体问题上有所不同：第一，美国各州网上药房规制模式不统一，有的州政府机构具有更强的规制权，行业协会起到辅助作用。而加拿大各省和地区的模式基本相同，各省和地区政府对于网上药房的直接规制是有限的。第二，就行业规制主体而言，NABP 对于 SBP 的约束力较强，《标准州药房法》为各州药房法提供了蓝本，各州应遵照实施；而 NAPRA 对于 PRA 的约束力较弱，NAPRA 的权力源自 PRA 的授权。

综上所述，加拿大由行业协会规制网上药房的特点更加突出。加拿大卫生部主要负责药品上市前的许可和规制，而药品上市后的规制权主要在各地的药品行业协会手中，行业协会在药品经营领域发挥主要的监督职责。该模式减轻了政府药品规制的压力，对药品领域的规制权进行划分，政府机关和行业协会各司其职。在我国不断完善药品领域尤其是网上药房规制职权设置的改革背景下，行业协会在加拿大药品规制中的角色和职权设定可以为我国有益借鉴。

二、政府规制模式

网上药房的政府规制模式指网上药房由政府机构予以规制，行业协会不具有规制职责。这意味着行业协会对药房行为没有法定的规制权，其管理不具有法定的强制性，只能对协会成员实施有限监督。

（一）英国的 GPhC 模式

英国的网上药房规制模式是非常典型的政府规制模式，即由政府机构对网上药房行为予以规制。英国并非从一开始就确定了只有政府机构对网上药房予以规制的模式，而是通过行业协会——皇家药学会（RPSGB）对药房给予监管。1999 年《健康法案》（The Health Act 1999）于 2008 年被修订，更名为《健康和社会护理法》（the Health and Social Care Act），该修订法案提出在 2010 年《药房法》（Pharmacy Act 2010）中建立独立管制机构 GPhC。

该法案规定大不列颠皇家药学会的所有规制职能都转移到 GPhC。[1]此外，英国药品与健康产品管理局（the Medicines and Healthcare products Regulatory Agency，MHRA）作为英国人用药的主管机关，对药品领域实施规制权。

1. MHRA

MHRA 负责从宏观上保证药品的质量、安全性，以促进公共卫生的发展。它是英国卫生与社会护理部的执行机构。对网上药房的规制主要在规制网上药房的药品供应及销售行为上。

MHRA 成立于 2003 年 4 月，由卫生与社会护理部的两个前执行机构药品控制局（the Medicines Control Agency，MCA）和医疗器械局（Medical Devices Agency，MDA）合并而成。MHRA 根据 1968 年《药品法案》（The Medicines Act 1968）第 6 条的规定，行使许可当局的职能。它有 1200 多名员工，在伦敦、纽约和南米姆斯、赫特福德郡设点，主要对药品、医疗器械和血液制品进行规制。在行使规制权时，MHRA 秉持以下原则：诚信、公开、文明、灵敏、高效、及时、专业、公正和一致性。[2] MHRA 通过保障药品的安全性，增强和维护公众健康。

MHRA 主要负责药品、医疗器械和血液三种医疗产品。就药品而言，其具体职责体现为以下 6 个方面：（1）确保药品的安全、高质和有效；（2）确保药品供应链的安全；（3）促进生物药品国际标准的统一，实现生物药品的有效和安全；（4）加强健康教育，使公众和专业人士知悉药品使用过程中的风险，提升其使用的安全性；（5）促进药品的创新和研发；（6）促进英国、欧盟以及国际上药品规制制度的完善。

在日常具体监督执法中，MHRA 通过对网上药房提出建议、进行行政指导以及实施检查计划来提升对方的守法水平，只有在必要时才会实施行政处罚和制裁。实践执法中，MHRA 的执法分为 5 个不同的阶段：违法预防、违

---

〔1〕　See General Pharmaceutical Council, available at https://www.pharmacyregulation.org/about-us/what-we-do/legislation/pharmacy-order-2010-and-rules，最后访问日期：2020 年 8 月 15 日。

〔2〕　See "Medicines and Healthcare Products Regulatory Agency Enforcement Strategy"，available at https://www.tvt-messed-up-mesh.org.uk/pdfs/mhra-enforcement-strategy-2010.pdf，最后访问日期：2020 年 8 月 15 日。

法识别、违法调查、违法制裁和执法结果。[1]能够预防违法行为的发生是 MHRA 期望的结果。为了使持有药品许可证的企业遵守法规，MHRA 提供了广泛的、具体的建议和指南，积极实施行政指导。已出版的指南包括与良好生产和销售规范有关的"橙色指南"、与药品广告和促销有关的"良好药品警戒指南"和"蓝色指南"。MHRA 在其网站上公布了其在检查过程中遇到的最常见的问题，以及公众对广告、药品的投诉结果，以帮助相关企业遵守法律。在违法识别阶段，MHRA 致力于制定相关程序，鼓励公众举报违法行为，并迅速识别持续和重复违法的人。在执法调查阶段，MHRA 基于 1968 年《药品法案》、1987 年《消费者保护法》（Consumer Protection Act 1987）以及相关立法行使检查、扣押、进入场所、发出禁令等执法调查权。根据 1968 年《药品法案》，MHRA 针对药品的制裁措施有暂停、撤销和更改许可证。有效执法活动的实施，提升了被许可人行为的合法性，有效遏制了违法的售药行为。

MHRA 要求网上药房在售药前应当允许患者与医师进行在线交流，实现医患充分互动后才能进行药品销售。MHRA 利用智能化技术对销售处方药的网上药房抽检，保障销售的药品安全、有效。MHRA 也负责消费者或患者网络购药的宣教工作，通过信息警示教育、案例警示教育、自我警示教育等方式提高消费者安全购药意识。

为鼓励消费者举报非法网上药房，MHRA 专门在其官网上设置了举报页面（MHRA's Yellow Card Page），还为消费者提供了 24 小时免费举报热线，并鼓励消费者通过社交媒体传播"FakeMeds"运动的相关资料，以号召更多的消费者提高警惕，共同打击非法网上药房。

"FakeMeds"运动是 2016 年 8 月 MHRA 发起的一项针对网上药房日益严重的伪造、无证和销售假药劣药问题的运动。该运动旨在警示人们使用假药的风险，以及教会人们如何避免在网上买到假药。这项运动持续了至少 3 年，其最初目标是 18 岁~30 岁的年轻人，如今 MHRA 正在寻找创新方式以吸引更多人群参与其中，包括与电视媒体合作。MHRA 还建立了一个"规制论坛"，涉及制药行业、医疗保健专业人员、患者代表和其他行业人群，通

---

〔1〕 See MHRA, "MHRA Enforcement Strategy", available at http://www.ipqpubs.com/wp-content/uploads/2010/08/MHRA_Enforcement_Strategy_Final.pdf，最后访问日期：2020 年 8 月 15 日。

过定期举行研讨会，促进新政策的出台，提升药品使用安全。

2. GPhC

GPhC 是药师、药房技术员和药房的规制主体。2010 年之前，英国最大的药品行业协会组织——RPSGB 负责网上药房规制。RPSGB 成立于 1841 年，其前身是 1617 年的伦敦医师协会，是管理英国药房和药师的主要机构，通过制定一系列标准指南，用以规范药师的药学服务和药房的管理，在英国的医药行业中起着非常重要的作用。[1] 2010 年 9 月底，英国新成立了独立规制机构，GPhC 正式对药房、药师和助理药师予以规制，取代具有百余年历史的 RPSGB。RPSGB 在专业问题方面仍扮演指导角色。[2]

GPhC 是基于 2010 年《药房法》建立的独立、法定的管制机构，负责对英格兰、苏格兰和威尔士的 70,000 名多药师、药房技术人员和注册药房予以规制。此外，GPhC 有权执行 1968 年《药品法案》和 1971 年《滥用毒品法》（Drug Abuse Act 1971）中的某些规定。其资金来自注册的药师、药房技术人员和药房支付。

GPhC 的理事会由 7 位药学专业人士和 7 位公众人士组成，这使理事会能够反映专业人员和公众的多样性意见。理事会的职责是通过制定并贯彻药房标准，确保 GPhC 履行其法定职责，以保护、促进和维持公众的健康、安全和福祉。理事会的会议一般向公众开放。

（1）GPhC 的法律性质

GPhC 的法律性质应当为独立管制机构。布莱克法律词典对独立管制机构的界定为"不受行政机关指挥的机构或委员会"。独立管制机构的特点主要有：第一，独立管制机构的设立往往具有明确的法律依据；第二，独立于政府机构之外，不受行政机构的直接领导；第三，权力实施于某一特定的行业领域，如金融、电信、铁路等行业，对行业领域内的特定事项既制定规则，又执行规则，与传统的政府执行机关不同。

独立管制机构的产生是政府失灵带来的改革结果。政府失灵导致管制危

---

〔1〕　参见孟令全等："英国网上药店法律规制的研究及对我国的启示"，载《中国药事》2013年第 3 期。

〔2〕　See Wikipedia, "Royal Pharmaceutical Society of Great Britain", available at http://en. wikipe-dia. org/wiki/Royal_ Pharmaceutical_ Society_ of_ Great_ Britain，最后访问日期：2020 年 5 月 16 日。

机，或者因为事务超出了能力范围，或者因为做出的决策往往削弱了而不是改善了竞争效果，或者因为损害了而非保护了公共利益，政府对其管制越来越力不从心，于是引发了各国的管制改革。管制改革希望提升政府规制的效力，于是独立管制机构应运而生。[1]与传统的行政机构不同，独立管制机构往往既拥有制定规则的权力，也具有执行规则的权力，具有极强的专业能力。其成员往往包括本行业领域的专业人员，并且在经费来源上也与传统的行政机关不同，其主要资金来源往往不是通过税收获得。独立管制机构使规制更加专业化，因其更加专业和灵活的规制措施，能够更加灵活地应对行业领域的专业问题。

与行业协会不同，独立管制机构在本质上又是国家规制主体，经由特定的法律设定，具有特定的法律地位。

GPhC 基于 2010 年《药房法》设立，独立于政府机构，其由专业人士和公众人员组成，既保证了它的专业性特点，又具有民意基础，保证了公平性。GPhC 负责制定药房规制的基本规则，同时执行规则，保障药房和药师经过注册，行为合法。GPhC 的经费来源主要来自药师药房的缴费，与一般的政府部门不同。

（2）GPhC 的职责

基于 2010 年《药房法》的规定，GPhC 的职责为：制定药师、药房技术人员和药房员工的教育和培训标准，批准和认证他们的资格；维护药师、药房技术人员和药房登记名册；确定药房专业人员在执业中应满足的标准；对药房专业人员不能达到标准的行为进行调查，并在必要时采取措施限制其执业权利；为注册药房制定标准，要求它们向患者提供安全有效的服务；检查注册药房，确定它们是否符合标准。

除了 MHRA 和 GPhC，英国广告规制行业协会协同政府部门一起对网上药房发布药品广告的行为进行规制，有关机构主要包括：英国广告标准局（Advertising Standards Authority，ASA）是广告业主管机构，[2]英国所有权协

---

[1] 参见张航："英国独立管制机构研究"，湖南师范大学 2010 年硕士学位论文。

[2] See Advertising Standards Authority, "About the ASA and CAP", available at https://www.asa.org.uk/about-asa-and-cap/about-regulation/about-the-asa-and-cap.htm，最后访问日期：2018 年 12 月 23 日。

会（Proprietary Association of Great Britain，PAGB）对非处方药广告进行规制，[1]英国处方药准则实践协会（Prescription Medicines Code of Practice Authority，PMCPA）对处方药广告进行规制。[2]

3. 英国网上药房规制模式评析

（1）英国网上药房规制为政府规制模式

英国的网上药房规制模式呈现出政府规制的典型特征。MHRA 主管网上药房规制权，通过制定规则、加强宣传，保障网上药房药品使用的安全有效。2010 年后，药房和药师许可、日常规制的职权由 RPSGB 转移至 GPhC，意味着行业协会规制力量的弱化，政府规制力量的增强。同时，GPhC 为独立管制机构，在职权实施和标准制定方面具有更强的灵活性和强制力，使得药房规制的实效大为提升。

（2）GPhC 需要加强用药规制

2019 年 12 月的 Debbie 案[3]反映出 GPhC 在网上药房药品销售规制方面存在漏洞。Debbie 患有背痛，并于 2008 年在全科医生的建议下服用阿片类止痛药，之后医生希望她能戒掉该药，但是未能成功。Debbie 在经过网站咨询后，拿到了英国网上药房配发的药品；同时，她也通过全科医生获得了药品。Debbie 死于胰腺损伤引起的肺部问题，而胰腺损伤是由她服用大量可待因药品造成的。

GPhC 于 2019 年 4 月发布了新的网上药房指南，称对于阿片剂等高危药品，药房必须与患者的家庭医生进行沟通，然后才能配药。但是该规定的强制力不足。因此今后 GPhC 应加强对网上药房售药行为的规制，针对高危药品给予更强有力的管控。

综上所述，英国在 2010 年之后由 GPhC 代替 RPSGR 规制药房而加强政

---

[1]　See Proprietary Association of Great Britain，"About us"，available at https://www. pagb. co. uk/about-us/，最后访问日期：2018 年 12 月 23 日。

[2]　See Prescription Medicines Code of Practice Authority，"General Information Leaflet 2016"，available at http://www. pmcpa. org. uk/aboutus/Documents/Leaflet% 20about% 20the% 20Authority% 20Jan% 202016. pdf，最后访问日期：2018 年 12 月 23 日。

[3]　See Draper Solutions，"Online Prescribing Must Get Safer"，available at https://drapersolutions. com/2019/12/10/online-prescribing-must-get-safer/2019. 10 最后访问日期：2020 年 11 月 5 日。

府规制力量的做法很有代表性。2010 年之后，在药品领域，英国确立了由 MHRA 和 GPhC 分别规制的基本模式，该模式一方面加强了政府对网上药房的规制，另一方面仍然坚持药品规制权的分权，将药品上市前后的规制权授予不同机构，减轻了政府部门的规制压力。

在英国，在特定的专业领域设置独立管制机构进行规制的做法由来已久。英国的独立管制机构肇始于英国行政裁判所制度。一般认为英国最早的行政裁判所是 1846 年的"铁路专业公署"和 1888 年的"铁路运输委员会"，上述行政裁判所全面负责对铁路领域事项的规制，负责制定并执行规制制度。行政裁判所专业化的规制力量和纠纷的快速解决模式使其在英国得以快速发展。药品领域作为专业技术极强的执法领域，设置独立管制机构 GPhC 进行规制的做法迎合了英国政府规制模式的总体发展，而且极具规制优势，因此成为英国网上药房规制模式的主要特点，值得借鉴。

（二）欧盟的欧洲药品管理局模式

欧盟（European Union，EU）现有 27 个成员国，设有 5 个主要机构：（1）欧洲理事会（European Council），欧盟的最高决策机构。（2）欧盟理事会（Council of the European Union），欧盟立法与政策制定、协调机构。（3）欧盟委员会（European Commission），欧盟立法建议与执行机构。（4）欧洲议会（European Parliament），欧盟监督、咨询和立法机构。（5）欧盟对外行动署（European External Action Service）。[1]

欧盟药品市场规模大，发展快速，对世界医药市场影响力大。为有效规范药品上市、保障药品安全、统一欧盟市场，欧盟议会和欧盟理事会、欧盟委员会通过颁布指令的方式，建立欧盟成员国间统一的药事法规法律框架，各成员国需要遵守。

欧盟从 2003 年开始关注网上售药，通过系列研究讨论，于 2011 年颁布了网上售药合法化的规定。[2]当前，欧盟所有成员国都允许网上药房经营，

---

〔1〕 参见外交部："欧盟概况"，载 https://www.fmprc.gov.cn/web/gjhdq_ 676201/gjhdqzz_ 6819 64/1206_ 679930/1206x0_ 679932/，最后访问日期：2022 年 1 月 5 日。

〔2〕 参见邢雪："法国可以上网买药了"，载 http://media.people.com.cn/n/2013/0218/c40606-20511164.html，最后访问日期：2021 年 1 月 5 日。

不同的是一些国家给予了较为严格的限制，如德国规定只有药师才能经营网上药房，法国只允许一些非处方药在网上销售。

欧洲药品管理局（The European Medicines Agency，EMA）是欧盟的分支机构，负责对药品进行科学评估、监督和安全监控。

1. EMA

EMA 是欧盟主管药品的机构。EMA 内部设有管理委员会，作为 EMA 的综合管理机构。管理委员会由包括代表欧盟成员国、欧盟委员会、欧洲议会、患者组织、医生组织等在内的 36 名成员组成，成员要求代表公共利益，不代表任何政府、组织或部门。委员会成员每届任期 3 年，可连任。委员会任命一名执行主任作为该机构的法定代表人，负责所有日常业务、人员配备和起草年度工作方案。

EMA（组织图见图 7）内部设有 7 个科学委员会，负责对药品进行评估，涵盖药品使用的整个生命周期，包括药品的早期研发、授权销售和投放市场后的安全使用。此外，EMA 还设立有工作组和相关科学小组，EMA 公务人员可以与工作组和相关科学小组的专家就专业问题、科学问题进行协商。工作组和相关科学小组的专家都是由欧盟成员国推荐的，在各自领域具有较强的专业性，能够对 EMA 遇到的专业问题进行科学探讨。EMA 通过与欧盟成员国的国家规制机构紧密合作，汇集来自欧洲各地的专家，构建起欧洲药品规制网络。EMA 致力于尽最大可能保障评估过程的公开性和透明性，其对药品评估时优先考虑的原则是确保科学评估的独立性，不受任何政府和组织的干涉，机构通过各种措施保障其专家、工作人员和管理委员会不存在可能影响其评估公正性的财务或其他利益问题。

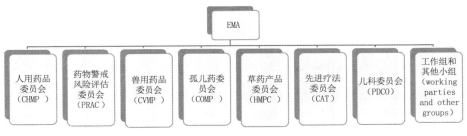

图 7　欧洲药品管理局组织图

欧盟确定了成员国国家药品规制机构和 EMA 在药品销售授权方面各自的权限。药品获得销售的授权程序有四种：（1）集中授权程序：EMA 负责这种程序。适用该授权程序的药品包括如基因工程，用于治疗 HIV/AIDS、糖尿病、神经退行性疾病或自身免疫性和其他免疫功能障碍疾病的药品，指定的"孤儿药"。这些种类之外的药品也可能会获得 EMA 的批准，前提是该药品是一种重要的治疗方法，具有科学或者技术性创新，或者对其授权将有利于公共健康。（2）成员国授权程序：药品通过成员国国家主管部门获得授权这一程序，适用于那些没有包含在集中程序中的其他药品。（3）分散程序：企业可以向药品尚未获得授权，而且不适用集中授权程序的多个欧盟国家同时提出授权申请，并指定一个成员国为参考成员国。（4）互认程序：在一个成员国获得的药品销售许可，在其他成员国申请销售授权时有关国家承认原始国家授权的有效性。[1]药品通过以上四种授权程序，在欧盟获得市场销售资格。严格有效的授权程序保障进入欧盟市场的药品安全可靠。

在药品销售环节，为规范网上药房的售药行为，欧盟要求患者从在成员国国家主管部门完成注册的网上药房购买药品，并在其官网上提供各成员国合法网上药房的链接。消费者点击打开链接就可以看到某成员国所有被许可的网上药房零售商，该方式降低了消费者购买到不合格或伪造药品的风险。欧盟委员会还推出了一个共同徽标，成员国网上药房的主页上必须显示。

EMA 还在其官网上张贴警示信息，如非法网上药房售卖的药品通常没有经过严格的评估程序，难以保障其安全性；假劣药品可能含有低质量或剂量错误的原料；故意粘贴虚假标签伪造药品来源；使用假冒的包装、错误原料或活性成分含量过低。[2]通过张贴上述信息告知消费者从未经注册的网上药房购买药品很有可能买到假药劣药，这些药品非但不能起到治疗作用，还可能对身体造成伤害。

---

〔1〕 See "Medicines and Healthcare products Regulatory Agency: A Hampton Implementation Review Report", available at https://xueshu. baidu. com/usercenter/paper/show? paperid = 6289aaf658a75966bbf3194355c19c83&site = xueshu_ se, 最后访问日期：2021 年 2 月 25 日。

〔2〕 See EMA, "Buying Medicines Online", available at http://www. ema. europa. eu/ema/index. jsp? curl = pages/regulation/general/general_ content_ 000630. jsp&mid = WC0b01ac05808fd210, 最近访问日期：2018 年 5 月 21 日。

EMA 也与欧洲委员会（Council of Europe）的欧洲药品和医疗保健质量管理局（the European Directorate for the Quality of Medicines and Healthcare，EDQM）合作。EDQM 是欧洲委员会的下属机构。EDQM 成立于 1964 年，总部位于法国斯特拉斯堡。EDQM 是一个通过开发、支持实施和监测药品质量标准及其安全使用而保护公众健康的组织。EMA 和 EDQM 在确保药品质量和保护公众健康的事项上进行合作。合作对象还包括世界卫生组织的国际医疗产品防伪工作组（the World Health Organization's International Medical Products Anti-Counterfeiting Taskforce，IMPACT）。

2. 欧盟网上药房规制模式评析

对于药品的上市许可，欧盟授予 EMA 评估、监测和监督药品的法定职权，严把许可关，保障流入市场药品的安全、有效、合法。对于药品的销售使用环节，欧盟并不直接规制，而是通过指令、规章等法律文件，为各成员国提供药品规制的基本标准、基本制度，有效防止伪造药品的销售，出台网上药房通用徽标，保障消费者购药安全，打造出欧盟药品市场的统一模式。

欧盟作为超国家的国际组织，对于网上药房的规制体现了集中与分权的基本特征。在网上药房规制方面，欧盟通过制定基本制度保障了市场的统一性，同时又赋予各成员国具体立法的空间，有利于基本制度在各成员国的贯彻实施。

（三）印度的邦药品规制部门模式

印度是世界上增长最快的互联网市场之一。印度互联网移动协会（IAMAI）和跨国市场调研公司（IMRB）称印度的互联网用户从 2014 年 12 月的约 3 亿增至 2015 年 12 月的约 4.02 亿，使印度成为世界第三大互联网用户国；两组织联合发布的 2015 年《印度互联网报告》称，到 2016 年 6 月印度的互联网用户增加到约 4.62 亿。[1] 这个数字将超过美国，位列全球第二，仅次于中国。印度的药房市场规模巨大，2016 年印度药房市场份额约为 275.7 亿美元，到 2020 年达到 550 亿美元。品牌仿制药在市场上占据主导地

---

[1] See "E-pharmacy in India: Last Mile Access to Medicines", available at http://www.ficci.in/spdocument/20746/E-Pharmacy-in-India-Last-Mile-Access-to-Medicines_ v5.pdf, 最后访问日期：2021 年 2 月 19 日。

位，市场份额约为 80%，印度被称为"世界药房"。但是网上药房的市场份额不足 5%。[1]

印度于 1940 年通过《药品和化妆品法》（The Drugs and Cosmetic Act），1945 年制定了《药品和化妆品规则》（The Drugs and Cosmetic Rules），以规范印度药品和化妆品的进口、生产、分销和零售。此外，印度在 1948 年颁布了《药房法》。鉴于上述法案和规则是在互联网出现之前制定的，因此它们并未考虑通过互联网销售药品的情形。随着越来越多的网上药房出现，药品管制总局（the Drugs Controller General，DCGI）办公室于 2015 年 12 月 30 日发布了一份通告，阐明法案和规则并未区分以传统方式和以线上方式销售药品，但实体药房通过线上方式销售药品必须获得许可。该通告因法律效力不强而未能获得社会认可，并且由于传统实体药房企业对网上药房的抵制，传统实体药房企业认为网上药房售药缺乏法律依据，是非法行为，所以印度网上药房的发展受到阻滞。

2018 年 8 月 28 日，1945 年《药品和化妆品规则》的修正案草案《电子药房规则草案》（the Draft E-pharmacy Rules）由卫生和家庭福利部（the Ministry of Health and Family Welfare）下属机构卫生和家庭福利处（the Department of Health and Family Welfare）发布，主要规定了"电子药房"销售药品的要求和条件。[2]该草案旨在明确电子药房[3]在印度的合法地位。Niti Aayog[4]在 2018 年 11 月"新印度战略@ 75"中提出，电子药房对于印度的全民健康覆盖至关重要，应制定并实施电子药房政策，以高效及时的方式促进在线获取优质药品。

---

[1] See Prabal Chakraborty, Alok Satsangi, "Online Pharmacy in India: A Study on Digital Marketing Perspective", *International Journal of Research in Engineering*, *IT and Social Sciences*, February 2019.

[2] See Kartik Ganapathy, Divya Varghese, Shobhika Upadhyay, "India: Draft Rules for E-Pharmacy under the Drugs and Cosmetic Rules", available at https://www.mondaq.com/india/food-and-drugs-law/740234/draft-rules-for-e-pharmacy-under-the-drugs-and-cosmetic-rules-1945，最后访问日期：2021 年 2 月 19 日。

[3] 基于印度《电子药房规则草案》，网上药房在印度被称为电子药房，即 E-pharmacy。

[4] 2014 年，政府以名为 Niti Aayog 的机构取代了计划委员会。NITI 代表"国家改造印度机构"。Niti Ayog 是改造印度的"政策制定机构"。它为中心和邦提供有关社会和经济问题的建议，旨在实现、维持和促进可持续发展目标。

2020 年新型冠状病毒肺炎疫情期间，印度联邦内政部（the Union Home Ministry）意识到电子药房在疫情期间的重要作用，特别指出以电子商务方式出售药品是药房的一项基本服务。联邦政府发布命令后，印度几乎所有邦的政府都发布了单独命令，将通过电子商务进行药品交易视为一项必不可少的服务。19 个邦政府宣布在新型冠状病毒肺炎疫情期间必须使用电子药房。[1]这些适时发布的政策对消费者非常有利，并为印度电子药房的发展提供了巨大推动力。这同时也表明了社会对药房混合模式（电子药房+实体药房）的期待和依赖，以确保不间断地向民众提供优质药品。印度电子药房工作组（FICCI）一直在积极推动模式创新，促进全国医疗服务的普及和电子药房的发展，FICCI 组织了多次利益相关者的咨询和圆桌讨论，以提出电子药房发展的积极路径；FICCI 还鼓励并支持业界制定"电子药房自我行为准则"，以确保其严格遵守法律规定并进行高标准的执业。[2]

印度 1940 年《药品和化妆品法》和 1945 年《药品和化妆品规则》将药品和化妆品规制职权授予中央和邦规制机构，统一确立执法机构执行法案和规则的各项规定，来保障患者安全、权利和福祉。因此印度药品规制主体分为联邦和州两个层面：中央规制机构主要为卫生和家庭福利部（The Ministry of Health and Family Welfare）下属机构为中央药品标准管制组织（Central Drugs Standard Control Organization，CDSCO）；邦层面的规制主体主要为邦药品规制部门（State Drug Regulatory Authority）。

1. CDSCO

CDSCO 受卫生和家庭福利部的 DCGI 领导。该组织是印度药品和医疗器械的主管机构，与美国的 FDA 相当。[3] CDSCO 总部设在新德里，在印度各地设有多个地区办事处。CDSCO 承担的职能可以概括为：制定药品标准；

---

〔1〕　See FICCI, "ePharmacies at COVID-19 Frontline", available at http://ficci. in/spdocument/23 316/FICCI-ePharmacy-Whitepaper. pdf，最后访问日期：2021 年 3 月 19 日。

〔2〕　See FICCI, "ePharmacies at COVID-19 Frontline", available at http://ficci. in/spdocument/23 316/FICCI-ePharmacy-Whitepaper. pdf，最后访问日期：2021 年 3 月 19 日。

〔3〕　See "CDSCO Overview - India Central Drugs Standard Control Organization", available at https://www. emergobyul. cn/zh-hans/resources/india/ministry-of-health-family-welfare? action，最后访问日期：2021 年 3 月 19 日。

制定规制措施，修订法案和规则；规范新药市场准入；规范临床研究；规范进口药品标准；出版印度药典等。

2. 各邦药品规制部门

药房日常经营行为由各邦药品规制部门予以规制。各邦药品规制部门的职权主要有：颁发药品销售许可证；对上市销售的药品进行质量监督；对药房违法行为进行调查和起诉；行政执法检查；召回不合格药品等。

在联邦层面，除 CDSCO 之外，2008 年 7 月 1 日化学和肥料部（Ministry of Chemistry and Fertilisers）成立药品司（The Department of Pharmaceuticals），其目标是推动该国制药业的发展，并规范定价和与定价相关的各种问题，以各方可承受的价格提供药品，并进行研究、开发、保护知识产权，与其他政府部门进行协调。根据 2013 年《药品价格管制令》的规定，确保以合理的价格供应药品。

3. 印度药房规制模式评析

印度是联邦制国家，药房规制主要由各邦（省）层面规制，CDSCO 负责新药上市的许可并制定药品法规和政策。

印度的电子药房市场因缺乏法律制度的保障和规范而呈现出发展迟缓的状况，这与公众的现实需求和互联网、移动互联技术在印度的发展速度极不匹配。因此，通过法律解禁电子药房，促进其发展变得十分必要。2020 年新型冠状病毒肺炎暴发后，电子药房非面对面的售药模式受到政府和公众信赖，其增长预计将继续。特别是印度政府在疫情后通过了"国家数字健康使命计划"（the National Digital Health Mission，NDHM），着力推动数字健康的发展。[1]之后，印度政府又发布了《远程医疗实践指南》（Tele - medicine Practice Guidelines），推动并规范印度的医师进行线上诊疗，这些医师都使用电子处方。计划和指南的公布在印度社会影响巨大，消费者在互联网上购买药品的需求变得更为迫切。FICCI 专门建立了网上药房工作组，其一直在积极努力，以推动本国药品和医疗保健获取的模式创新。[2]

---

〔1〕 See National Health Portal, "National Digital Health Mission", available at https://www. nhp. gov. in/national-digital-health-mission-（ndhm）_ pg, 最后访问日期：2021 年 3 月 19 日。

〔2〕 See FICCI, "E-Pharmacies at COVID-19 Frontline", available at http://ficci. in/spdocument/23316/FICCI-ePharmacy-Whitepaper. pdf, 最后访问日期：2021 年 3 月 19 日。

但是印度《电子药房规则草案》至今仍未成为正式法律，因此电子药房发展面临着十分尴尬的境地。一方面，一些实体药房已经通过线上方式售药；另一方面，因缺乏法律规定和法律地位，电子药房发展缓慢，与社会需求严重不符。而且尽管通过线上方式销售药品的电子药房受到现行法律规定的约束，但由于缺乏适用于电子药房的有效规制制度，难以对电子药房起到有效的法律规制。上述现实迫切需要印度政府通过立法，制定有针对性的政策框架和指南来规范电子药房行业，以便最大程度惠及消费者。

印度被称为世界药房，主要原因在于它在全球仿制药行业的地位首屈一指。据统计，印度是世界上最大的仿制药制造国，生产了全球 20% 的仿制药，占据美国仿制药市场的 40%，产品出口到 200 多个国家和地区，2018 年~2019 年药品出口金额达到 192 亿美元。[1]2002 年，印度对其《专利法》进行了修改，其通过强制许可制度，即规定政府基于公共利益、公共健康、国家安全和历史传统等原因，有权不经过专利权人同意，直接授予其他药厂仿制权的制度，保障了仿制药行业的根本利益，对仿制药行业给予了支持，印度的仿制药行业也继续获得长足的发展。然而，在印度这样的仿制药大国，其网上药房制度受到国内因素的干预一直未能顺利颁布，不得不说这将制约印度制药业更为广阔的发展。当然，印度一直致力于制定并完善网上药房的法律制度，其由 CDSCO 负责新药上市的许可并制定药品法规和政策，由各州负责药房规制的模式值得关注，该模式一方面缓解了 CDSCO 的规制压力，另一方面也有利于加强对药房的规制。

三、政府规制为主、行业协会为辅模式

自 2004 年起，德国允许药房专用药品通过线上交易、邮寄方式销售。2015 年德国修订了《药品法》，将欧盟《反伪造药品指令》（2011/62/EU）关于网上药房应显示通用徽标、成员国应提供注册网上药房列表的内容写入本国法中。德国网上药房发展快速，据德国药师协会联邦联盟统计，2020 年德国有 19,075 个社区药房为社区居民提供药品，而提供网上药品销售的药

---

〔1〕　参见 "百度：印度为什么能成为世界药房？"，载 https://baijiahao.baidu.com/s? id = 165487 6902188794141，最后访问日期：2022 年 2 月 5 日。

房每天进行 30 万次快递投递。[1]

德国《药品法》确定了血清与疫苗管理局（Paul-Ehrlich-Institut）和联邦药品和医疗器械局（The Federal Institute for Drugs and Medical Devices, BfArM）作为药品领域的主管机构。

1. BfArM

在德国销售的药品需要国家主管机构授予销售许可。授予德国人用药品销售许可的国家主管机关包括血清与疫苗管理局和 BfArM。血清与疫苗管理局主管血清、疫苗、血液制剂、组织与组织制剂、高级治疗药品产品（基因疗法、体细胞疗法和生物技术组织产品）等药品；BfArM 是联邦卫生部（the Federal Ministry of Health）下属的主管机关，主管血清与疫苗管理局规制之外的人用药品。该局监督的药品占德国所有被批准药品的 85%。[2] BfArM 是德国药房的主要规制机关。

BfArM 和德国医学文献和信息研究所（the German Institute for Medical Documentation and Information, DIMDI）的主要职能部门于 2020 年 5 月 26 日合并为一个机构。前 DIMDI 作为 BfArM 科隆办事处并入后者。[3] 其目的是整合双方的资源和专门知识，最大可能地利用卫生保健系统的发展机会造福患者。

BfArM 大约有 1250 名员工参与许可授权工作，这些员工包括医师、药师、化学家、生物学家、律师等多个专业领域的相关人员，其目的在于保障公众用药安全，并负责监督麻醉药和原料药的交易行为。[4] BfArM 为预防公共危险贡献力量，也通过互联网为卫生系统提供高水平的医药信息。

---

[1] See Federal Union of German Associations of Pharmacists（ABDA），"German Pharmacies：Figures, Date, Facts2020"，available at https://www. abda. de/en/pharmacies-in-germany/pharmacy-2030-perspectives-on-provision-of-pharmacy-services-in-germany，最后访问日期：2021 年 1 月 5 日。

[2] 参见陈昊："德国网上药店的发展与管理"，载 https://www. menet. com. cn/info/201706/20170607092 8342834_ 134901. shtml，最后访问日期：2021 年 2 月 19 日。

[3] See "Federal Institute for Drugs and Medical Devices and major functional units of DIMDI merged"，available at https://www. dimdi. de/dynamic/en/dimdi/dimdi-news/news/federal-institute-for-drugs-and-medical-devices-and-major-functional-units-of-dimdi-merged/，最后访问日期：2021 年 1 月 7 日。

[4] See BfArM，available at https://www. bfarm. de/EN/BfArM/_ node. html，最后访问日期：2021 年 1 月 7 日。

2. 州药房规制机构

德国是联邦制国家，联邦层面网上药房主管机关是 BfArM。但是德国网上药房日常经营行为的主要规制机构是各州药品规制机构，具体负责药房行为的监管。各州药品规制部门不受联邦政府的直接领导，但要执行联邦政府颁布的法律规定，如《药房法》的规定。

3. 德国药师协会联邦联盟

德国药师协会联邦联盟（Federal Union of German Associations of Pharmacists，ABDA），是德国最为重要的药师组织，代表医药保健行业政治和社会方面的利益，同时推广高质量、全面的药学服务。ABDA 有 34 名成员，包括联邦药师商会（the Federal Chamber of Pharmacists，BAK）的 17 个分会和德国药师协会（the German Pharmacists' Association，DAV）的 17 个协会——分别来自德国的 16 个州，外加一名来自北莱茵-威斯特伐利亚州（North Rhine-Westphalia）的代表。北莱茵-威斯特伐利亚州因其面积被分为北莱茵和威斯特伐利亚。[1]在德国，所有药房的经营者都必须是已注册的药师，所有药师被强制要求成为 BAK 的成员，而加入 DAV 则是自愿的。

在德国绝大部分实体药房都开展了网上药品销售服务。ABDA 对网上药房进行日常规制并将违法行为报告药房规制部门。对于非法网上售药等行为，国家通过药房巡查制度将非法网上药房列入"黑名单"，多次出现在"黑名单"中的网上药房将给予严厉处罚[2]，包括取消其药品销售资格，甚至让其承担刑事责任。

4. 德国网上药房规制模式评析

德国网上药房规制以政府规制模式为主，体现着国家主义的特点，主要由联邦和州的药房规制机关予以规制。联邦层面网上药房主管机关是 BfArM；德国网上药房日常经营行为的主要规制机构是各州药品规制机构。

同时德国《药房法》规定，药房经营者必须是药师，并且药师必须加入

---

〔1〕　See Federal Union of German Associations of Pharmacists（ABDA），"German Pharmacies：Figures，Date，Facts 2021"，available at https：//www. abda. de/en/pharmacies-in-germany/pharmacy-2030-perspectives-on-provision-of-pharmacy-services-in-germany，最后访问日期：2022 年 3 月 12 日。

〔2〕　参见胡颖廉："重构我国互联网药品经营监管制度——经验、挑战和对策"，载《行政法学研究》2014 年第 3 期。

DAV。因此 DAV 通过行业准则规范实体药房和网上药房的行为。DAV 并没有行政执法权，发现网上药房违法销售药品行为的，应向药品规制机关报告。在德国以网上药房政府规制为主的模式中，DAV 更注重国家意志的执行，而其代表行业发声的作用被弱化。[1]

德国由联邦和州的药房规制机关实施主要规制职权，而由 DAV 辅助规制机关的模式体现了政府主导的规制模式。联邦和州药房规制机关分别对药品上市前和上市后药房的行为给予监管的分权模式，保障了药品规制的专业化和实效性。

基于上述网上药房不同规制模式的研究可知，虽然世界主要国家和地区的网上药房规制模式不同，政府规制主体和行业协会在网上药房规制过程中权力分配有所差别，但是域外各国和地区的网上药房规制往往由两大机构构成：批准药品上市、负责药品领域规制的主管机构和对药品使用环节进行主要规制的机构，后者或者是政府机构，或者是行业协会。这与我国药品规制模式具有很大的不同，我国药品领域从研发到使用环节的规制都是由药监部门实施的，所带来的结果是药监部门权力集中、责任较重。域外不少国家和地区在药品规制领域，都十分重视并充分发挥行业协会的规制力量。域外网上药房规制模式可以为我国规制模式改革借鉴和参考，本研究将在第六章重点研究我国的网上药房规制模式。

---

[1] 参见胡颖廉："重构我国互联网药品经营监管制度——经验、挑战和对策"，载《行政法学研究》2014 年第 3 期。

网上药房规制的主要法律手段

　　网上药房对传统规制手段提出了挑战。传统面对面式的交易中，药房的设置、药品存贮条件、药师等信息都极容易为患者所知晓，患者较为容易识别违法药房。而网上药房交易过程中，患者难以捕捉药房的上述信息，交易风险加大。网上药房的特点导致消费者真假难辨，在网上买到假药劣药的几率非常大。对于规制主体来说，实体药房的规制，现场检查更为客观，但是对网上药房的规制却因为网络数据的易修改性和隐蔽性增加了执法的成本和难度。像网页、音频、视频等电子证据很容易因为计算机系统或者网络系统的原因被删改、损坏。由于网络售药的特殊性，面对面式的交易方式被改变，传统药品交易规定可能无法适用。因此，设定有效的规制手段对于促进网上药房合法经营、保证药品销售过程的安全性以及公众用药安全十分必要。

　　为防止网上药房经营损害公共用药安全，各个国家和地区往往采取诸多法律手段对网上药房予以规制，其中主要的手段包括：明确网上药房的准入和设立标准、推行认证制度、实施药品分类管理制度和加强药师规制等。

一、网上药房准入和设立标准

　　准入制度为规制网上药房的第一步，为网上药房进入竞争市场设置了门槛。准入制度在法律性质上属于事前规制手段。严格、详细的准入标准能够事前将大量不合法的网上药房排除在市场之外，为消费者提供一个安全的购药环境。

　　网上药房事关公众生命健康，是政府应当给予严格规制的重要行业领域,因此不少国家和地区选择对网上药房实施严格的准入制度,事先严格审查网上药房的设置是否符合法律规定,并对网上药房发布医药信息给予管控。

除了准入制度之外,各个国家和地区往往还确立了网上药房设立的具体标准。一方面可以为药房服务提供明确的指引,方便申请者获得线上售药资格;另一方面这些标准也是规制主体对药房日常进行规制的重要依据。一旦药房获得线上服务资格和权利,就应满足网上药房经营的具体标准,规范自身的药事服务行为。

(一)许可机构

网上药房的许可机构在性质上分为两类:一是由行业协会行使许可权,如 SBP、PRA;二是由政府部门行使许可权,如 GPhC。

美国网上药房的准入由 SBP 把关,SBP 基于《标准州药房法》的规定颁布本州的药房法,审核本州网上药房的准入申请。网上药房经 SBP 审核通过并发放许可证后,方可在本州成立。在加拿大,药房许可证由 PRA 发放。PRA 通过发放药房和药师执照,确保公共安全。

在英国,提供网上服务的药房必须在 GPhC 注册,符合 GPhC 发布的《注册药房标准》(Standards for Registered Pharmacies)(2018 年 6 月修订)和《注册药房提供远程服务(包括网上服务)指南》(Guidance for Registered Pharmacies Providing Pharmacy Services at a Distance, Including on the Internet)。在德国,州药品规制部门根据德国《药房法》的规定,对网上药房发出"药品邮购销售许可证"(Pharmacies with a Mail Order License),网上药房才能执业。印度《电子药房规则草案》规定了电子药房许可制度,任何希望从事电子药房业务的人都需要向中央许可证管理局(the Central Licensing Authority, CLA)登记,按照申请表格提供完整信息,并缴纳 50,000 卢比的登记费。

网上药房的准入由行业协会负责还是由政府机关负责,体现了不同国家网上药房规制模式的不同。无论施行何种规制模式,都体现出了国家严格规制网上药房的特点。政府既通过立法力促进网上药房的快速发展,又为其设置严格的准入门槛,有效规范了该行业的经营行为,最终使公众获得最大利益。

（二）申请者限制

美国鼓励网上药房的发展，对于申请者几乎没有特别限制，无论是实体药房，还是互联网企业都可以申请开设网上药房。网上药房开办不要求依托实体药房。同时规定无论以何种形式建立的网上药房都必须配备药师，药师应当对患者处方进行审慎核对并为消费者提供用药咨询。

英国、加拿大、德国、印度都规定只有实体药房才可以申请开设网上药房。英国明确规定实体药房经过注册，才可以开设网上药房，网上药房应同时满足实体药房设立标准和线上售药指南。加拿大将网上药房作为实体药房的一部分予以规制，规定药房经营许可证仅发给实体药房，而不发给网上药房，规制主体进行日常监督时也将网上药房售药行为作为实体药房的部分经营行为给予规制。德国《药房法》规定，由实体药房提出申请获得"药品邮购销售许可证"即可开设网上药房，药房经营者必须具有药师资格。基于《电子药房规则草案》，印度将合法的网上药房划分为两类：一类通过官方将社区认可的药房与消费者建立线上联系，为消费者提供线上售药服务；另一类由线下药房直接提供线上服务。[1]

由上述内容可知，除美国外，其他几国均规定只有实体药房能开设网上药房。此种限制与网上药房售药模式有关。网上药房售药过程中，证据以数字化的形式存在，网页、音频、视频等电子证据很容易因为计算机技术或者网络系统的原因被删改、损坏。规制主体在对实体药房的长期规制过程中，积累了大量的规制经验，而网上药房作为新生事物，对政府有效监督提出了新挑战，需要规制者具备更强的电子证据搜集、甄别能力。而且，网上药房的产生使售药范围极度扩大，甚至实现跨国交易，更是增加了规制的难度。而规定网上药房必须基于实体药房而设，能在很大程度上降低网上药房规制的困难，便于通过实体药房有效规范网上药房的经营行为。

（三）准入和设立标准

为有效规范网上药房，各个国家和地区一般通过制定法律或规范性文件

---

〔1〕　See A Roshini, G. M. Pavithra, Venugopal. N, "E-Pharmacy- A boon or bane", *International Journal of Pharmaceutical Research*, Vol. 13, No. 2., 2021.

明确网上药房的准入和设立标准。

1. 美国

美国各州均有各自的药房管理准则，其内容大同小异，以下以佛罗里达州为例，对美国的网上药房准入制度进行介绍。在佛罗里达州，任何人申请注册网上药房的前提是拥有一个合法的网站，并有能力对网站进行定期维护，以保证其始终是安全合法的。任何人经营网上药房前，必须向 SBP 申请许可证。SBP 对以下问题进行审查：（1）药房应当指定一名有执照的药师作为处方部经理，以便给民众配药。该药师应负责保存所有药品记录，负责药品配发和药品贮藏场所的安全。（2）药房所有者可以雇佣或聘请药学技术人员，并应以书面文件形式，来规定药学技术人员的职责和义务。

同时，网上药房所有者还应承诺遵守以下义务：（1）网上药房应提供高水平、安全优质的药房服务，并向 SBP 公布以下具体信息：经营期间持有的有效执照、许可证或注册证；主要负责人和处方部经理的住址、姓名和职务。如药房营业地点、主要负责人或处方部经理改变，药房应在 30 天内告知 SBP。（2）网上药房应遵守 SBP 发出的所有合法指示和提供信息的要求。如出现配药错误造成紧急情况时，药房应直接回复 SBP 的所有联系。（3）药房应保存患者的配药记录，上述记录从药房的业务记录和配药记录中随时可以被检索到。（4）药房应当在规定的时间营业，每周不少于 6 天，每周至少营业 40 小时。药房应提供免费服务电话，方便患者与药师进行沟通。药师可查阅患者的病历。免费电话号码必须在每个配药容器的标签上注明。

2. 英国

在英国，实体药房经过注册便可以开办网上药房，出售包括普通销售目录药（General Sale List，GSL）、药房药（Pharmacy Medicines，P）和处方药（Prescription Only Medicines，POM）在内的药品及相关产品。[1] 英国的药房标准和网上药房指南从管理制度、员工、场所、服务方式和设施五个方面对网上药房提出要求：

---

〔1〕 参见陈明等："英国网上药店的监管及对我国的启示"，载《中国执业药师》2010 年第 7 期。

第一，管理制度应以保障患者和公众的健康、安全和福祉为宗旨。为应对网络风险，网上药房应制定有效的风险评估制度。风险评估制度应包含风险种类、风险可能带来的后果以及处理风险的方法。可能的风险种类包括：药品供应、咨询和运输方式；药房业务发展的长期计划，如网站维护和数据保密计划；应保存的记录；服务范围的改变等。具体实施时，药房员工应参与并知道风险评估的结果。所有风险评估的记录均应及时更新。药房向英国境外的消费者提供售药服务时，应购买赔偿保险，承保提供的所有服务。

为提升网上药房服务的安全性和质量，药房应建立审查制度。审查分为定期审查和应对性审查。定期审查为常规审查，药房应规定定期审查的具体时限；应对性审查为即时审查，在发生特殊情况时适用。药房的定期审查应包括：接收处方的系统和流程，如电子处方服务（EPS）系统是否正常运行；销售或拒绝销售的记录；系统和流程能否保障消费者安全；网站上关于药房服务信息的准确性；药房支付系统是否遵守了支付卡行业数据安全标准（the Payment Card Industry Data Security Standard，PCIDSS）和数据保护法；消费者的反馈意见；收到的投诉等内容。当发生特殊情况时，药房应作出应对性审查：如法律修改影响到药房经营；药房服务发生重大变化，例如服务人数显著增加、服务范围增加等；数据保护出现安全漏洞；所使用的技术发生改变；接受药房服务的患者做出负面反馈等。

出于安全考虑，网上药房应实行记录制度，保存和维护药房服务过程中的所有重要记录。药房应记录与患者沟通的药品安全使用信息和建议，记录决定出售或不出售特定药品的关键理由，记录使用特定邮递的方式和药品的派发日期，记录消费者的投诉、疑虑以及药房的处理结果等。药房应适当管理信息，以保护患者和消费者的隐私、尊严和机密。

第二，员工有能力保障患者和公众的健康、安全和福祉。药房员工应数量充足，具备资格和技能，可以安全有效地提供药房服务。员工应遵从其专业和法律义务，并为患者和公众利益做出专业性判断。药房应制定员工反馈机制，方便员工对药房服务和标准提出意见。药房的激励措施或目标不得损害患者和公众的健康、安全和福祉，也不得影响员工作出专业判断。

为提升员工业务能力，网上药房应在以下方面加强对员工的培训：信息安全管理，包括数据保护和网络安全；沟通技巧，使员工能与药房用户和处方开具者进行有效的非面对面沟通；使用专业设备和新技术的能力。

第三，提供药房服务的场所以及场所的具体环境能够保障患者和公众的健康、安全和福祉。网上药房必须拥有一个与实体注册药房相关联的网站，消费者可以直接访问或者通过第三方网站访问药房。网站必须遵守信息安全管理准则和数据保护法律，具备收集、使用、储存消费者数据的安全措施，保证消费者能够安全支付。网站信息需清晰、正确并及时更新，不可误导消费者。必须确保药房网站上链接的第三方网站也是合法的。网站应明确显示以下信息：药房的 GPhC 注册号码，注册药房的所有者的姓名，药师负责人的姓名，药房名称和地址，检验药房、药师注册信息的方法，药房的邮箱及联系电话，用户反馈途径。

第四，药房服务方式能够保障患者和公众的健康、安全与福祉。"药房服务"涵盖药房能够提供的所有与药房相关的服务，包括药品管理、对患者提出建议和转诊等。药房服务管理应当安全有效，药品应从信誉良好的厂家进购，安全且合目的地使用；安全存放，未经允许不得碰触，安全提供给患者；安全处置。

网上药房除非已采取进一步的保护措施，否则不能提供以下药品：抗生素类药品；易滥用、过度使用或错误使用的药品，或存在成瘾风险，需要持续监控的药品，如鸦片、镇静剂、泻药等；非手术的美容药品，如肉毒杆菌毒素。相关保护措施主要包括：处方开具者能够核查对方身份，以确保所开处方的药品正确被对方使用。

第五，提供药房服务所使用的设备和设施能够保障患者和公众的健康、安全和福祉。网上药房应配备提供药房服务所需的所有设备和设施；从信誉良好的厂家进购设备和设施，安全且合目的地使用、安全存放，未经允许不得接触，适当维护；使用设备和设施应保护患者和公众的隐私和尊严。

3. 加拿大

在加拿大，各省或地区负责颁布本地网上药房的具体许可标准。如安大略省 2012 年 5 月 11 日颁布，并于 2018 年 3 月修订的网上药房规定，申请在安大略建立网上药房需满足以下要求：由安大略省药师学院（the Ontario College of Pharmacists）颁发许可证的实体药房提出申请，设有网站并且服务器位于安大略省，由在安大略省持证执业的药师监督。

实体药房一旦获得网上药品销售资格，就应按照 2001 年 11 月 NAPRA 批准的加拿大《药师经互联网提供药房服务标准》（Model Standards for Canadian Pharmacists Offering Pharmacy Services via the Internet）提供药房服务：首先，药房网站主页上至少应显示以下信息：药房已获得正式的许可或认证，认证机构的名称、地址和管辖范围；药房经营的实际位置；药房电话号码；药师经理或主管药师的姓名。其次，药师应遵守卫生部关于不同种类药品销售的规定（该分类下文将详细论述）。最后，药房的日常行为应合法。网站发布的药品广告必须符合联邦和省有关药品和药房服务广告的规定。药师不得与处方医生签订协议，限制患者对药房的选择，否则就是职业不当。药房必须有保障措施，保证通过保密的方式收集、记录和使用患者个人健康信息；网上药房作为认证的实体药房的一部分，其经营行为应受到规制主体的检查，网上药房有义务配合检查；药师不得要求患者出具免责声明，来免除药房或药师的专业职责和义务。

4. 德国

德国实施成立自由的原则，药师可以自由注册药房。不论是实体药房还是网上药房，经营者必须具有药师资格。当前，药师除了经营一家主要药房，最多可以拥有三家子公司，条件是药师自己管理主要药房；每个子公司任命一名责任药师管理；所有子公司必须位于同一地区或邻近地区。[1]所以在德国，连锁药房并不多，这有利于经营者关注药房服务的质量，加强经营管理而非关注药房数量的扩充。"红色药房 A（带有圣杯和蛇）"是德国社区药房的标识符号。DAV 注册商标在德国和欧洲享有特殊的法律保护。

网上药房销售处方药时，消费者需要将医生开具的处方原件邮寄给网上药房，所以德国在试点实施电子处方系统，更加方便患者在网上药房购药。

---

[1] See ABDA, "Ownership requirements of pharmacies in the EU", available at https://www021. abda. de/en/pharmacies-in-germany/pharmacy-2030-perspectives-on-provision，最后访问日期：2021 年 1 月 2 日。

电子处方的试点项目已经在巴登-符腾堡州、黑森和柏林启动〔1〕，电子处方于 2022 年取代粉红色的纸质处方。在德国，基于《药品价格条例》（The Drug Price Ordinance）的规定，在全国统一处方药的价格，这是保护患者和药师的重要规定。自 2020 年 12 月《药房强化法》（The Pharmacy Strengthening Act，简称 VOASG）生效以来，禁止网上药房向患者提供打折的处方药。〔2〕

德国对药房所有者资格的限制和子公司数量的限制，体现了禁止第三方所有权和多重所有权的法律规定。德国的所有权限制长期以来受到质疑，认为一定程度上侵犯了私人的经营自由权。2009 年欧洲法院确认，德国禁止第三方所有权是可接受的和有效的保护消费者的手段。〔3〕德国关于所有权的规定被裁定完全符合欧盟法律。

5. 印度

在印度，消费者在网上药房购药的流程如下：消费者需要上传处方扫描复印件并明确购买某个药品；所有处方需经过药师验证；处方被核实完毕，由药师将处方送至药房进行配药。在整个过程中，网上药房需要遵守 2000 年《信息技术法》（the Information Technology Act 2000）的规定，该法对电子记录和在线交易给予了规定。药房应当对患者的信息保密，包括处方记载的所有数据。所有采购订单均应通过网上药房网站发出，因此，每个网上药房都需要建立网上药房网站，网站必须在印度获得授权。网上药房都需要保存记录，记载药房可用药品、可供购买的药品品种、药品供应链和卖家清单、注册医师和注册药师的详细信息。网上药房获得的所有数据应保存在本地。网上药房应当在其主页上显示门户链接，方便消费者进行验证。

为确保患者正确使用处方药，网上药房应采取以下措施：除非经过与医

〔1〕 See Federal Union of German Associations of Pharmacists（ABDA），"German Pharmacies：Figures，Date，Facts2020"，available at https：//www. abda. de/en/pharmacies-in-germany/pharmacy-2030-perspectives-on-provision-of-pharmacy-services-in-germany，最后访问日期：2021 年 1 月 2 日。

〔2〕 See Federal Union of German Associations of Pharmacists（ABDA），"German Pharmacies：Figures，Date，Facts2021"，available at https：//www. abda. de/en/pharmacies-in-germany/pharmacy-2030-perspectives-on-provision-of-pharmacy-services-in-germany，最后访问日期：2022 年 3 月 12 日。

〔3〕 See ABDA，"Ban On Third-Party and Multiple Ownership"，available at https：//www. abda. de/en/pharmacies-in-germany/ban-on-third-party-and-multiple-ownership，最后访问日期：2021 年 1 月 2 日。

师讨论，否则患者不能擅自改变给药方案。药房售药前需要验证处方的真实性，通过处方上的医院名称、医生注册号等信息进行验证。[1]

由上述内容可知，美国制度的特点为"处方部经理"的设置，有利于网上药房在专业人员的主管下规范发展，并便于责任追究；英国制度的特点是要求申请者必须提前制定完善的风险评估制度、定期审计制度及反映性审查制度，对网上药房今后的安全经营提出了严格、具体的标准；英国对网站的要求较为详细，明确规定了网站上应呈现的内容；加拿大制度的特点在于将网上药房作为认证药房的一部分给予有效规制，网上药房受到药品规制机构的现场检查，该制度便于对网上药房实施有效的规制，减少规制压力；德国制度的特点是药房第三方所有权和多重所有权的禁止加强了药师的法律责任；印度对网上药房抱有十分慎重的态度，一方面电子商务行业通过各种途径希望推动网上药房的发展；另一方面传统实体药房认为网上售药是违法行为。印度关于药品和药房规制的现行立法都是在互联网广泛使用之前颁布的，印度卫生部认为现行法律不应适用于网上药房的规制，应当重新立法。2018 年印度公布的《电子药房规制草案》中对于处方药的销售安全和防止患者不合理用药作了十分详细的规定，该草案成为未来电子药房在印度合法化的重要规定。

（四）各个国家和地区网上药房准入和设立标准比较

各个国家和地区网上药房申请的共同点在于网上药房首先应满足本国（地区）对于实体药房申请的基本要求，同时应满足网上药房销售药品的基本要求，如网站的要求、处方的要求和注册药师的要求等。各个国家和地区设置网上药房的基本要求是为了降低网上药房售药的风险，加强风险规制，保障消费者的用药安全。

相较而言，德国网上药房设立最为容易，贯彻成立自由原则，只要是药师就可以自由开设药房包括网上药房，但是开设网上药房的前提是有实体药房。英国和加拿大同样具有该限制性规定。而美国对于网上药房的准入最为宽松，无论是实体药房还是其他网络实体都可以申请设立网上药房。美国、

---

[1]　See Roshini Selvam, G. M. Pavithra, Venugopal. N, "E-Pharmacy-A boon or bane", *International Journal of Pharmaceutical Research*, Vol. 13, No. 2., 2021.

英国、加拿大、德国和印度网上药房许可制度的具体不同见表 1。

表 1　几国网上药房准入和设立标准比较

国家	许可主体	申请者	法律依据
美国	各州药房委员会	实体药房或者互联网企业	各州《药房法》和《标准州药房法》
英国	药政总局	实体药房	《注册药房标准》（2018 年 6 月修订）和《注册药房提供远程服务（包括网上服务）指南》
加拿大	各省/地区药房规制机构	实体药房	各省准入规定和《加拿大药师经互联网提供药房服务标准》
德国	各州药房规制机构	实体药房	《药房法》
印度	中央许可证管理局	实体药房	《电子药房规则草案》

二、认证制度

虽然严格的准入标准能够于事前将不合法、不合标的网上药房排除在外，但由于注册信息由相关管理部门保存，消费者无法直观获知，且大部分违法网上药房在外观上与合法药房并无区别，加之互联网的复杂性，很难彻底清除违法网上药房。这导致消费者对网上药房真假难辨，在网上买到假药劣药的几率非常大。为提高合法网上药房的公信力，方便消费者辨别真伪药房，许多国家建立了一套较为完备的认证制度，以有力打击违法网上药房。

认证是指一种信用保证形式。根据国际标准化组织（ISO）和国际电工委员会（IEC）的定义，认证是指由国家认可的认证机构证明一个组织的产品、服务、管理体系符合相关标准、技术规范或者强制性要求。[1]各个国家和地区网上药房的认证往往由该国药品规制机构实施，在于明确网上药房的

---

〔1〕　参见平靓："合谋最小化的认证模式选择研究——自愿性认证与强制性认证的比较"，大连理工大学 2018 年硕士学位论文。

合法性，方便消费者在合法网上药房购药。[1]

（一）美国 VIPPS 认证

NABP 为有效管理网上药房、维护网上药房服务的安全，于 1999 年提出网上药房认证计划——"美国互联网药房认证计划"（Verified Internet Pharmacy Practice Sites，VIPPS），该认证为自愿参加。认证有效期为三年，NABP 会对通过认证的药房进行每年一次的年度评价。如果一个认证期间内药房的所有权、地址、销售药品种类等重要信息发生变化，或年度评价标准和认证要求发生变化，网上药房需要重新认证。

1. 认证条件

申请 VIPPS 认证的药房必须是在美国经过 SBP 审批许可、合法经营的网上药房；该申请主体需要具备网上药房的正常功能，比如转账、在线咨询、电子邮件咨询等；在申请认证时，该网上药房应当至少已运行 30 天且处于正常经营状态，且有一名责任药师全面负责实际的药房业务。

根据 NABP 发布的《网上药房认证标准概述》（Digital Pharmacy Accreditation Standards Overview）及具体规定[2]，网上药房想要获得 VIPPS 认证，需满足以下主要要求：（1）应提供药房和人员资质材料。申请 VIPPS 认证的网上药房，应提供材料证明该药房已经获得所在 SBP 许可，具备良好的商业声誉；应提供材料证明该网上药房工作人员经过许可或注册，并具有良好的声誉；应提供药房政策的归档记录。（2）网上药房应满足处方药销售要求。药房应确保处方药订单的完整性、真实性，防止一张处方同时在多个药房下单。如不存在病人-处方关系（包括面对面的身体检查），药房不能仅根据电话、电子邮件或在线医疗咨询结果派发处方药。药房应根据法律对患者、开具处方者以及护理者（如果有）的身份进行核实。（3）网上药房应具有有效沟通的能力。药房应获取并保存患者的用药史及其他相关数据，便于处方开具者解答患者或护理者的问题，促进患者与处方开具者的有效沟

---

[1] 参见赵晓佩："域外网上药房认证制度比较研究及启示"，载《卫生经济研究》2022 年第 8 期。

[2] See NABP，"VIPPS Criteria"，available at https://nabp. pharmacy/programs/vipps/criteria - standards/，最后访问日期：2018 年 5 月 20 日。

通；药房应要求药师为患者或护理人员提供对话式的、有意义的咨询；药房应建立相关机制，保证运送处方药过程中出现过分延迟时，患者与处方开具者能取得联系（过分延迟指延长时间足以危及或改变患者治疗计划）；药房应建立有效机制，以便告知病人或护理人员药品召回的情况；能够指导患者及护理人员正确处理不能使用的药品。（4）网上药房应当保护患者信息。网上药房应采取措施确保患者信息的安全，防止患者身份信息及特殊信息被不正当利用或在互联网上传播。（5）配药、储存及运送药品安全措施。网上药房在配药前应当对患者使用的药品进行审查；药房应当依照美国药典（USP）标准，确保药品和设备在适当温度、光照和湿度下保存；药房应当以安全的方式运送药品；药房应当建立病人用药情况上报机制，对疑似的药物不良反应和患者错误用药行为采取行动。（6）因为非处方产品常常是制造或合成非法药品的前提，因此网上药房应当严格执行销售非处方产品的法律。

2. 认证程序

VIPPS 认证的程序主要分为三个步骤：第一，药房向 NABP 提出申请。药房提出申请时应当提交上述相关资料和认证所需费用。第二，NABP 进行资料审查和现场调查。NABP 接到申请后，首先进行资料审查，工作人员会核实该药房所持有的其所在州的 SBP 颁布的许可证，然后审查网上药房是否符合 VIPPS 认证要求，最后 NABP 还将进行现场调查，对网上药房的经营情况、网站安全情况、药房遵守法律情况进行调查，确保网上药房遵守法律、合法经营、运营情况安全良好。第三，网上药房通过 VIPPS 认证，该药房的网站上可显示 VIPPS 标识。消费者在浏览该药房网站时，可通过点击该标识对药房信息进行核实。

通过此项目验证的药房还将享受以下好处：（1）自动获取在谷歌、必应和雅虎等搜索引擎进行付费广告的资格；（2）在本药房可通过信用卡支付；（3）有资格加入某些以获取 VIPPS 认证为硬性条件的药房联盟。

根据 NABP 于 2015 年 7 月发布的一份报告，所审查的 11,000 多家网上药房中，约有 96% 不符合州或联邦法律，或 NABP 的患者安全和药学实践标准。相关违法行为除了违反处方要求外，还包括分发域外或未经批准的药品缺乏应有的网站安全系统，或者与互联网上的其他违法网站有关联。[1]
VIPPS 项目的广泛应用成功打击了众多违法网上药房，为消费者提供了有力保护。

NABP 与许多安全倡导者一起，建议患者使用经过 VIPPS 认证的网上药房。截至 2017 年 6 月 30 日，80 家药房在 NABP 进行了 VIPPS 认证。[2]
NABP 坚信，网上药房认证计划作为药房安全性的认证，未来会有更多网上药房加入。当前，NABP 升级了 VIPPS 认证管理，药房域名中需要加上"批准章"，该举措具有良好的防伪功能。NABP 只允许合法的网站运营商使用 pharmacy 域名。非法网上药房通过复制粘贴批准印章，包装为合法网上药房欺骗销售者的行为已经很容易被识别。

（二）欧盟强制性共同徽标

欧盟成员国均允许网络售药。为降低消费者买到假药的风险，欧盟规定消费者必须从成员国国家主管部门许可的网上药房购药。为了方便消费者准确识别合法的网上药房，欧盟委员会为合法注册的网上药房确定了共同徽标作为认证标志。欧盟出台了有关共同徽标的法律及实施细则，确定了网上药房必须使用共同徽标的强制性法律规定。

共同徽标由成员国的国旗和文字组成，只显示欧盟成员国以及挪威、冰岛和列支敦士登的国旗。如果消费者将要购药的药房显示的是欧盟标志的徽标，那么该网上药房就不是合法药房。

所有在欧盟国家境内已注册的网上药房主页上必须显示共同徽标。欧盟还下达指令，各国规制机构有义务在其官网上列出本国所有已注册的网上药房。单击共同徽标，将链接网上药房所在国公布的在线零售商名单列表，消费者可以检查该药房是否在列表中。若消费者点击后发现自己浏览的网上药

---

〔1〕　See The National Association of Boards of Pharmacy，"Internet Drug Outlet Identification Program Progress Report for State and Federal Regulators：February 2018"，available at https：//nabp. pharmacy/wp-content/uploads/2018/02/Internet-Drug-Report-Feb-2018. pdf，最后访问日期：2019 年 1 月 12 日。

〔2〕　See The National Association of Boards of Pharmacy，"Internet Drug Outlet Identification Program Progress Report for State and Federal Regulators：August 2017"，available at https：//nabp. pharmacy/wp-content/uploads/2016/08/Internet-Drug-Outlet-Report-August-2017. pdf，最后访问日期：2018 年 11 月 2 日。

房不在列表中，应立即停止在该药房购买药品。

此外，在 EMA 的官网上，也公布了欧盟成员国和欧共体国家查询网上药房的网址列表，点击网址链接即可查询到该国所有已注册的网上药房名单及具体的注册信息。

欧盟指令还要求成员国开展宣传，让公众能够了解假药的危害和在非法网上药房购药的风险，以及学会使用共同徽标的功能。欧盟共同徽标的推广，为消费者验证网上药房的真伪提供了极大的便利，有力地打击了大量非法网上药房。作为欧盟成员国，德国有效利用共同徽标，采取更为严厉的制度打击非法网上药房。规制主体要求消费者购药前必须通过验证共同徽标或咨询消费者协会等方式，鉴别网上药房的真假，若消费者未能鉴别或遭受欺骗，在非法网上药房买到假药劣药，则无法享受医疗保险报销，需自行承担后果。这一做法促使消费者强化共同徽标意识，加强自身责任，成功遏制了非法网上药房。

（三）英国注册药房标志

英国 RPSGB 为规范网上药房，提升药学服务质量和日常规制水平，于 2007 年推出"网上药房标志"（Internet Pharmacy Logo）计划，简称"IPL 计划"。IPL 计划是非强制性的，其作用在于提高经过认证的网上药房的公信力，倡导消费者选择具有该标志的网上药房进行购药，从而减少非法网上药房非法销售药品的行为。

基于 IPL 计划，经过认证的网上药房，有权在其主页上显示注册药房标志"Registered Pharmacy"，表明该药房的合法性和安全性。消费者可以通过点击该标志链接 RPSGB 的网站，在此查找网上药房注册信息以及在线提供服务的药师，帮助消费者识别合法的网上药房，确保消费者买到合格、安全的药品。[1]

2010 年 9 月后，英国所有网上药房都必须经过 GPhC 审查，才能显示注册药房标志"Registered Pharmacy"。[2]

---

〔1〕 参见盛俊彦等："我国网络售药监管制度存在的问题与对策建议"，载《中国药房》2017 年第 7 期。

〔2〕 See General Pharmaceutical Council, "Internet pharmacy", available at http://www. pharmacy-regulation. org/registration/internet-pharmacy，最后访问日期：2018 年 3 月 14 日。

在英国"脱欧"之前，其网上药房除了自愿显示注册药房标志外，还必须显示欧盟共同徽标。这两种标志仅可用于网上药房自己的网站，而不能用于第三方平台的网站。2020年1月31日，英国正式"脱欧"，结束了其47年的欧盟成员国身份。欧盟与英国就包括贸易在内的一系列合作关系达成协议，之后英国进入为期11个月的过渡期。自2021年1月1日起，英国（英格兰、威尔士和苏格兰）的网上药房无需显示欧盟共同徽标。根据《北爱尔兰议定书》，北爱尔兰网上药房仍必须遵守使用欧盟共同徽标的要求。英国原有的注册药房标志不受英国"脱欧"的影响，将继续使用。

（四）加拿大国际药房协会印章

在加拿大，消费者可以通过三种方式检验网上药房的合法性和安全性。除了向本省PRA申请获知某网上药房是否取得许可证外，第二种方式是查验网上药房是否参加美国的VIPPS认证。NAPRA是NABP的主要合作伙伴，任何加拿大制药企业或药房提出申请，都可以参加药房验证项目，经过认证即通过VIPPS认证，可以使用pharmary域名。除了上述两种方式之外，如果网上药房加入了加拿大国际药房协会（the Canadian International Pharmacy Association，CIPA），其网页上将会显示协会的认证印章。

CIPA作为加拿大最大的零售网上药房协会，对加入的会员进行认证。CIPA要求会员必须提供政府颁发的许可证。除此之外，会员应遵守与美国网上药房相同的处方要求，患者的医生或医疗保健者应提供有效且带有签名的处方。同时也应提供与美国网上药房相当的邮寄服务可以将消费者购买的药品直接安全送到家中。并且网上药房必须有药师为病人提供咨询服务，不得销售管制药品，遵循和美国药房同样严格的保密要求和安全程序，保护患者隐私。网上药房经审查成为CIPA会员之后，有权在其网站主页显示CIPA印章。当前加拿大有73个网上药房成为CIPA会员，被授权显示印章，让公众知晓本网上药房是合法安全的。

CIPA成员通常为加拿大和美国患者提供30天~90天的药品供应，售药前通过与患者沟通获得患者的健康状况、用药史等医疗信息，避免与患者正在使用的药品出现不良的相互作用。事实上，CIPA自2002年成立以来，其会员已经为1000多万美国患者提供了药品服务；CIPA销售的处方药由权威药品生产企业生产，包括辉瑞、默克、礼来等跨国公司，同样药品的价格比美国低 80%。[1]

（五）各个国家和地区认证制度比较

各个国家和地区的认证对象相同，都是合法注册的网上药房。网上药房应当先取得执业许可证，然后依照各认证主体的要求进行认证。网上药房的认证标准主要分为两种情况：一种以美国为代表，认证标准极为严格，对药房和人员标准、处方药和非处方药销售要求、患者隐私保护要求和网上药房的药品存储、邮寄条件等方面进行了十分详尽的规定，保障认证的网上药房的合法安全性，有力打击了非法的网上药房，为患者网上购药提供保障。另一种以欧盟为代表，只要是经过合法注册的网上药房，就有权显示认证标志。

除此之外，美国、欧盟和英国的认证为国家认证，加拿大的 CIPA 认证为行业自我认证。在加拿大，除了 CIPA 认证外，应用更加广泛的是美国的 VIPPS 认证。英国在"脱欧"前，因欧盟共同徽标的强制性要求，所以注册药房认证适用范围有效，"脱欧"后，本国的注册药房认证将会发挥更大作用。

美国、欧盟、英国和加拿大网上药房认证制度的具体内容比较见表 2。

表 2　网上药房认证制度比较

国家/组织	认证名称	认证性质	是否自愿	认证与许可比较
美国	VIPPS	国家认证	自愿	许可是认证的前提，认证标准高于许可标准。
欧盟	共同徽标	国家认证	强制	合法注册的网上药房必须显示认证标志。认证标准等同成员国许可标准。
英国	注册药房标志	国家认证	自愿	许可是认证的前提。合法性审查后获得认证。

---

〔1〕　See CIPA，"About CIPA"，available at https://www.cipa.com/，最后访问日期：2021 年 1 月 2 日。

续表

国家/组织	认证名称	认证性质	是否自愿	认证与许可比较
加拿大	CIPA 印章	行业认证	自愿	许可是认证的前提。CIPA 对网上药房参照美国认证标准进行审查，通过后成为 CIPA 会员，同时获得认证。

三、药品分类管理

药品分类管理是基于药品作用于人体可能引发的危险、药品特性等因素进行的分类。对网售药品进行分类管理是国际上诸多国家和地区的通行做法。药品的分类管理对于节约规制成本、方便公众用药和保障药品安全都十分有利。对于网上药房而言，由于药患不能面对面沟通，所以患者在购买处方药时，对处方的合法真实性审查尤为重要。对药品进行分类管理，将药房审查的重点集中于处方药和容易发生危险的药品，对于保障民众用药安全很有意义。

美国网上药房销售的药品主要分为三类：第一类是一般处方药，需要凭处方销售。第二类是管制类药品，是处方药中的特殊处方药。美国的《联邦管制物质法》（Federal Controlled Substances Act）涉及的管制物质主要包括精神类和麻醉性药品，具有药品依赖的风险。管制类药品网上销售需要满足特定要求。鉴于网上药房发展快速，网上售药行为剧增，为了确保管制类药品，即精神类和麻醉类药品网上销售的安全性，美国政府颁布新的法案对管制药品法进行了修订，增加了网上售药的规定。美国总统布什签署了 2008 年《瑞安·海特网上药房消费者保护法》，修改了《联邦管制物质法》。新法案从法律层面规范了网上售药行为，对网上药房销售管制药品给予了严格限制和限定，保障特殊药品通过网络销售的安全性。第三类是非处方药，消费者可以自由购买。下文将以美国管制类药品分类管理为例，对该制度予以阐述。

（一）确定管制药品分类及标准

《联邦管制物质法》的药品分类主要基于以下三个标准：药品被滥用的

可能性、药品的医疗用途以及药品的安全性或依赖性，将管制类药品分为五类。具体分类见表3。

表3 《联邦管制物质法》有关管制药品的分类

附表名称	标准	举例
附表Ⅰ	● 该药品或物质被滥用可能性大。 ● 该药品或物质目前在美国尚未被用于医疗用途。 ● 在医疗监测下，该药品或物质缺乏公认的安全性。	海洛因、伽玛羟基丁酸（GHB）、麦角酸二乙胺（LSD）、大麻和甲喹酮。
附表Ⅱ	● 该药品或物质被滥用可能性大。 ● 该药品或物质当前在美国用于医疗治疗中或具有严格限制的医疗用途。 ● 滥用该药品或物质可能导致严重的心理或生理依赖。	吗啡、苯环利定（PCP）、可卡因、美沙酮、氢可酮、芬太尼和甲基苯丙胺。
附表Ⅲ	● 该药品或物质的滥用可能性小于附表Ⅰ及Ⅱ所列药品或其他物质。 ● 该药品或物质当前在美国用于医疗治疗中。 ● 滥用该药品或物质可能导致中度或低生理依赖或高心理依赖。	合成代谢类固醇、可待因产品、阿司匹林或泰诺和一些巴比妥类药品。
附表Ⅳ	● 该药品或物质相对附表Ⅲ所列药品或物质滥用的可能性低。 ● 该药品或物质当前在美国用于医疗治疗中。 ● 滥用该药品或物质相对附表Ⅲ可能导致有限的身体或心理依赖。	包括阿普唑仑、氯硝西泮和地西泮。
附表Ⅴ	● 该药品或物质相较附表Ⅳ中的药品或物质滥用可能性低。 ● 该药品或物质目前在美国用于医疗治疗中。 ● 滥用该药品或其他物质相对附表Ⅳ中的药品或物质可能导致有限的身体或心理依赖。	可待因类止咳药。

（二）明确管制药品处方及药房具体要求

2008 年《瑞安·海特网上药房消费者保护法》对通过网络销售的管制药品的处方给予了规定。该法案规定经由网络销售的管制药品，属于《联邦食品、药品和化妆品法》规定的处方药，在没有有效处方的情况下，不能通过网络配药、派发和交付。"有效处方"指为了合法的医疗目的，医师在通常的专业执业过程中开具的处方。

能够开具有效处方的医师包括两类：第一类为至少对患者当面进行过一次医疗评估[1]的医师。医疗评估是对患者的整体病史和当前状况的综合评估，目的是确定患者的健康问题和治疗计划。医疗评估也可称为医疗检查。"当面医疗评估"是指在医生亲自在场的情况下对患者进行的医疗评估；第二类为实施医疗评估（而不要求当面医疗评估）的医生，其按照规定在过去 24 个月内，至少对患者进行过一次当面医疗评估或通过远程医疗对患者进行过评估。

网上药房销售管制药品和远程医疗的同时，要求网上药房应当明确在其主页上声明其出售的管制药品符合法律规定。网上药房应当在其网站主页上，或者在其直接链接的网页上，明确显示下列信息：许可证上显示的药房名称和地址；药房的电话号码和电子邮件；主管药师的姓名、专业学位、执照颁发州和电话号码；许可药房售卖管制药品的州名称；药房依照互联网销售管制药品的规定，获得注册的证明；与药房签订合同进行医疗评估或开具管制药品处方的医师的姓名、地址、电话号码、专业学位和许可证开具州；要求患者出具合法处方的声明。

（三）严格法律责任

网上药房违法销售管制药品责任人将被处以严格的法律责任，包括刑事责任。如违法销售附表 Ⅲ 中的管制药品，责任人将会被判处 10 年以下有期徒刑；如果使用该物质导致他人死亡或严重身体伤害，将会被判处 15 年以下有期徒刑，对个人罚款 50 万美元以下，对单位处以 250 万美元以下的罚

---

[1] See Workplacetesting, "What is Medical Evaluation", available at https://www.workplacetesting.com/definition/1468/medical-evaluation, 最后访问日期：2021 年 4 月 15 日。

款，或并罚。对于实施严重药品犯罪行为后又实施了上述违法行为的，处 20 年以下有期徒刑；使用该物质致人死亡或者重伤的，处 30 年以下有期徒刑，如果被告是个人，则最高罚款数额为 100 万美元，如果被告是单位，则罚款不超过 500 万美元，或并罚。2008 年以来，佛罗里达州、阿拉巴马州等州也通过立法对网上药房行为予以规制，规定了比联邦法律更为严格的法律责任。例如，在佛罗里达州，未经许可向该州任何人销售药品的网上药房按二等重罪论处。[1]

除美国外，在加拿大药品的分类由卫生部根据每种药品的安全性、有效性和质量进行评估之后确定。加拿大卫生部将药品分为三类：第一类药品需要处方才能出售。卫生部将确定需要处方才能在加拿大销售的药品列在加拿大卫生部的 PDL 或《管制药品和物质法案》及其附表中。第二类药品在销售前需要药师的专业介入（如对患者进行评估和为患者提供咨询）。第三类药品必须在注册药房销售，但可以放在药房的自选区域。网上药房在提供药品销售服务时，必须满足不同药品销售的要求。

英国药品的销售和供应受 2012 年《人用药品条例》（The Human Medicines Regulations 2012）的约束。MHRA 基于该条例，于 2017 年针对网上药房专门通过了《MHRA 关于在线（远程销售）向公众销售人用药指南》[MHRA Guidance. Selling Human Medicines Online（Distance Selling）to the Public]，强调网上药房销售的所有药品都应按照以下三个类别进行分类：POM，仅凭处方提供；P，在药师的监督下提供；GSL，在超市等一般零售店销售。GSL 的目的是指定那些可以在没有药师监督的情况下以合理安全的方式销售的药品，例如在超市。P 不需要处方，由药师在注册药房、医院或保健中心出售或供应，或在药师的监督下出售或供应，包装上有剂量信息。POM 是指只能在药师监督下，按照医师开具的处方从注册药房、医院或健康中心销售或供应的药品。

（四）网上药房药品分类管理制度评析

基于美国的《联邦管制物质法》和 2008 年《瑞安·海特网上药房消费

----

〔1〕 参见卢熠："美国互联网售药监管及对我国的启示"，载《中国当代医药》2012 年第 16 期。

者保护法》，美国并不禁止精神类、麻醉类药品在网上销售，但给予了严格的规制。其中，合法有效的处方是销售管制药品的核心要求，网上药房在销售管制药品之前，必须经由药师对处方进行谨慎审核，保障 POM 适用于患者，并应联系处方开具的医师，防范患者重复购药用药。法案对能够开具管制药品处方的医师也进行了明确规定，医师应当对患者进行有效的医疗评估，能够在最大程度上保障患者用药的科学合理性。英国和加拿大对网售药品也给予分类，通过处方和专业药师介入要求，保障患者用药安全。

四、药师规制

药师与医师分离成为独立的职业，是伴随着人们药品安全意识的增强，对药品知识研究的深入而逐渐实现的。而药师在药品生产企业和药房等医药行业从事药品工作，又推动了药品的科学研究和加强了公众对用药安全的重视程度。

最早的《药师法》可以追溯到 15 世纪的欧洲，1407 年意大利的热那亚市修订的《药师法》中已经规定获得执业准入的人才能成为药师并经营药房，该法是最早的较为完整的药师法。[1]之后世界上不少国家如英、法、美、加、澳、日、韩等都制定了药师相关法律，施行药学人员资格准入制度[2]，药学技术人员需要获得资质才能执业。该制度在很大程度上能提升药品使用的安全性。药师应该在供应和使用药品的各个方面负起责任来，从选择、购买、存储、配送、调剂及服用方面保证药品质量，使药品造福患者而不会伤害患者。[3]

（一）规定药师准入资格

确定药师准入制度，对药师准入资格给予明确规定是各国药师管理的通

---

〔1〕　参见吴胜英："完善我国执业药师制度的研究"，黑龙江中医药大学 2012 年硕士学位论文。

〔2〕　参见赵晓佩："试论农村基层医疗机构药品安全规制制度的挑战与变革——以村卫生室为例"，载《浙江工业大学学报（社会科学版）》2017 年第 1 期。

〔3〕　参见世界卫生组织（WHO）/国际药学联合会（FIP）："开展药学实践——以患者为中心"，available at http://www.fip.org/files/fip/publications/Developing Pharmacy Practice /Developing Pharmacy Practice CH.pdf，最后访问日期：2018 年 9 月 13 日。

用做法。药师经过注册才能执业，否则其行为就是违法的。

1. 美 国

在美国，药师与医生、律师的社会地位相当，为美国的高收入行业之一。药师的中位收入是 11.7 万美元，或每小时 56.09 美元。收入前 10% 的药师年薪超过 14.6 万美元，其中在零售药房的药师赚的钱比在医院里更多。[1] 作为拥有药学知识的专业人员，执业药师在药品生产、经营、使用等各个领域承担着至关重要的职能。[2] 美国药师制度对药师的准入、法律义务、法律责任等进行了明确详尽的规定，药师执业活动井然有序，不合理用药现象被有效控制。

1904 年，NABP 颁布了《标准州药房法》。在该法中，药师制度作为保障用药安全、捍卫合理用药的重要法律制度得以确定。该法对药师资格的获得给予了明确、详尽的规定。美国《标准州药房法》中关于药师资格获得的必要条件规定如下：（1）申请人应达到规定的年龄。各州可以根据本州情况明确药师的年龄标准，药师应当是成年人，心智成熟并且至少学士学位毕业。各州可以参考这些因素确定药师应达到的规定年龄。（2）申请人应当品行良好，无身体或智力障碍。（3）申请人应毕业于本州 SBP 承认的药学院校药学专业，并具有学士或更高学位。由该条规定可知，美国要求成为药师的最低学历为学士，并且必须是药学专业。（4）申请人须具有实践经验，具有"见习药师"经历，或 SBP 批准的其他相关经历，或向 SBP 证明符合或超过 SBP 规定的"见习药师"标准。由该规定可知，《标准州药房法》对药师所具备的实践经历十分重视，这也体现了药师岗位本身要求就职人员实践能力和沟通能力强。（5）应通过 SBP 举行的各项考试。（6）未违反过《管制物质法案》等药品相关立法。[3]

各州制定药房法对各州药师资格给予具体规范，但是不得低于上述标准。美国纽约州《药房法》规定，药房开业时必须有药师在场监督。宾夕法

---

[1] 参见"美国的执业药剂师是如何炼成的"，载 http://www.yigoonet.com/article/22317533.html，最后访问日期：2018 年 3 月 14 日。

[2] 参见鄢灵、赵晓佩："中美执业药师制度比较研究"，载《中国药房》2017 年第 7 期。

[3] 参见王巍："中美两国执业药师制度的比较与借鉴"，载《药学进展》2003 年第 2 期。

尼亚州《药房法》规定药师获得执照的具体要求：申请执照者必须先进行职业宣誓，然后按照 SBP 规定的条款填写相关内容；申请人的最低年龄为 21 周岁，且必须是美国公民；申请人必须满足道德要求、身体条件、专业要求、见习要求等规定，这些要求与《标准州药房法》的规定基本相同。各州药房法基于《标准州药房法》的规定对本州药师制度予以更为详细的规定，在满足联邦法律基本要求的前提下，又能体现本州的具体情况。这是一种非常灵活和包容的制度制定方式，保证了药师制度的统一性、灵活性和针对性。

2. 英国

英国早在 1815 年就颁布了《药师法》，确定了药师许可制度。英国政府在 1933 年制定了《药房和药品法规》，多次修改后颁布了现行的《药房法》，目前的法律对药师的注册条件、注册程序、注册前培训、药品的管理与调配以及药师职业标准和伦理等方面作出相应规定。[1]

在英国，成为药师必须年满 21 周岁，无违法和犯罪行为，具有良好道德，身体健康，并且需要获得药学专业硕士学位，在药房实习一年，通过资格考试。

3. 加拿大

在加拿大，药师是大众最容易接触到的医疗保健专业人员，每年为 7.5 亿张处方配药并提供咨询。加拿大约有 42,500 名持证药师在 10,000 多家药房工作。其中，约 70% 的药师在社区药房工作，15% 的药师在医院工作，15% 的药师在制药行业、政府、协会和大专院校等其他机构工作。[2]药师在加拿大属于较高收入人群，且在药房工作的药师收入高于在医院的药师。

在加拿大，成为药师具有严格的准入规定：首先，应在加拿大 10 所大学之一取得药学学士或药剂学博士学位，如达尔豪斯大学药学院、纽芬兰纪念大学药学院健康科学中心、阿尔伯塔大学药学与药学科学学院、不列颠哥伦比亚大学药学系等。其次，通过加拿大药学考试委员会（the Pharmacy Ex-

---

〔1〕　参见胡燕、贾红英："日本、美国和英国执业药师制度对我国的启示"，载《医学与社会》2011 年第 10 期。

〔2〕　See Canadian Pharmacists Association, "Pharmacists in Canada", available at https://www.pharmacists.ca/pharmacy-in-canada/pharmacists-in-canada/，最后访问日期：2021 年 1 月 6 日。

amining Board of Canada，PEBC）举行的全国考试（魁北克省除外）。再其次，通过学徒或实习安排获得实践经验。最后，英语或法语流利。

4. 德国

在德国，成为一名药师前必须在大学学习 5 年：基础内容和主要内容各 2 年，实践培训 1 年，每门课程都应通过州组织的考试。[1]完成学业后，申请药师执业许可证，获得授权可以执业。药师在德国享有设立药房自由的权利，根据这一原则，药师在遵守法律的前提下，可以随时随地开设药房。

（二）明确药师法律职责

1. 美国

NABP 在《标准州药房法》中，对药师的法律职责进行了规定，主要包括五项内容：（1）解释处方，这是药师应当具有的基本技能；（2）对处方和处方调配中的药品进行评价，这是药房保障患者用药安全的关键；（3）具备临时配制处方时所需要的药品调配和用量计算技能；（4）回答患者和专业医务人员的咨询；（5）监护药品治疗。[2]同时，法律对每一项职责又给予了更为详尽、系统的规定。[3]

为保障公众药品安全，《标准州药房法》列举了药师应当承担法律责任的行为，如药师在没有正当理由的情况下拒绝为患者调配处方药、逃避患者的用药咨询或者阻碍患者获得处方咨询服务、违法使用或披露患者个人健康信息等。《标准州药房法》要求各州药房法中必须包含但不限于这些行为。各州药房法以上述规定为基础，细化了药师的违法行为并规定了严格的法律责任，法律责任主要为刑事责任。刑事责任针对严重危及公共安全的行为而设，药师刑事责任的承担，体现了立法严格规范药师行为，确保药品行业安全的根本要求。

---

〔1〕 See Federal Union of German Associations of Pharmacists（ABDA），"German Pharmacies：Figures，Date，Facts 2021"，available at https：//www. abda. de/en/pharmacies-in-germany/pharmacy-2030-perspectives-on-provision-of-pharmacy-services-in-germany，最后访问日期：2022 年 3 月 12 日。

〔2〕 参见王巍："中美两国执业药师制度的比较与借鉴"，载《药学进展》2003 年第 2 期。

〔3〕 参见鄢灵、赵晓佩："中美执业药师制度比较研究"，载《中国药房》2017 年第 7 期。

2. 加拿大

加拿大于 2003 年通过了《药师执业规范》（Model Standards of Practice for Canadian Pharmacists），该规范于 2007 年开始修订，2008 年公布了修订版，其具体规定了药师职责，主要包括四个方面：药品和药品使用方面的专业知识、协作、安全和质量、专业精神和道德。

第一，药师应保持其专业能力并在日常工作中运用其专业知识。如当药师为患者服务时，应当审核患者首次服用的药品处方，以确保该药品适合患者；收集患者信息，确保没有明显的药品相互作用或禁忌症等。

第二，药师应与实习生、专业团队等成员有效合作，应当能够有效沟通。药师应与同行良好合作。如在提供患者护理时，在必要情况下将患者转给医疗团队的适当成员；根据合作协议，履行对其他专业团队的责任；与其他卫生保健专业人员建立并保持合作关系。

第三，药师应保障药房服务的安全和质量。药师应遵守药学实践相关的法律、法规和政策；药师应保证药房工作人员行为符合药房服务要求；确保执业环境有利于提供高质量的药房护理和服务。药师在管理药房时：应制定政策和标准操作程序，确保始终保持安全有效的药品供应系统；支持员工不断提高患者护理的安全性和质量；实施改革，以改进药房护理和服务质量。此外，药师应有效应对风险、管理错误、事故和不安全行为；根据法律和专业要求，及时向受影响者披露可能发生的或实际发生的错误、事件和不安全做法。药师在提供患者护理时，应及时上报不良事件。药师在管理药房时，应及时确定导致患者风险的因素；制定和实施政策，最大限度地减少错误、事故和不安全行为发生。

第四，药师在工作中应具有专业精神，遵守道德规范。在日常工作应遵守以下原则：尊重他人，以同理心对待他人；具有职业操守；对其行为和决定承担责任。药师在提供患者护理时，应对患者表现出关心、同情和专业的态度；保持专业界限；将维护患者的最大利益作为核心；收集和使用患者信息时保护其隐私；充分告知患者信息，让其参与决策，做出明智选择；通过教育提升患者自我护理的能力。

3. 英国

在英国，通过互联网销售人用药品必须符合 1968 年《药品法案》的规定，药房必须由药师亲自管理，〔1〕并满足药房和 POM 销售的要求；POM 的提供必须基于合法有效的处方。RPSGB 于 2001 年 5 月修订了《药师道德规范》（The Code of Ethics of the Royal Pharmaceutical Society of Great Britain）（以下简称《道德规范》）。《道德规范》规定了药师的基本职责：（1）药师在任何时候都应当为病人和公众利益而为，并且与其他卫生专业人士合作，尽可能为社区提供好的卫生保健服务。药师应以礼貌、尊重和保密的态度提供药学服务。药师应尊重患者参与其护理决定的权利，并且应以患者能够理解的方式告知信息。（2）药师应确保他们的知识、技能和实操是高质量、最新的、循证的，并与其执业领域相关。（3）药师应保障其行为正直、诚实，遵守公认的个人和专业行为标准，不得从事任何可能使专业名声损毁或损害公众对本专业信心的活动。

基于《道德规范》，北爱尔兰药学会于 2009 年 7 月发布了《网上药房服务专业标准与指南》（Professional Standards And Guidance for Internet Pharmacy Services），细化了药师通过互联网销售和供应药品时应遵守的具体的、明确的职责。2010 年之后，虽然 RPSGB 对于药房的规制职权转移至 GPhC，英国药品使用的规制从整体上完成了从行业协会向政府独立管制机构的改革和调整。但基于 RPSGB 在长期药房规制中取得的地位和成绩，RPSGB 颁布的行业规则在英国仍然适用。

第一，安全和保密要求。药师在网上药房提供服务时，应将传输的所有患者数据加密，以避免互联网运营商或任何其他未经授权的组织过失或故意获得患者信息；患者信息应保存在安全的、具有防火墙的系统中，需每天进行备份。

第二，保护患者选择权。药师在网上药房提供服务时，禁止与处方开具者或其他人达成任何限制患者选择的协议；应确保患者知道哪个药房正在为

---

〔1〕 1968 年的《药品法案》对注册药房的个人责任进行了管理，要求药师进行"亲自管理"（personalcontrol）：这就要求药师必须亲自在场，以确保系统的安全，并对工作进行监督。"亲自管理"在 2006 年《健康法案》（the Health Act 2006）中被一项新要求所取代，即所有注册药房都必须有一名"责任药师"（Responsible Pharmacist），负责确保药房的安全和有效运行。

其提供服务；确认患者同意该药房为其提供服务；不存在处方干预行为；提供给患者的药房服务遵循线上线下同等质量的原则。

第三，OTC 供应要求。通过互联网销售 OTC 时，药师必须遵守以下规定：（1）OTC、维生素和矿物质补充剂的购买者提出专业建议。（2）充分获得患者和疾病信息，评估药品对患者的适用性，确认患者是否真正需要相关药品。（3）就出售药品的安全性和有效性向患者提供有效咨询或建议。（4）药师应注意某些 OTC 可能存在滥用情况，警惕患者对药品的大量需求或异常频繁的需求，在有合理理由怀疑患者存在使用不当或滥用的情况时，拒绝销售药品。（5）药师认定当面咨询更加有利于患者治疗时，应建议患者到当地实体药房购药或者咨询其他医疗保健人员。（6）告知患者售药药师的身份信息。

第四，POM 供应要求。除了有限的例外情况（例如应急供应和患者组指示[1]）外，药师必须根据合法有效的处方供应药品。药师应验证处方的真实性；应对患者的处方进行评估；应确保患者充分知道药品安全和有效使用的信息；当面咨询更有利于患者时，药师应建议患者到当地药房咨询。

第五，信息与建议要求，记录保存要求。药师在网上药房提供服务时，应保证药房网站上提供的通用医疗保健建议（不针对特定患者）是准确的、最新的，并且以专业的方式呈现；与药品有关的信息应包括禁忌症和副作用；药品推荐应当仅针对个别患者；任何广告或宣传均应符合相关法律。

药师必须保存在线咨询和药品供应的记录，以降低药品滥用或误用的风险。从药品下单到药品交付给患者的全过程应实现可追溯。具体而言药师应保存以下记录：接受网上药房服务的患者的身份信息；药品下单和销售的详细情况；作出销售决定的依据；负责整个在线销售过程的药师身份信息。

第六，药品邮递与配送要求。药师有为患者配送药品的义务。在为患者配送药品时，无论是以邮递还是其他方式，药师都必须遵守以下规定：确保

---

〔1〕　患者组指示（Patient Group Directions，PGD）提供了一个法律机制，其允许经注册的卫生专业人员无需处方向预先界定的患者组提供或管理指定的药品。PGD 的类型包括：①常规免疫计划；②旅行疫苗；③应急准备，应变和响应，以确保国家有应对化学、生物、放射和核（CBRN）事件做出适当反应的能力。Patient Group Directions（PGD），available at https://www. england. nhs. uk/south/info-professional/pgd/，最后访问日期：2021 年 1 月 5 日。

药品能迅速、安全地交付给购买者；确保冷链的完整性，液体或其他易碎包装应安全运输；确保药品的包装、运输和交付方式能够保证药品的完整性、有效性；必须对易受热分解的药品进行特殊的保护；确保药品配送过程可实现审核追踪；确保配送时有效保护患者的隐私信息。

第七，跨境售药。向境外患者提供药品有特殊风险。不同国家药品可能在注册名称、使用说明或推荐的给药方案方面存在差异。在决定配药时，药师应进行专业判断并认真审查。在向境外患者提供处方药之前，药师必须确保以下内容：（1）处方真实，即合法有效且在临床上适合患者；（2）认真审查处方药在英国和患者居住国对于注册说明书、销售授权和法律分类的差异，必要时向患者解释；（3）向患者提供合适的信息和建议；（4）满足出口的法律要求；（5）药品应被安全地配送并符合配送要求；（6）为境外患者提供涵盖药品和药品服务的专业赔偿保险；（7）制作处方记录。

（三）药师规制制度评析

药师在药房执业中发挥核心作用是世界上许多国家药房管理的基本体现。通过药师的专业知识预防药品的不合理使用，是保障用药安全的重要途径。许多国家法律均规定药房必须配备药师，德国甚至规定只有药师才能经营药房。

通过执业准入制度为药师从事药房工作设置门槛，并规定药师执业的标准和要求，是规制和约束药师的有效法律制度。执业准入制度通常指从业人员经过统一考试才能获得职业资格，这是国家对关乎公共安全和公众权益的行业设定的准入门槛，以便对该行业从业人员的从业资格给予事前监督的制度。[1]从上述三国药师准入的条件看，基本都规定了获得药师资格，必须毕业于药学院并获得学士甚至以上学位；必须经过一定时间的实习，具备药房工作经验；必须通过国家统一组织的资格考试。而且，药师必须品行良好。这些规定对药师的专业素质和道德素质作了规范要求。药师作为为患者用药安全护航的专业人员，准入条件的设置保障药师能够对患者用药行为给予专业指导。

---

〔1〕 参见赵晓佩："医疗机构药品使用安全规制分析"，载《医学与社会》2017年第12期。

同时，各国也规定了药师应当承担的法律职责，主要包括安全地为患者提供良好药学服务，遵守有关法律，保护患者隐私等职责。尤其北爱尔兰药学会专门针对网上药房发布了《网上药房服务专业标准与指南》，对药师服务确定了详细、明确的标准，要求药师在提供服务时应当尊重患者权利，如隐私权、选择权，应当遵守国家关于非处方药和处方药销售的规定，并安全及时存储信息，保证药品邮寄的安全可靠等。相关规定为药师提供药房服务给予了十分明确的依据，涵盖范围广，可操作性很强，有利于药师在网上药房服务中的应用。

当前我国药师法草案正处于多次征求意见、不断完善之中，对域外药师准入制度和法律职责的详细介绍，便于我国确定药师法律制度时进行参考。并且对于域外药师在网上药房执业时应当承担的特殊法律职责的研究，也可以成为我国药师法制定时的重要借鉴，对完善我国法律规定的内容十分有益。

网络平台对网上药房的规制

    网络平台是本身不直接生产产品、向消费者提供服务或为相关企业提供网络经营媒介的互联网企业。网络平台具有明显的特殊性，相对于政府规制主体，网络平台是被规制者；相对于平台内的网上药房，其又行使一定规制职权，为消费者用药安全负责。随着医药电子商务的快速发展，越来越多的实体药房更愿意进驻网络平台建立网上药房，这是因为网络平台给进驻企业提供了优质的平台资源，一方面省去了网上药房自建 APP 的前期投入和管理成本；另一方面网上药房通过进驻信誉良好、顾客群稳定的网络平台，有利于提高自己的营业额。通过网络平台对平台内网上药房的严格规制，加强对网上药房的规制是政府采取的重要规制措施。网络平台问题的研究既涉及规制模式，又关乎网上药房的规制措施，所以本研究将网络平台问题作为单独一章进行论述。

    网络平台应当承担的法律责任因平台内网上药房的介入而变得复杂化，包括了网络平台对网上药房承担的法律责任和网络平台因违法行为对消费者承担的法律责任。前者是合同债务，不属于本研究的范畴；后者又可以具体划分为网络平台自己违法的法律责任和因平台内网上药房的违法行为而产生的责任。网络平台因自身行为承担相应法律责任没有争议，而引起争论的焦点问题是网络平台是否应该为平台内网上药房的违法行为承担法律责任。本章关于网络平台对平台内的网上药房规制职责的探讨，解答了上述问题。

一、网络平台的内涵及演进

网络平台是对从事网络服务的各种主体的统称。就世界范围而言，各个国家和地区的网络平台没有统一用语，例如美国就有"互动式电脑服务提供者"（Interactive Computer Service Provider）、"网络服务提供者"（Internet Service Provider）等概念；欧盟使用"媒介服务提供者"（Intermediary Service Provider）这一概念。[1]各国对网络服务提供者的分类也不相同，例如德国将其分为内容提供者（Content Provider）、接入提供者（Access Provider）和信息缓存提供者（Host Provider/Service Provider）等；欧盟《电子商务指令》（EU E-commerce Directive）将其分为"纯粹传输"（Mere Conduit）服务提供者、"缓存"（Caching）提供者与"信息存储"（Hosting）服务提供者。[2]

网络平台基于其提供服务的内容，主要经历了三个发展阶段：最初的互联网就是一个信息发布的渠道和平台，双方或多方用户通过互联网进行信息交流和传输；随着互联网的深入发展，越来越多的商户开始利用网络销售商品或提供服务，网络平台开始提供网上交易服务；最后一个阶段是网络综合性平台，网络平台已经成为集信息发布与电子商务于一体的提供综合性服务的平台。[3]提供综合性服务是当前网络平台发展的一大特点。

当前就提供医药服务、允许网上药房建立的网络平台而言，也融合了进入服务、信息搜索和电子商务多种功能，体现出网络平台不断发展、功能逐步完善的特点。

二、网络平台对网上药房规制的基础理论

药品销售网络平台的法律地位具有双重性：第一，相对于药品规制主体而言，网络平台是被规制、监督的对象。在此地位之下，网络平台与一般社会企业并无实质上的不同。可能存在的不同之处也是由于其作为药品销售平台，为保障售药行为的合法性，保障民众用药安全，应当给予更多的监管，

---

〔1〕　参见赵晓佩："行政法视野下的网络政府规制"，中国社会科学院 2009 年博士学位论文。
〔2〕　参见赵晓佩："行政法视野下的网络政府规制"，中国社会科学院 2009 年博士学位论文。
〔3〕　参见杨乐：《网络平台法律责任探究》，电子工业出版社 2020 年版，第 1~3 页。

而药品规制主体在对其执法监督的过程中，也会将其对平台内的网上药房的审查职责作为执法检查的内容。第二，相对于平台内的网上药房而言，网络平台对其承担一定程度的规制职责，网络平台以规制者的地位存在。药品销售网络平台与政府规制主体和网上药房的关系图见图8。

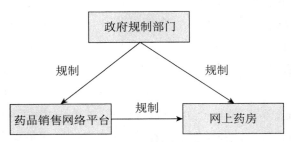

图8　药品销售网络平台规制关系图

药品销售网络平台作为被规制者，其法律地位并无特殊性，在此不作深入探讨；而网络平台对网上药房的规制，则充分体现出了自我规制的特征，是本研究探讨的重点内容。第二章提到自我规制分为四种类型：用户自我规制、社会自我规制、网络自我规制和行业自我规制。网络平台对网上药房的规制属于非常典型的网络自我规制，网络平台通过依法制定的平台规则，要求平台内的企业予以遵守。平台对平台内企业具有规制职权。在网络自我规制的理论中，政府规制不再占据主导地位，而是站在平台背后，为平台留出自我规制的空间，之后政府再通过要求平台公开或抽查其检查数据等手段对平台实施自我规制的情况进行执法监督。虽然网上药房在进入网络平台之初，网络平台可能以签订合同的形式要求平台内企业遵守平台管理的规定，但两者的关系却是非一般的民事合同法律关系。网络平台对平台内企业的规制，甚至可能包括惩罚措施，表明网络平台的自我规制十分类似内部行政管理行为，其与平台之间存在规制管理关系而非纯粹的民事法律关系。

网络平台对平台内网上药房的自我规制具有重大意义。虽然政府在医药网络平台治理中处于重要地位，但由于网络技术日新月异的发展，传统的政府规制应接不暇。相比之下，药品销售网络平台的自我规制优势凸显。从空间上看，网络平台打破了地域的限制，使线上交易更加普及和便捷，但同时对以行政区划分配规制权力的政府规制模式来说是一大难题。平台的自我规制能够覆盖平台内的所有商家，解决了政府规制中分区规制的问题，在规制范围上更加全面。[1]

从时限上看，政府规制应当遵循法治原则，应当基于法定的依据执法，而立法的稳定性与网络平台经济的快速发展往往不相适应，出现法律对网络平台规范的滞后或空白；而且行政执法必须履行严格的执法程序，因此也导致实践执法过程的滞后。而网络平台的自我规制能够通过网络后台、大数据分析等多种手段及时发现平台内的网上药房在技术和服务等方面出现的问题，并可以立即采取行动。

从规制事项看，平台的自我规制更具经济性。平台内的网上药房数量多，每家药房销售的药品种类也很多，每家网上药房具体的服务流程、服务内容也可能不相同，政府规制面对如此多的事项需要耗费大量的执法成本，这既没效率也不经济。同时，网络平台为自身利益可能会包庇平台内的网上药房，设法逃避政府的规制，出现类似"规制俘获"的情形。而网络平台的自我规制能很有效地解决这一难题，通过设定网络平台对平台内网上药房的规制职责和法律责任，使网络平台对网上药房进行合法合理的规制，能够有效防范网上药房的违法售药行为。而政府在与网络平台、网上药房的关系中，需要做的就是及时立法，确定网络平台应当承担的具体规制职责并敦促平台履行职责。

基于自我规制理论而产生的网络平台与企业的法律关系，就形成了网络平台责任制度。网络平台责任制度是一种间接的网络执法机制，又称为平台"守门人"制度，是实现互联网治理的中枢性制度。[2]具体到药品销售网络平台来说，就是应当明确医药网络平台应当承担的职责，促使平台通过提高自身技术水平、改进平台商业模式等方法，识别违法网上药房并对其违法经营行为进行阻断，从而实现对网上药房的规制，并间接保护消费者。

---

〔1〕 参见叶明、贾海玲："双重身份下互联网平台自我监管的困境及对策——从互联网平台封禁事件切入"，载《电子政务》2021年第5期。

〔2〕 参见魏露露："网络平台责任的理论与实践——兼议与我国电子商务平台责任制度的对接"，载《北京航空航天大学学报（社会科学版）》2018年第6期。

三、域外有关网络平台责任的典型立法例

域外一些国家和地区如美国、德国、欧盟，电子商务发展较早，整体水平比较高，因此网络平台发展也较为成熟。相关的规制理念和法律制度经过实践检验不断修订，形成了较为完善的制度规定。这些国家和地区虽然没有对药品销售网络平台的规制职责和法律责任进行专门立法，但是对电子商务和网络平台的规制责任的具体规定，对于促进网上药房的规范发展、实现网上药房合法售药具有重要作用。域外对网络平台的规制就信息发布而言，畅行网络自由的基本精神，对网络平台采取较为宽容的规制理念，并未赋予网络平台对相关信息的严格审查义务和法律责任。采取该理念的目的也是保障网络用户的言论自由权，使用户发布言论不受过多制约。然而，对药品电子商务而言，通行的观点是认为应加强网络平台的法律责任，要求网络平台对平台用户承担更多的规制职责。对于上述两种情形，下文将分别阐述。

（一）网络平台的责任宽容：网络信息的发布

美国网络平台的责任豁免，主要适用于网络信息的发布，即网络平台对平台用户发布的信息，不承担或承担有限法律责任。美国主要通过《通讯端正法》（Communication Decency Act）和《数字千年版权法》（Digital Millennium Copyright Act，DMCA）对该问题进行了规定。美国于 1996 年制定《通讯端正法》，其第 230 条明确规定网络中介者不应被视为另一信息内容提供者所提供任何信息的出版者，该规定赋予了网络平台全面免责的法律地位，具有重要的历史意义。[1]在此规定下，网络平台根据自身的商业模式选择是否要对平台上企业发布的内容进行过滤和编辑，而无需担心作为出版者承担的"守门人"责任。1998 年美国制定 DMCA，其中规定了网络平台的"避风港"原则（Safe Harbor Rule），即网络平台在接到侵权内容的通知后如果及时撤回用户发布的侵权内容，则无需再为用户的侵权行为承担法律责任。

欧盟与美国主要侧重网络平台信息方面的责任豁免不同。2000 年欧盟颁布了《电子商务指令》（E-commerce Directive）。该指令明确规定了电子商务

---

〔1〕 See H. Brian Holland, "Section 230 of the CDA: Internet Exceptionalism as a Statutory Construct", in Berin Szoka & Adam Marcus eds. , *the Next Digital Decade*: *Essays on the Future of the Internet*, 2010.

平台服务提供者的责任豁免制度，即"避风港"原则，减轻了电子商务平台的规制职责。该指令第 12 至 14 条规定了电子商务平台对用户发布的信息在一定条件下不承担法律责任。第 12 条规定了提供"单纯连线"服务的网络平台的免责事由，即网络平台不是传输信息的一方，对传输信息的接受人不做限制，对传输的信息未做选择或者更改，只是作为信息传输的媒介；第 13 条规定了提供"缓存服务"的提供者的免责事由，只要是为了满足其他服务接受者的要求，使上传的信息能够被更加有效地传输给他们，该服务者不因信息的自动性、中间性和暂时性存储而承担责任，具体要求为：提供者没有更改信息；提供者遵守了获得信息的条件；提供者遵守了更新信息的规则，该规则被业界广泛认可并适用；提供者不干预业界广泛认可的技术的合法使用；提供者在得知处于原始传输来源的信息已经在网络上被移除，或者获得该信息的途径已经被阻止，或者法院或行政机关已经下令进行上述移除或阻止获得的行为的事实后，迅速地移除或阻止他人获得其存储的信息。[1]同时，第 15 条还明确规定，禁止法律要求电子商务平台承担一般内容的审查义务，或要求电子商务平台主动发现并收集平台使用者非法行为的证据。基于该规定，电子商务平台对平台的企业发布的信息不承担审查义务，对其违法性也不承担法律责任。"避风港"原则为网络平台减轻了法律责任，保护了网络平台的商业自由，使平台在发展革新时没有后顾之忧。欧美对网络平台责任豁免的法律规定，对其他国家的互联网立法产生了广泛的影响，逐步成为各国普遍采用的一项基本法律原则。[2]

　　1997 年德国联邦议院通过了世界上第一部规范网络空间的法律——《规定信息和通信服务的一般条件的联邦法令——信息和通信服务法》（简称 IUKDG），该法被称为《多媒体法》（Multimedia Act）。该法第一章"电讯服务法"（the Tele-service Act）奠定了网络平台规制模式的基本框架。"电讯服务法"细化了网络平台的规制职责，其基于不同情形对网络平台的责任进行了详细规定。该法确定的基本原则是：第一，网络服务提供者对其提供的全部信息负责；第二，一般而言，网络服务提供者仅被当作被动传输的平

---

〔1〕　参见杨乐：《网络平台法律责任探究》，电子工业出版社 2020 年版，第 33~34 页。
〔2〕　参见周汉华："论互联网法"，载《中国法学》2015 年第 3 期。

台时，不承担审查责任，但是如果网络服务提供者明知道传输的信息违法却仍然提供服务，需要承担法律责任。[1]

2007 年德国又通过《电信媒体法》（Telecommunications Media Law），取代了"电讯服务法"。该法基于网络平台提供服务的内容将平台划分为不同类型，并对每种类型网络平台的责任豁免给予了详细规定。该法将网络平台分为内容提供者、接入提供者、缓存提供者和存储提供者。内容提供者需要对自己提供的信息承担法律责任；接入提供者如果仅作为信息发布的展示平台时不对用户发布的信息承担责任。[2]缓存提供者在不修改信息内容、遵守接入要求、遵守信息更新规则、不损害数据采集技术的使用和遵守"通知-删除"原则的条件下不承担规制职责；存储提供者对违法信息不知情，一旦知情立即删除时，不承担规制职责。"电讯服务法"到《电信媒体法》，德国对网络平台的责任豁免规定更为具体，即只有在满足特定条件的情形下，网络服务提供者才能豁免相应的责任。

就药品网售而言，德国会定期向患者发放关于网络购药知识的宣传册，加强患者的"注意义务"，即患者在网购处方药的过程中应分辨网上药房的真假，审查网上药房是否有政府颁发的质量认证标志。[3]当网上药房在网络平台上发布的信息存在问题或其本身的资质存在问题时，由于网络平台本身不会对网上药房发布的内容进行主动审查，一旦发现问题只要对违法信息做删除处理，平台本身同样不会因为履行规制职责不到位而承担责任。德国法律规定，患者在网上药房购药时应尽到充分注意义务，如被骗买到假药或劣药，将不能通过保险公司的审查，不得报销药品费用。这在加强患者注意义务的同时也减轻了平台的规制职责。

无论是美国和欧盟的"避风港"原则，还是德国《电信媒体法》中对网络服务提供者的责任豁免，都体现出上述国家在信息发布方面对于网络平台的保护和宽容，并没有严格施加给网络平台"守门人"的法律责任，而是认

---

〔1〕 参见唐绪军："破旧与立新并举 自由与义务并重——德国'多媒体法'评介"，载《新闻与传播研究》1997 年第 3 期。

〔2〕 参见王华伟："德国网络平台责任的嬗变与启示"，载《北大法律评论》2018 年第 1 期。

〔3〕 参见刘军军、王高玲："国外网售处方药监管模式的经验及启示"，载《中国药事》2019 年第 10 期。

为网络平台对平台用户的规制管理职责十分有限，其无需对用户行为承担全面责任。"避风港"原则沿用了互联网自由主义学说中政府规制逻辑遵循商业逻辑的网络平台责任治理政策取向，保护互联网平台主体的商业自由。[1]该理念在一定程度上促进了网络平台的快速发展，在网络平台发展初期意义重大。然而随着电子商务的飞跃式发展，尤其是医药电子商务的蓬勃发展，网络平台的责任豁免和避风港原则越来越受到挑战。

（二）网络平台的责任加强：网上售药领域

当前药品领域的网络犯罪多与非法药品交易有关，其中主要是假药的销售。这不仅事关个人用药安全，还将引发严重的公共健康风险。因为违法者绕过了医生、药师和政府规制的整个链条，使违法药品进入流通领域。实际上网络平台具有终止网上药房违法经营的技术能力，但是网络平台基于自身利益很少干涉用户的经营行为。许多网络平台错误地认为，由于"避风港"原则，他们就可以免于承担平台内商家非法行为带来的法律责任。一些网络平台与网上药房签订的"服务条款"或"平台规范"中甚至强调客户自己应承担因药品销售违法而引起的全部法律责任。然而，"避风港"原则并非网络平台责任豁免的万能条款。

美国《通讯端正法》仅适用于网络平台针对不侵犯知识产权的行为或者非犯罪行为提出的豁免主张。[2]但是，非法药房网络售药的行为往往既是犯罪行为，也是侵犯知识产权的行为，因为大多数交易或者是假冒药品，或者是粘贴未经授权的商标的药品。网络平台应当对平台内商家实施的侵犯知识产权的行为负有规制职责。商标滥用不仅是对商标持有人的威胁，对于网络平台而言也是一个定时炸弹。一旦发生诉讼，网络平台若不履行规制职责可视为与违法商家是共同行为，也要承担相应的法律责任。

欧盟《信息社会指令》第8（3）条和欧盟《知识产权法律执行指令》第11（Ⅲ）条规定当网络服务商的网络服务被第三方用于侵犯知识产权时，

---

〔1〕 参见魏露露："网络平台责任的理论与实践——兼议与我国电子商务平台责任制度的对接"，载《北京航空航天大学学报（社会科学版）》2018年第6期。

〔2〕 See Garth Bruen, "Internet Drug Traffic: Service Providers and Intellectual Property", available at https://www.circleid.com/posts/20100104_internet_drug_traffic_service_providers_and_intellectual_property/，最后访问日期：2020年3月15日。

欧盟成员国应当确保权利人能够申请针对互联网服务提供者的法院禁令（injunction），以帮助其保护知识产权。[1]这一规定体现了法律基于公平原则的考量，对网络平台在知识产权保护方面给予更加严格的法律责任约束。欧盟的规定与美国基于商标保护要求网络平台对网上药房商标侵权行为进行审查并承担责任的规定具有相似之处。虽然网络平台在信息发布方面受到"避风港"原则的保护，当然，"避风港"原则也是为了保障用户言论自由权，使用户发表言论不受过多干预，但是网上药房发布医药信息和线上售药的行为，是典型的商业行为，应当受到更加严格的审查；加之药品是特殊产品，相较一般产品对公共健康的影响更甚，所以从上述意义而言，加强网上药房的规制是必然选择。然而，如何加强网上药房的规制，除了确定适合网络和网上药房的规制措施之外，还可以通过强化网络平台的法律职责，以加强网络平台对平台内网上药房的行为审查。

　　面对医药电子商务发展过程中出现的危害消费者用药安全的违法行为，网络平台基于其自身的技术性手段对网上药房行为进行规制，将能有效提升执法水平，有利于加大患者的权利保障力度。加强网络空间的自我规制，赋予网络平台对平台内网上药房经营行为的审查与规制义务，对于规范网上药房的发展大有裨益。

---

　　[1]　参见魏露露："网络平台责任的理论与实践——兼议与我国电子商务平台责任制度的对接"，载《北京航空航天大学学报（社会科学版）》2018年第6期。

我国网上药房规制制度的现状、问题及完善

电子商务的快速发展促进了我国网上药房的发展。网上药房足不出户的购物模式极大地方便了患者。然而，与实体药房不同，网上药房作为新兴事物，它的出现伴随着法律规制制度不完善的问题，故需要我们做更多的研究与探索。本部分研究将根据前文对于网上药房规制理论的探讨、域外规制模式和规制手段的分析，总结我国网上药房政府规制制度的现状和存在的问题，并提出相应的改革和改进思路，为我国规制主体改善适应网上药房的执法手段提供建议。

一、我国网上药房的发展现状

据"网经社"统计数据显示，2014 年至 2019 年医药电商交易分别为 76.3 亿元、133.4 亿元、267.8 亿元、457.7 亿元、657.4 亿元、964.3 亿元；2020 年医药电商热度上涨，当年我国医药电商交易规模达到 1876.4 亿元，同比增长 94.59%。[1]

（一）我国网上药房的发展现状

1. 我国医药电商销售规模在全医药行业中的占比及预测

我国医药电商行业发展迅速，根据商务部以及艾媒数据中心提供的数据，医药电商销售规模在全医药行业中占比呈现逐年稳固递增态势。2012 年电商销售规模仅占全行业销售规模的 1.5%，历经近 10 年的发展，截至 2020

---

〔1〕 参见网经社，"2020 年度中国医药电商市场数据报告"，载 https://www.100ec.cn/zt/2020yydsbg/20yysc.pdf，最后访问日期：2022 年 7 月 19 日。

年占比规模达 11.4%。（见图 9）

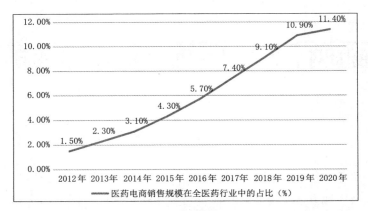

图 9　2012 年～2020 年我国医药电商销售规模在全医药行业中的占比

（数据来源：商务部、艾媒数据中心）

2. 我国网上药房的数量

通过查询国家药品监督管理局官网得知，截至 2017 年，[1]我国取得"互联网药品交易服务资格证"的合法网上药房数量为 693 家。相较于 2012 年仅有的 48 家，可见网上药房在较短的时间内得到快速发展。（见图 10）

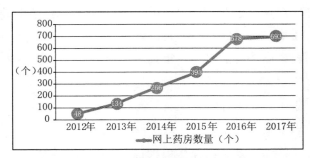

图 10　2012 年～2017 年我国网上药房数量

（数据来源：国家药品监督管理局《2018 年中国医药电商行业研究报告》）

---

〔1〕 2017 年国家发布《国务院关于第三批取消中央指定地方实施行政许可事项的决定》，明确指出取消"互联网药品交易服务企业（第三方平台除外）审批"。所以对取得资格证书的网上药房数量统计截止到 2017 年。

3. 2021 年我国居民网上药房购药的动因及阻力分析

根据艾媒数据中心提供的数据可见，网上药房购药的便捷性、价格优势、种类丰富等是吸引患者的主要原因。网上药房在"互联网+"的大背景下，吸引了越来越多的消费者通过互联网购买药品。信息传播成本低、优化的药品供应链、突破地域限制、拥有更大消费者基数等因素，使得网上药房相较于实体药房而言药品销售价格更具竞争优势。[1]（见图 11）

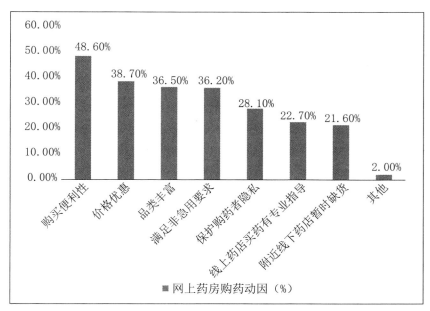

图 11　2021 年中国居民网上药房购药动因分析

（数据来源：艾媒数据中心）

（二）我国网上药房的制度发展及现状

我国网上药房的发展，经历了从国家明确禁止到有限放开，再到完全解禁的过程，相应的发展阶段和相关规定阐述如下：

---

〔1〕　参见付非、刘桐："网上药店与实体药店药品价格比较——常用非处方药吉林地区价格调研报告"，载《沈阳药科大学学报》2018 年第 12 期。

1. 网上药房全面禁止

20 世纪末，一些医药公司开始尝试开办网上药房。国家药品监督管理局于 1999 年 12 月出台了《处方药与非处方药流通管理暂行规定》，该规定明确指出处方药、非处方药不允许采用网上销售方式。我国网上药房处于禁止阶段。

2. 网上药房销售非处方药试点探索

2000 年 6 月，国家药品监督管理局发布了《药品电子商务试点监督管理办法》，允许北京市、上海市、广东省和福建省四地建立网上药房销售非处方药试点，网上药房进入试点阶段。

3. 网上药品信息服务解禁

2004 年 7 月，原国家食品药品监督管理局发布了《互联网药品信息服务管理办法》，规定提供互联网药品信息服务的网站需申请核发"互联网药品信息服务资格证书"，但不得进行药品交易。至此，我国网上药房线上售药还未得到实际意义上的放开。

4. 网上药房销售非处方药放开

2005 年 1 月 8 日，国务院办公厅颁布了《关于加快电子商务发展的若干意见》，提出了要加快我国电子商务的发展。2005 年 9 月，《互联网药品交易服务审批暂行规定》（本部分简称《暂行规定》）发布，该规定明确了网上药房开办的条件，必须先取得互联网药品信息服务机构资格证书，并且主体应当为药品连锁零售企业，这样才可以开办网上药房销售非处方药。

《暂行规定》将"互联网药品交易服务机构资格证书"划分为 A、B、C三种，代表不同的经营资质。A 证（第三方平台）由国家药品监督管理局许可，是为药品生产企业、药品经营企业和医疗机构之间提供互联网药品交易服务的资质证明。B 证（企业之间，即 B2B 模式）和 C 证（企业与消费者之间，即 B2C 模式）均由地方药品监督管理局许可，前者是通过自身网站与其他企业进行互联网药品交易服务的资质证明，后者是通过自身网站向个人消费者提供互联网药品交易服务的资质证明。2005 年北京京卫元华医药科技有限公司获批全国首张"互联网药品交易服务资格证书"，并建立第一家网上药房—"药房网"，迈出了网上药房合法发展的第一步。

表 4　不同证书的服务方式和特点

	A 证	B 证	C 证
服务方式	为药品生产企业、药品经营企业和医疗机构之间的互联网药品交易提供服务。	药品生产企业、药品批发企业通过自身网站与本企业成员之外的其他企业进行的互联网药品交易。	向个人消费者提供药品。
特点	由国家局许可，不得向个人提供药品销售服务。	由地方局许可，属于自有生产或经营企业向其他企业进行交易的证书。	由地方局许可，只能销售自营非处方药品。

5. 第三方平台试点零售药品

2013 年，原国家食品药品监督管理总局发布了《关于加强互联网药品销售管理的通知》，明确规定了只有连锁药房才能开办网上药房，互联网售药配送应符合《药品经营质量管理规范》（Good Supplying Practice，GSP）认证标准。同时第三方平台试点可向消费者零售药品。同年原国家食品药品监督管理总局先后批准河北慧眼医药科技有限公司"95095"平台〔1〕、广州八百方信息技术有限公司"八百方"平台和纽海电子商务（上海）有限公司"1 号店"平台进行互联网第三方平台药品网上零售试点工作，试点期限为一年。

2016 年 6 月，互联网售药第三方平台试点运行过程中，出现了第三方平台与实体药房责任不清、违规销售处方药等规制难题，因此原国家食品药品监督管理总局叫停了互联网第三方平台药品网上零售。虽然试点资格结束，但是已经获得互联网药品交易资格证书的企业，可以继续通过互联网销售药品。但存在平台将药品的销售方式更改为"货到付款"规避"药品在线销售"的问题，因为只有展示、咨询、交易、付款都在线上平台进行，才构成"药品在线交易"。

6. 网上销售处方药探索阶段

2014 年 5 月 28 日原国家食品药品监督管理总局发布《互联网食品药品经营监督管理办法（征求意见稿）》，该征求意见稿对目前网络售药规制的

---

〔1〕　参见国家药品监督管理局，"食品药品监管总局关于试点开展互联网第三方平台药品网上零售有关工作的批复（食药监药化监函〔2013〕163 号）"，载 https://www.nmpa.gov.cn/xxgk/fgwj/gzwj/gzwjyp/20131112120001181.html，最后访问日期：2022 年 7 月 19 日。

相关问题给予了十分详细的规定，并且在办法中关于处方药网售的规定引起了人们的热议。该征求意见稿似乎预示着我国将要放开处方药的网上销售。这个时期网上药房进入快速发展阶段。通过查询原国家食品药品监督管理总局网站，截至 2015 年 5 月 9 日，我国提供药品信息服务的网站共计 5951 家，提供药品交易服务的网站有 400 家，其中持 A 证有 16 家，持 B 证有 88 家，持 C 证有 296 家。

经过相当长一段时间的讨论，最终上述征求意见稿并未获得通过，处方药解禁似乎变得遥遥无期。

7. A、B、C 证被取消

2017 年 1 月发布的国务院《关于第三批取消中央指定地方实施行政许可事项的决定》明确指出取消"互联网药品交易服务企业（第三方平台除外）审批"，明确取消 B 证和 C 证。2017 年 9 月发布的国务院《关于取消一批行政许可事项的决定》指出取消互联网药品交易服务企业（第三方）审批，即取消 A 证审批。

8. 网上售药继续探索

2017 年 11 月，原国家食品药品监督管理总局发布的《网络药品经营监督管理办法（征求意见稿）》规定要有条件地放开第三方平台向个人消费者售药，禁止向个人消费者网售处方药，禁止单体药房网售药品。

2018 年 2 月，《药品网络销售监督管理办法（征求意见稿）》对外征求意见，但明确规定禁止药房网上销售处方药，要求除零售连锁企业外其他企业不能在网上售药，网上药品零售企业还必须展示相应药师的"执业药师注册证"。

2018 年，国务院发布的《关于促进"互联网+医疗健康"发展的意见》要求线上开具的常见病、慢性病处方经医师审核后，医疗机构、药品经营企业可委托符合条件的第三方机构配送，探索医疗卫生机构处方信息与药品零售消费互联互通、实时共享，促进了药品网络销售和医疗物流配送等规模发展。这给网上药房的发展带来了机遇。

9. 《药品管理法》修订，网上药房获得新的发展契机，处方药解禁

2019 年《药品管理法》修订通过，规定特殊管理的药品不得在网络上

销售。作为药品管理领域的基本法律，其并没有限制处方药网上销售。同时该法明确规定第三方平台销售药品实行备案制。

2020年11月，国家药品监督管理局基于新《药品管理法》规定，最新一版的《药品网络销售监督管理办法（征求意见稿）》对药品网络销售进行了第四次意见征求，规定药品零售企业通过网络销售处方药，应当确保电子处方来源真实、可靠，体现了药品规制的风险管理、全程管控、社会共治的原则，使得药品网络销售新业态在规制和发展之间保持合理平衡。[1]

综上所述，2019年新修订的《药品管理法》规定网上药房的具体管理办法由药品监督管理部门会同国务院卫生健康主管部门制定。实践中药监部门对网上药房实施GSP检查，但不予GSP认证。[2]显然，这一背景迫切召唤对目前我国网上药房规制制度的突出问题提出相应的解决方案和完善建议。

整体而言，我国新修订的《药品管理法》对网上售药问题进行了原则性规定，同时授权药监部门制定具体管理办法。依奥托·迈耶之见，涉及公民权利的重要事项应当由立法者以法律的形式进行规定，行政机关只有获得法律授权的前提下才能对相关事项给予规定，这便是法律保留原则的内涵。法律保留原则确定了通过法律对重要事项予以限制的基本原则，这也体现了"主权在民"原则的基本精神。

法律保留原则要求法律应当是明确规定的、具有强操作性的，该原则确定了"法律明确性"原则。基于此，立法机关在不宜对一些重要事项予以立法进行规范时，可以授权行政机关对相关事项具体规定；然而，授权本身必须符合"明确性原则"的基本要求，即法律授权应尽可能明确授权内容、范围和期限，使授权获得更强的实效性。《中华人民共和国立法法》（以下简称《立法法》）第10条第1款亦明确规定授权决定应当明确授权的目的、事

---

〔1〕　参见张昊："药品网售规制：可以关注哪些点"，载《医药经济报》2021年3月11日，第B02版。

〔2〕　2019年，国家药品监督管理局发布的《关于贯彻实施〈中华人民共和国药品管理法〉有关事项的公告》指出，自2019年12月1日起，取消药品GMP（Good Manufacturing Practice，《药品生产质量管理规范》）、GSP认证。因此实践中药监部门仍然基于GMP和GSP标准对企业进行检查，但是不再按照GMP和GSP标准对药品生产企业和药品经营企业进行认证。

项、范围、期限以及被授权机关实施授权决定应当遵循的原则等。

出于行业规制的专业性、实践性的需要,立法机关固然可以授权给有关机关立法,网上药房规制也应如此,但无论如何,都应尽量明确授权的条件、界限和期限等。当前《药品管理法》授权规定的具体目的、内容、期限等都没有明确,存在概括授权问题,违反了法律保留原则的明确性要求,不能对授权进行必要的限制和规范。

此外,现有立法还存在一定的空白地带。我国现有的网上药房规制立法在有关消费者权益的保护、对药品交易电子证据的保存、跨国销售行为以及对第三方支付平台的法律责任等方面,尚缺乏明确规定。[1]

当前规范网络售药行为的部门规章主要为《互联网药品信息服务管理办法》和《互联网药品交易服务审批暂行规定》。前者主要规定了互联网药品信息服务的许可与监督制度,后者主要侧重对网上药房开办主体的要求。上述规定仍然存在许多不足之处。例如,电子证据的获得、存贮,以及保存形式、修改问题。在网上药房销售药品的过程中,电子证据如图片、音视频资料等极易被删除、修改或损坏,提取、保存和修复电子证据的过程非常复杂。《药品经营质量管理规范》对传统医药产品交易记录的要求进行了详细规定。然而,由于网络售药的特殊性,面对面式的交易方式被改变,传统药品交易记录规定无法适用,《互联网药品信息服务管理办法》《互联网药品交易服务审批暂行规定》等相关立法也并未对此有明确规定。[2]

对于立法内容的完善,一方面应增强法律规定的明确性、可操作性;另一方面也应借鉴国外相关制度,如在电子证据收集和效力方面,我国可以参考英国,通过立法要求网上药房在保证安全性、保密性的前提下保存网络药品销售记录,以解决监管当中电子证据易损毁、难收集的问题。对于网上药房的违法行为,可以借鉴美国的规定,加大处罚力度,使之能够更好地发挥法律震慑作用。对于累犯的罚则设置,不妨参考德国的"黑名单"制度,对

---

〔1〕 参见李桂桂等:"互联网销售药品网站审批备案和监管技术的分析",载《中国医药导刊》2016 年第 10 期。

〔2〕 参见盛俊彦等:"我国网络售药监管制度存在的问题与对策建议",载《中国药房》2017 年第 7 期。

多次被列入"黑名单"的网上药房可施以重罚。[1]

二、我国网上药房规制模式的现状、问题及完善

（一）政府规制模式的现状及问题

我国网上药房规制模式是非常典型的政府规制模式：首先，网上药房由政府部门规制，行业协会没有任何行政管理权；其次，无论是药品上市，还是药品使用环节，都由我国药品监管管理机构全面负责，不实行分权机制。

1. 药品监督管理局

在我国，行政权在网上药房规制中占据主导地位。网上药房规制的主管部门是药监部门。根据《药品管理法》第8条规定，国务院药品监督管理部门主管全国药品监督管理工作。

为顺应医药分离的改革需求我国药品规制机构自1998年成立以来，经历了多次的机构改革和调整，这也体现出一段时期以来我国药品规制的重要性和我国对药品规制模式的不断探索。2003年、2008年、2013年和2018年药品规制机构经历了四次改革，从国家药品监督管理局、国家食品药品监督管理局到国家食品药品监督管理总局，直至2018年机构改革，不再保留国家食品药品监督管理总局。

2018年国务院机构改革中，中央层面将原有的市场规制机构和职能予以整合，成立国家市场监督管理总局，为契合药品规制的重要性，又在国家市场监督管理总局之下设立国家药品监督管理局。地方上在省级市场监督管理局之下设置省药品监督管理局，市县不设药品监督管理局，药监工作由市县市场监督管理局负责。此次机构改革在很大程度上改善了我国长期以来市场规制多头管理的状况，但是就药品规制而言，引发了以下问题：

（1）机构设置上。首先，我国2018年机构改革只在市场监督管理总局和省级市场监督管理局之下设置药品监督管理局，而市、县层面的药品规制由市级和县级市场监督管理局负责，市、县市场监督管理局往往在本机关内部设置药品执法相关科室具体负责药品执法工作。众所周知，药品经营使用

---

[1]　参见盛俊彦等："我国网络售药监管制度存在的问题与对策建议"，载《中国药房》2017年第7期。

问题的执法工作主要由基层负责，基层执法工作任务重、问题多，而现有的机构设置，市、县两级未设药品监督管理局，这会导致药品监督管理政令上传下达不顺；省级药品监督管理局需要通过市级市场监督管理局开展工作，这可能会导致药品规制机构上下协调不力；而执法工作最为繁重的市、县两级缺乏专门的药监机构。其次，难以坚持药品规制的独立性。药品规制具有极强的特殊性，其重要性也较一般产品更甚，这也是世界上很多国家都设立独立规制机构的重要原因。药品的安全性较一般商品更甚，从某种意义上来说药品是最不能出现问题、规制最需要加强的领域。市、县两级药品规制并入市场局统一管理，将药品规制和其他产品规制纳入同一部门，将无法体现药品规制的特殊性。而且，实践中市、县两级正是需要加强执法专业性、加强执法规制的层级，现有的机构设置难以满足实践规制需求。

（2）职权设定上。首先，在职权范围方面，我国药品规制机构是药品行业的主管部门，职权范围与美国、加拿大、英国、德国等国不同。其他国家和地区往往设立主管机构对药品领域给予规制，但是主管机构一般重点负责药品上市的许可和执法监督，从源头上把握药品质量，担当"守门人"职责，防止问题药品流入流通领域；而对于药品使用环节，各个国家和地区则另设其他部门为主要规制机构，或者授权行业协会，或者其他国家机构。域外模式的优势在于将药品领域的规制权进行分权，降低主管机构的规制压力，突出主管机构的技术性，有利于主管机构集中力量加强药品上市规制；而药品使用环节由其他机构负责，保障规制的专业性。如美国 FDA 和 NABP，加拿大 HPFB 和 PRA，英国 MHRA 和 GPhC 均是如此。而我国药品规制机构的职权范围包括了药品研制、生产、经营、使用整个药品使用的生命周期。职权范围大，要求规制机构具有更强的规制能力和协调能力，增加了主管机构的规制压力。其次，在具体职权方面，当前药品规制机构的职权，难以满足药品规制的需求：第一，缺乏行政立法权。国家药监局作为市场监督管理总局管理的国家局，没有行政规章制定权。第二，缺乏应有的财产保全措施，如查封相对人的银行账号。对经济能力的限制，在药品执法领域是很关键的，没有冻结相对人财产的权力，就难以阻止恶意行为进一步蔓延，同时也无法保护受害人。对此域外有不同规定，如英国 MHRA 在执法调查阶段，基于 1968 年《药品法案》等相关立法，有权行使扣押、进入场所、发出禁令等调查权。

（3）执法人员层面。此次机构改革，受到编制和专业人员的局限，药品行业规制力量并没有得到明显加强。一方面受编制所限，另一方面难以在短期内吸纳大量专业执法人员，而药品问题却又是最为专业、技术性非常强的领域。早在 2013 年机构改革，国家设立食品药品监督管理总局时，有些地方就难以仿照中央设置专门的食药规制机构，而其中的根本原因就是执法人员的严重不足。当时有的地方就将工商、质监、食药等市场规制部门合并成一个部门，借此统一市场规制，形成市场规制模式。因此 2018 年机构改革从中央层面设立市场监督管理总局，只有中央和省级设立药品监督管理局正暴露出实践中药品安全领域执法存在执法人员不足、规制力量有限的问题。

2. 市场监督管理所

市场监督管理所功能单一，难以满足乡镇药品规制需求。市场监督管理所是县级市场规制机构的派出机构，不具有独立性，不具备行政法上的行政主体资格，必须以县级部门的名义对外作出执法行为，由此造成的法律后果由县级机构承担。作为派出机构，市场监督管理所存在以下弊端：第一，功能单一。市场监督管理所只是派出机构，设备人员均不足，导致其功能单一，只能从事简单的执法检查，药品规制在市场监督管理所被简单化。网上药房规制所涉及的环节众多，涉及药品订购、流通、存贮和使用的各方面，具有较强的复杂性，需要专门化的技术人员和技术设施，而市场监督管理所的现有人员配备、相应设施和职能确定难以处理复杂的药品问题，导致市场监督管理所的药品规制职权形同虚设。第二，几乎没有行政强制措施权，无法采取强制性检查，导致调查取证十分困难。第三，人员设置不够，专业性不够，规制力度不够。目前，我国药品规制权的建立呈现倒金字塔形，顶层执法人员人数众多而下级执法能力严重不足，导致基层工作压力大，检查漏洞较多。而网上药房监督又具有很强的技术性，需要专业的药品监督执法人员，这对多地市场监督管理所而言都难以实现。因此，市场监督管理所的设置对于网上药房规制而言几乎无法起到应有的监督作用。

3. 其他行政规制主体

除了药监部门外，网上药房还受到其他行政部门的管理，如工业和信息化部。根据《中华人民共和国电信条例》（以下简称《电信条例》）的规定，信息产业部门对电信业实施监督管理。工业和信息化部对网络的管理主要包括制定一些政策法规，实施网络许可制度。此外，公安部门负责侦查刑事犯罪活动，主管全国计算机信息系统安全保护工作，维护社会稳定和正常社会秩序，并有权依据《中华人民共和国治安管理处罚法》（以下简称《治安管理处罚法》）的规定，对危害社会治安的行为给予行政处罚。

虽然上述职权规定看似权责清晰，但是应用到实践当中，各部门之间权力的衔接和漏洞就会凸显出来，且个别部门职权有限又缺乏健全有效的与其他部门合作的协调机制，更凸显出规制主体不清的局面。例如，药监部门将监测发现的非法网站移交同级工信部门处理，但后者往往因管辖权问题无法停止接入服务，移交同级公安机关处理时也时常遇到取证障碍。[1] 权责划定不清晰、不合理，部门间工作协调机制的欠缺等问题，使各部门既觉得该管，却又不好把握该管到哪儿，使得许多职责交叉地成了监管盲区。[2]

4. 行业规制力量

我国当前有关药品安全的行业组织主要有药学会和药师协会。中国药学会成立于 1907 年，中国执业药师协会成立于 2003 年、2014 年更名为中国药师协会。两家协会都是自愿性的全国性、行业性、非营利性的人民团体。除此之外，各省也相继建立了相关协会组织。

中国药学会和中国药师协会的工作主要是学术交流、培训和宣传等，缺乏规制职能。而其从事的如对药师进行执业培训等事项，只是接受行政机关的委托，并非其自身的固有职权。行政委托是指行政机关将部分行政管理职能委托给相关组织或个人行使，被委托者是代理行政机关执行管理事务，不

---

〔1〕 参见胡颖廉："重构我国互联网药品经营监管制度——经验、挑战和对策"，载《行政法学研究》2014 年第 3 期。

〔2〕 参见刘少冉："加强我国网上药店监管的对策研究"，沈阳药科大学 2009 年硕士学位论文。

能获得行政主体资格，在具体的药品规制活动中不能以自己的名义行为，也不能独立承担相应的法律责任。协会没有相对独立的法律地位，不能进行行政执法。

（二）完善我国网上药房规制模式的建议

1. 推进省级药品规制机构改革。如上所述，我国当前药品执法在机构设置方面的主要问题是市、县两级缺乏专设的药品规制机构，基层执法力量欠缺。对此，可以通过推进省药品监督管理局下设派出机构改革，缓解机构设置方面的问题。设置派出机构的做法具有两方面意义：一是实现省药品监督管理局与市、县药品监督工作的有机衔接，药品监督力量进一步往基层下沉，加强药品监督部门的统一管理；二是设置派出机构的同时也需要充实执法人员，增强药品监督部门的行政执法力量。如 2019 年 12 月 12 日，安徽省委编办正式印发《关于省药品监督管理局派出机构设置等有关事项的批复》，安徽省药品监督管理局在全省 16 个市设置派出分局 9 个，既突出重点监管，又实现规制的全覆盖。

2. 加强协会规制力量。我国当前是非常典型的政府规制模式，法律将网上药房的规制权完全授予了政府机构，这也凸显了我国执法领域行政主导的特点。这导致了政府压力大，就网上药房执法而言更是如此。我国在药品执法领域长期以来一直存在规制力量不足、专业人员欠缺的情况。此次的机构改革，将省以下的药品监督执法直接并入市场监督管理局，而各地市场监督管理局药品监督执法力量严重不均衡，广东、上海等沿海省市，网上药房发展起步较早，相应的执法力量还较充足，而多数内陆省市执法力量严重不足。实践调研中得知，有的药剂科只有 2 名执法人员，有时这 2 名人员还需要支援其他部门的工作。同时，基层往往是执法任务较重的环节，现有的执法力量难以满足实践需求，导致我国网上药房规制容易出现漏洞，也制约了该行业领域的规范发展。

当前的协会组织如药学会、药师协会等基本都只是作为政府机构的助手而存在，主要承担服务职能，行政管理职能基本没有。各行业协会至今尚未出台与互联网药品服务相关的自律规范，行业自律缺失问题较为严重，桥梁纽带作用未得到有效发挥，行业整体素质和综合实力区域化差别较大，行业协会亟须政府的有力扶持。[1]医药行业协会在实践中成为工作内容少、相对清闲的工作部门，协会并没有承担起其应有的规制职能。

关于行业协会的规制职权，比较英美等国经验，如美国 NABP 和 SBP 的设置可以为我国医药行业协会的发展提供借鉴。美国药房理事会不直接对药房和药师实施管理，但是其通过颁布《标准州药房法》，确定了全美药房管理的基本标准，而且该法中规定的条款具有强制力，各州的立法不能低于该法设定的标准。美国大多数州，都是通过本州的 SBP 具体实施药房和药师的规制权，通过许可权、日常检查、处罚和强制权，规范药房经营行为，同时各州药监部门对 SBP 具有较强的领导职权，并没有将药房规制的权力完全授予行业协会，政府在其身后给予了有效的把控和指导。这种模式一方面体现出政府权力实施的间接性，政府承担指导、监督协会的重要职责，并没有将网上药房规制权完全、彻底授予协会组织，保障了执法的效果和质量；另一方面通过行业协会对网上药房直接进行规制，凸出行业规制灵活性强、专业技术力量充分的特点。特别是针对当下域外网购药品频繁的现象，一旦出现法律纠纷，行业协会规制比较适宜解决管辖权的问题，更容易发挥实效。

我国当前由于行业协会规制经验不足，政府仍然可以通过委托的形式，让药学会和药师协会等行业协会对网上药房营业行为和药师实施日常规制。行业协会在实践执法过程中经过不断历练，补充专业执法人员后政府机构可以通过制定规章，赋予行业协会行政主体资格，使行业协会成为较为独立的执法主体，对药房事务予以规制。通过规则的制定、具体的监督执法，实现行业协会对网上药房的有效规制。

三、我国网上药房规制措施的现状、问题与完善

（一）网上药房准入和设立标准

1. 现状及问题

2005 年原国家食品药品监督管理局发布的《互联网药品交易服务审批暂行规定》明确了网上药房的准入和设立标准：只有药品连锁零售实体药房

---

[1] 参见张密、陆奕："互联网药品服务监管现状和发展趋势"，载《中国药事》2013 年第 3 期。

才能开办网上药房；药房已经获得互联网药品信息服务资格证书；具有保障网络安全的措施和健全的管理制度；具有线上交易功能，并且能够保存交易记录；有执业药师以便为患者提供购药咨询；药品配送系统符合配送特定药品的要求；药房应在其网站首页显示互联网药品交易服务机构资格证书号码。上述标准在我国网上药房发展初期起到了重要的规范作用。

2017 年，国务院先后发布《关于第三批取消中央指定地方实施行政许可事项的决定》和《关于取消一批行政许可事项的决定》，取消了互联网药品交易服务企业的许可，实体药房可以自我决定是否实施药品网上交易服务。《互联网药品交易服务审批暂行规定》中上述网上药房准入标准的规定被废止。

2019 年，我国《药品管理法》修订，明确规定药品网络交易第三方平台提供者应当按照规定，向所在地的省级药品监督管理部门备案。

网上药房经历了从严格许可到取消许可，再到对第三方平台实施备案，并不意味着政府对网上药房规制的放松。现行规定具有以下积极意义：首先，体现了我国对于网上药房售药行为规制理念的变化，即坚持有限政府原则，坚持"放管服"的基本精神，政府把控药品规制的关键性、核心性问题，而将能够由市场和行业解决的问题交给社会，将放权与规制有效结合。同时也契合行政许可法提出的强化自我规制、市场规制和事后规制的规制理念。不再许可并不意味着规制的放松，今后对于网上药房，规制主体将继续强化事中、事后规制措施，遵从正当法律原则的基本要求，加强事中规制，如飞行检查、GSP 检查等；加强事后规制，如为网上药房经营主体设置严格的法律责任。2019 年新修订的《药品管理法》第 116 条和 117 条对销售假药和劣药的违法行为给予了极为严格的法律责任规定的意义正在于此。事前许可取消而事中、事后监管加强，契合了我国当前的现实情况，有利于集中执法力量有效打击违法网上药房经营行为。

其次，体现了比例原则中必要性原则的基本要求，在网上药房发展之初，国家对网上药房实施严格的行政管理，通过门槛约束网上药房的建立，但是随着网上药房的不断发展，政府规制实施"线上线下一致"的基本原则，要求网上药房必须依托实体药房建立。在这种情况下，针对实体药房已经实施了严格的行政许可，基于比例原则的必要性原则的规定，对于网上药房的许可便可以取消，以防止对相对人实施过度的行政规制。

2021年3月15日，国家市场监督管理总局颁布《网络交易监督管理办法》，再次明确了网络交易监管施行"线上线下一致原则"。"线上线下一致"有两层涵义：一是网上药房的经营行为、设置应当与实体药房一致，遵守相关法律，保障药房服务质量；二是政府规制线下实体药房和网上药房应同等对待、同等监督，严格规范网上药房经营行为，不使网上药房因网络的特殊性而变成缺乏有效规制的法外之地。网络售药从线下到线上，都应以保障公共用药安全作为根本目的。

最后，对第三方平台由许可变为备案，有利于药房通过第三方平台进行网售药品，这也迎合了药房的实际需求。实践中，大多数药房更愿意选择通过第三方平台进行药品网售，这是因为多数实体药房缺乏网络管理的经验和精力。备案与许可在法律性质上有很大不同。行政许可本质上是解除禁令的行政行为，是行政机关批准私人有权从事特定活动的授权行为，其适用条件是相对人将要实施的行为为法律所禁止，相对人不能随意而为；而备案制度则不存在事前禁止，相对人将要从事的行为并非为法律所禁止。行政许可由行政机关基于当事人的申请和资料进行审查，难以确定当事人是否获得资格准入，需要行政机关根据其提交的资料进行判定。而备案制度是一种知会行为，相对人需要将有关经营行为的材料提交给行政机关，使得行政机关知晓本企业或人员的真实情况，行政机关并不对相对人进行权利的授予。相应地，在许可中相对人会面临因不被许可而进行权利救济的情形，对申请行政机关提起行政复议或者行政诉讼。备案因不涉及权利的改变，相对人自然不能对备案机关提起救济。行政许可的结果是不确定的，而备案的结果十分确定。实施备案制度，给予了业界最大的灵活性。对第三方平台而言，这种管理方式有利于市场的自由发展；对政府来说，这种管理方式使政府变得轻松，为政府减少了大量工作。

然而，网上药房和第三方平台许可制度的取消，也会带来消极影响，主要的影响就是售药风险的增加。实体药房进行网上售药，应当具备一些基本要求，如自建网站的网上药房应当能够在线上与消费者进行有效沟通，能够对消费者的隐私给予充分保护并且保存售药数据，能够通过适当的方式配送药品。对于处方药而言，网上药房应当具有充分审核电子处方的机制。所有这些要求，与实体药房经营并不相同。我国法律虽然对于网上药房提出"线上线下一致原则"，虽然进行 GSP 检查，但是在实践层面网上药房较实体药房还存在诸多不同，而行政许可制度的取消无疑会增加消费者的购药风险。第三方平台准入制度的取消无疑增加了上述风险：第三方平台是否有能力对平台内的网上药房进行有效审查，促进网上药房的合法设立将难以确定。

2. 完善的建议

网上药房经营行为毕竟有诸多特殊性，而准入制度的取消给消费者购药带来了风险。如何从制度上尽可能避免风险，达到促进网上药房快速、规范发展的目的，域外一些国家的做法值得借鉴，如美国、英国、加拿大等国家除了准入制度外，还制定了详细的网上药房设立标准，如英国网上药房必须符合 GPhC 发布的《注册药房标准》（2018 年 6 月修订），加拿大实体药房网上售药应根据 NAPRA 于 2001 年 11 月批准的加拿大《药剂师经互联网提供药房服务标准》进行交易。

而且，英国和加拿大两国对于网上药房的规制机制与我国的"线上线下一致原则"十分接近，两国都要求只有实体药房可以经营网上药房，英国要求网上药房网站必须与实体药房相关联，消费者购药可以通过链接获知实体药房的注册信息。加拿大规定网上药房是认证的实体药房的一部分，其没有独立的许可证，与实体药房受到同样规制。

对此我国一些地方或行业正在进行探索。2020 年 11 月 18 日，浙江省湖州市发布《药品零售"网订店送"服务规范》（本部分简称《规范》），该《规范》是全国首个互联网药品销售服务的市级地方标准，以标准化手段为药品零售"网订店送"制定了规范样本。该《规范》对药品零售企业要求、人员、安全、信息化、配送等问题给予了详细规定，要求网上药房应在网站显示药品经营许可证等相关资质证明文件、企业联系方式、投诉举报方式等相关信息；网上药房不应超出本店药品经营许可范围，"线上线下"保持一致。除此之外，行业内部也在积极推进网上药房标准的确定。2018 年阿里健康推出了新零售时代的"超级药房 1.0"标准，即互联网行业药房标准，

2019 年再次发布 "超级药房 2.0" 标准, 推进网售药品的安全与可及。上述标准的出台为我国制定统一的网上药房标准奠定了基础。

因此我国应借鉴域外规定, 如英国、加拿大等国对网上药房设立标准的规定。这些国家均规定了网上药房应保障患者用药安全的基本目的, 如从药房网站的安全性、网站首页应当显示的药房基本信息、患者隐私保护、药房风险的防范、药师的执业要求、药品的保存和配送等方面进行了十分详细的规定, 成为防范网上药房购药风险的有效制度。我国应基于现有的制度性规定, 并借鉴域外的网上药房设立标准, 出台相关规定, 规范网上药房的设立。

（二）认证制度

1. 现状及问题

对于药品经营企业而言, 我国之前存在 GSP 认证, 即按照《药品经营质量管理规范》的要求进行认证, 认证合格的, 发给认证证书。该认证对药品经营企业的管理、设备、人员、存贮、销售等内容给予了严格规定。2013 年, 原国家食品药品监督管理总局发布的《关于加强互联网药品销售管理的通知》中明确规定互联网售药配送应符合 GSP 认证标准。新修订的《药品管理法》于 2019 年 12 月 1 日起施行, 删除了认证规定, GSP 认证正式被取消。

2021 年 3 月国家市场监督管理总局发布的《网络交易监督管理办法》第 12 条规定, 网络交易经营者应当在其网站首页或者从事经营活动的主页面显著位置, 持续公示经营者主体信息或者该信息的链接标识。鼓励网络交易经营者链接到国家市场监督管理总局电子营业执照亮照系统, 公示其营业执照信息。该规定对于消费者有效识别合法网上经营者具有积极意义。对于药品销售而言, 该规定与域外的网上药房认证制度十分相似。如欧盟的认证制度规定所有在欧盟境内注册的网上药房主页应显示共同徽标, 销售者单击共同徽标, 将会被链接到药房本国的在线零售商名单列表, 便于消费者核实网上药房是否在列表中。欧盟的网上药房认证更加关注网上药房是否在成员国经过合法注册, 并且要求网上药房能够链接到成员国网上药房名单中。

然而对于我国网上药房的合法性识别, 该规定在实践适用上存在如下困境：第一，在我国只有实体药房才可以开设网上药房。开办实体药房需要申请"药品经营许可证"，实体药房开设网上药房当前无须经过许可获得许可证。根据第 12 条规定，网上药房是否应当公布营业执照主体信息并不明确。第二，域外各国网上药房经认证都会显示一个统一的标志，便于消费者快速识别。虽然各国或者组织对于认证标志的强制性使用规定不同，如欧盟的共同徽标为强制性使用，而美国的 VIPPS 认证和英国的 IPL 计划为自愿性使用，但由于消费者更愿意选择经认证的网上药房，因此一般而言合法的网上药房都会积极认证。统一的认证标志在实践推广中也更加便利、快速。而我国《网络交易监督管理办法》确定的显示和链接规定虽然具有一定的认证效果，但是因缺乏统一的标识并不方便消费者快速识别合法的网上药房。

2. 完善的建议

认证制度是帮助消费者快速识别合法网上药房、安全购药的公示制度，其对于打击非法网上药房十分有效。我国应借鉴国际上的做法，通过立法明确的认证制度，确定认证网上药房的共同标志。我国认证制度应包括以下方面：

第一，认证标准的确定。域外国家一般将认证程序和许可程序予以区分，许可是认证的前提，被许可的网上药房，经由相关机构审核符合条件的，有权在网站主页上显示认证标志。如美国 NABP 发布有《网上药房认证标准概述》和具体规定。NABP 接到网上药房提交的认证申请之后，需要核实许可证，审查其是否符合 VIPPS 标准要求，最后进行现场核查，经过上述三个步骤才能完成认证。英国网上药房在认证前也需要经过 GPhC 审查，才能显示"Registered Pharmacy"标志。

而我国的情况有所不同，我国当前已经取消了药品经营企业的 GSP 认证，将药品经营企业的许可要求与认证标准合二为一。任何药品经营企业在实施经营行为之前，都必须达到法律规定的许可和 GSP 要求，才能获得"药品经营许可证"，所以我国对药品经营企业获得许可提出了更高的要求。因此我国确定认证制度可以借鉴欧盟的做法，不单设认证标准。欧盟规定只要是在成员国合法注册的网上药房，就必须显示共同徽标。我国规定合法的实体药房即可开办网上药房，因此只要是合法的实体药房，其开办网上药就有权显示认证标志。

第二，认证机构的确定。域外网上药房认证机构分为两种：其一是以美国为代表的行业协会模式，由 NABP 行使认证权；其二是欧盟、英国的官方机构模式，由政府机构完成认证。我国网上药房认证主体可有两种做法：一是在政府指导下由行业协会组织进行认证；二是由我国的药品监督管理机构直接承担网上药房认证的职能。

上述方式各有利弊。行业协会模式受到行业协会本身发展的限制。首先，在我国的医药行业协会中，行业协会的规制能力未得到有效发挥。如中国药师协会在发展的十几年过程中，其管理职能与西方国家的相对应的协会管理职能相比尚有一定差距，〔1〕其尚不足以承担重任；其次，容易出现规制空白，例如，美国是由各州的 SBP 依据本州的法律法规对网络药房进行准入审批，NABP 负责 VIPPS 认证计划，这虽然体现了美国网络售药规制体系是在美国政府指导下发挥行业协会的特点，但这种特点也使规制权力变得分散，以至于规制缝隙的出现变得容易。〔2〕而由行业协会进行认证也具有优势，即充分发挥行业协会的力量，降低了药品规制机关的压力。

官方机构模式的弊端则是相关规制部门的负担变得更重。我国药品规制机构在相当长时期内都背负着既要加强规制，又要保证人民群众用药安全，同时还要促进行业发展的三大重任，〔3〕而面对网络环境的复杂性，药品规制机构因行政职权、规制措施、人力配备、技术手段有限，难以面面俱到。当然，政府机关认证的优势也十分明显，其认证具有更强的公信力。

鉴于我国当下网上药房无须注册，建议实体药房开办网上药房实施备案制管理，备案的优势在于既能掌握网上药房开办情况，便于有效监督，同时又不对网上药房设置门槛，允许其自主发展。备案的同时进行认证，两程序同时进行。在此过程中，仅需要规制主体对实体药房的经营许可证进行核

---

〔1〕 参见孟令全等："中美两国对网上药店监管的比较及对中国的借鉴"，载 2010 年《中国药学会药事管理专业委员会年会暨"医药科学发展——新医改政策与药品管理"学术论坛论文集》。

〔2〕 参见盛俊彦等："我国网络售药监管制度存在的问题与对策建议"，载《中国药房》2017年第 7 期。

〔3〕 参见申卫星、刘畅："论我国药品安全社会治理的内涵、意义与机制"，载《法学杂志》2017 年第 11 期。

查，并不涉及复杂的执法事项，因此药品规制机构可以委托行业协会进行备案并认证。

第三，认证强制性的确定。域外对于认证强制性的规定包括两种，一是非强制性认证，是否认证由网上药房自愿选择，如美国、英国等国；一种是强制性认证，网上药房网页上必须显示认证标志，如欧盟。强制性认证的确定既方便规制主体有效管理，也便于消费者网上购药，消费者网上购药时只需查看认证标志便可确认某网上药房是否合法。

建议我国网上药房认证制度借鉴欧盟做法，实施强制性认证，网上药房在经营前必须完成认证。当前我国网上药房将进入快速发展时期，既要促进，又要规范其发展。强制性认证制度十分适合我国当前网上药房发展的现实情况，应当适用。

（三）药品分类管理制度

1. 现状及问题

我国网上售药长期坚持处方药和非处方药分类管理的措施，非处方药可以在网上销售，而处方药不得在网上销售。2019 年《药品管理法》修订稿颁布，其第 61 条第 2 款规定，国家实行特殊管理的药品不得在网络上销售。[1] 该规定完善了我国网络售药的分类管理制度。网络销售药品被分为三类：第一类是非处方药，无需凭借处方销售，网上药房有权自由销售该类药品；第二类为一般处方药，需要凭借处方进行销售，2019 年《药品管理法》不禁止该类药品在网上药房销售；第三类为特殊管制药品，禁止在网上销售。

上述类别中，非处方药安全性强，网上销售不易引起用药危险；特殊管制药品已经受到国家严格管控。只有处方药，因社会现实需要，应放开网络售药，而同时又存在一定的用药风险。所以处方药的网上销售问题应当重点

---

〔1〕 2019 年 8 月 26 日，新修订的《药品管理法》经第十三届全国人大常委会第十二次会议表决通过，于 2019 年 12 月 1 日起施行。该法第 61 条第 2 款规定，疫苗、血液制品、麻醉药品、精神药品、医疗用毒性药品、放射性药品、药品类易制毒化学品等国家实行特殊管理的药品不得在网络上销售。我国长期施行特殊药品独立管理的法律制度。对于上述药品，我国通过《疫苗管理法》《血液制品管理条例》《麻醉药品和精神药品管理条例》《医疗用毒性药品管理办法》等立法给予规制。上述特殊药品禁止通过网上药房销售，对我国目前药品规制体制机制的现状、网上药房的发展情况和我国当前的执法守法环境而言，具有积极意义。

探讨。

2020 年 11 月，国家药品监督管理局发布《药品网络销售监督管理办法（征求意见稿）》（本部分简称《征求意见稿》），规定处方药销售应当凭借真实、可靠的电子处方销售。

《征求意见稿》关于处方的规定存在如下问题：

第一，网上药房应当凭电子处方销售处方药，然而对"电子处方"涵义缺乏界定。何谓电子处方？该《征求意见稿》中没有做出解释，而"电子处方"也并非我国现有法律中已经规定的法律术语，因此其涵义十分不明确。通过查找相关资料，电子处方指 Electronic prescription，是依托网络传输，采用信息技术编程，在诊疗活动中填写药品治疗信息，开具处方，并通过网络传输至药房，经药学专业技术人员审核、调配、核对、计费，并作为药房发药和医疗用药的医疗电子文件。《海南省电子处方流转规范（试行）（征求意见稿）》中规定，电子处方流转指互联网医院和实体医疗机构的医师开方后，允许患者自行选择互联网购药渠道时，通过海南三医联动一张网平台，处方可以流转到院外的医药流通、零售企业等，患者通过凭证到院外购药的整个过程。由上述界定可知，电子处方是依托网络形成，能够实现医院-药房自由流转的电子文件。

第二，网上药房凭电子处方销售处方药的规定具有局限性。实践中，网上药房除了凭电子处方销售处方药外，消费者凭借医院开具的纸质处方，经拍照或者扫描后上传至网上药房，网上药房对该电子化处方进行审核后也可以依此销售处方药。因此不应将凭证限定为电子处方。

第三，仅从形式上对处方进行要求，难以实现对处方药销售的有效约束。网上药房销售处方药，当消费者不能提供处方时，为满足处方要求，网上药房往往会设置对话框，由医师对消费者进行简单身体状况询问，然后就会生成处方，实现购药。而此过程存在潜在的诸多风险，问诊的医师是否具有执业资格，是否超出该医师诊疗范围都难以判断；处方获得的流程也十分简单。在此情形下处方仅仅具有形式意义，通过处方约束处方药销售、保障合法合理用药的目的完全无法实现。

第四，网上药房非法销售处方药的法律责任问题。网上药房不凭合法处方销售处方药是实践中常见的违法行为，立法应当确定严格的法律责任，有效制约该违法行为。根据《征求意见稿》，销售处方药违反处方规定的，责令限期改正，给予警告；逾期不改正的，处 10 万元以上 50 万元以下的罚款；情节严重的，处 50 万元以上 200 万元以下的罚款，责令停产停业整顿直至吊销药品经营许可证等。上述规定中责令改正，给予警告的处罚过轻，实践中会使网上药房存在侥幸心理，被发现后再改正就可以，对于之前的违法行为几乎不用承担实质性责任。而且《征求意见稿》缺乏刑事责任的规定，违法销售处方药，有可能产生严重后果，责任人应当承担一定的刑事责任。

2. 完善的建议

建议《征求意见稿》对电子处方的涵义进行明确界定，强调电子处方的医院-药房可流转性、电子化特点。网上药房应当凭借处方销售处方药，处方应包括纸质处方的电子化方式或者电子处方形式。售药前，网上药房应当由医师对患者用药情况进行详细询问，提醒患者用药风险和服药要求，防止患者自我诊断、重复用药。

应加强处方可靠性规定，要求网上药房与互联网医院对接。互联网医院应提供具有合法资质的本科室医师为患者提供诊疗服务，针对可以通过线上问诊方式作出诊断的疾病开具处方；而对于需要经过面诊和检查才能确定病情的患者，互联网医院不得开具处方。整个诊疗过程应当数字化管理，要求网上药房保留相关电子数据，方便执法部门对处方进行抽检。对此，美国 2008 年《瑞安·海特网上药房消费者保护法》规定网上药房开具管制药品应当凭借有效处方，并对开具有效处方的医师、面诊患者等进行了明确限制。

网上药房违法销售处方药应对责任人处以严格的法律责任，包括刑事责任。如美国法律规定违法销售特定管制药品的，责任人将被判处有期徒刑，或者并处高额的罚金，甚至按重罪制裁。我国对于网上药房违法售药的，也应当加强法律责任的追究，严厉打击非法网上药房销售处方药的行为，保障公众用药安全。

（四）药师规制制度

1. 现状及问题

过去的 40 多年里，药学实践出现新的发展趋势，即从最初的以药品供应为中心转换到以服务患者为中心。药师的角色也从药品的调配者和供应者转变为药学监护和药品信息的提供者，并最终成为药学监护的提供者。[1]药师的任务也逐渐地变成保障患者药品治疗具有恰当的用药指征，达到最优的疗效和最大的安全性，便于患者应用。通过对每位患者的用药相关需求直接负责，药师可以在提高药品治疗效果和改善患者生活质量方面做出自觉而独特的贡献。[2]药师在药学服务中应当提供给患者全过程的关注，从患者咨询、购药、用药到用药后是否出现不良反应，药师应当给予患者充分关怀。药学服务的质量关系着整个社会的用药安全，良好的药学服务可以减少药品使用副作用的发生，促进医患关系的和谐。在药学服务中，药师的专业能力、道德水准和综合素养直接决定着药学服务的质量。

1994 年，我国原人事部和国家医药管理局联合颁布了《执业药师资格制度暂行规定》，确立了执业药师制度；1999 年原人事部、国家药品监督管理局发布《关于修订印发〈执业药师资格制度暂行规定〉和〈执业药师资格考试实施办法〉的通知》，对执业药师资格制度和考试制度进行了修订；2019 年 3 月，国家药品监督管理局、人力资源和社会保障部在原执业药师资格制度基础上，制定了《执业药师职业资格制度规定》和《执业药师职业资格考试实施办法》。执业药师制度实施已历经近 30 年，我国药师无论从数量、综合素质还是从服务质量上，都具有较大发展，但是合理用药的理念尚未在公众中得以有效普及，药学服务水平相对较低。这与药师制度本身存在的问题密不可分，药师在我国还存在法律地位不高、考试门槛低、权利义务不明、法律责任不严等问题。

第一，药师法律地位需提高。我国有关药师的规定主要见于《执业药师

---

〔1〕 赵晓佩："北京市 40 家村卫生室药品使用现状调查与规制思考"，载《医学与社会》2017年第 4 期。

〔2〕 世界卫生组织（WHO）/国际药学联合会（FIP）："开展药学实践——以患者为中心"（2006 年版），载 http://www.fip.org/files/fip/publications/Developing Pharmacy Practice/Developing Pharmacy Practice CH.pdf. 最后访问日期：2016 年 07 月 21 日。

职业资格制度规定》，该规定为部门规章，法律位阶较低，药师的法律地位难以得到保障。执业药师地位与医师相比差距过大。医师依据全国人大常委会颁布的《中华人民共和国医师法》从事执业活动，其权利义务规定较为明确。其实，执业药师与医师在医疗服务中仅仅是分工不同而已，但二者的法律地位却悬殊。[1]药师法律地位低，合理用药未受到充分重视，使得药学服务制度发展缓慢。

第二，药师的资格考试制度需要进一步修订。《执业药师职业资格考试实施办法》规定，执业药师职业资格考试以 4 年为一个周期，参加全部科目考试的人员须在连续 4 个考试年度内通过全部科目的考试；免试部分科目的人员须在连续 2 个考试年度内通过应试科目，考生即可以通过考试进而获得执业资格。具备药学、中药学或相关专业教育的人员，可以申请资格考试。（执业药师职业资格考试条件见表 5），考试具体可以划分为两大类别：药学和中药学。

表 5　现行执业药师资格考试报名条件

学历	专业要求	专业工作年限
大专学历	药学类、中药学类专业药学类、中药学类专业	5 年
大学本科学历或学士学位		3 年
第二学士学位、研究生班毕业或硕士学位	药学类、中药学类专业	1 年
博士学位	药学类、中药学类专业	无
药学类、中药学类相关专业相应学历或学位	药学类、中药学类相关专业	工作年限相应增加 1 年

首先，考试人员学历要求偏低，大专即可以报名参加资格考试。大专教育时间较短、知识系统学习时长较短，与本科教育在学制设置及教学安排等方面具有差距。大专教育的学制一般为 3 年，而药学本科一般为 4 年学制，学生具有更为充足的学校学习和实习实践时间。由于缺少充分的学习时间，

---

〔1〕　赵晓佩："完善我国执业药师制度的冷思考"，载《医学与社会》2013 年第 12 期。

课程设置也相对简单，大专学生的专业技能、问题解决能力略逊于本科生。而药师的工作又要求执业人员具有比较扎实的药学基础知识和问题即时解决能力，所以大专学生从事药房工作并不适合。而且，目前我国本科教育毕业人数增长较快。据统计，2007 年我国设置药学本科专业、招收本科生的学校共有 173 个，药学本科招生人数可以达到 16，532 人。[1]因此，将药师资格考试的学历定位为本科在我国当前是比较合适的。

其次，本科生就职医药工作 3 年才能报考药师资格考试，3 年期限过长。该规定不能解决我国当前药师总数少，许多药房药师数量配备不足的现实问题。本科生应当是报考药师的核心队伍，但是过长的限报期限很可能导致本科药学专业人员的流失。而且会导致药学专业本科生在毕业就业时陷入困境：没有药师资格意味着难以找到专业适合的工作岗位；而获得药师资格又需要医药领域的工作经验，这些情况加剧了恶性循环，导致很多药学专业学生不能从事本职工作。

最后，药师考试理论性过强而实操考试设置不足。我国现行药师职业资格考试科目为药学（或中药学）专业知识、药事管理与法规和药学（或中药学）综合知识与技能，考试内容相对来说更加偏重理论知识。但是药师工作岗位的实践应用性却非常强，需要解决患者买卖药品过程中的具体问题，并随时需要回答患者的咨询。以药学专业知识为例，药理学主要考查普通药理学，而工作在药品使用第一线的药师更需要掌握的临床药理学几乎不涉及；药剂学主要考查剂型组成、特点与药动学等，这些考点更贴近实验室的科学研究，而与药品的工业化生产实践相背离。[2]

从此，药师继续教育制度有待进一步规范。根据《执业药师继续教育管理试行办法》（以下简称《试行办法》）的规定，药师应当通过继续教育不断提升自身业务能力和水平。药师工作岗位应用性很强，药师通过资格考试后，也必须坚持学习，获取药学领域的最新研究成果，包括药品之间的相互作用、新的药品种类、药物不良反应的新发现以及最新的药品相关立法等，

---

〔1〕 参见王欣然等："我国药学本科专业现状分析及其对策"，载《中国高等医学教育》2009 年第 6 期。

〔2〕 参见赵淼、唐旭："执业药师资格考试的不足及其对策"，载《医药导报》2009 年第 3 期。

药师也应当不断提高自己解答疑惑、与患者沟通的能力。通过继续教育，有利于保持药师专业知识的不断更新和专业能力的提升、工作能力的不断提高。因此，规范的继续教育对药师执业十分必要。

我国现行的药师继续教育制度仍存在以下问题有待完善：首先，培训内容的针对性应当增强。试行办法强调药师培训应注重科学性、先进性、实用性和针对性，这为药师培训的具体开展确定了基本原则，也赋予了药师培训机构较大的自由裁量权。这体现了法律规定的谦抑精神，对于专业性问题，立法者本身难以化身为专业人员，而是应当为专业人员确定基本的标准，指导专业人员行为的实施。但是，为了保证培训的高质量、有实效，法律必须确立有效的反馈机制，否则只规定培训实施而不检验培训结果的法律规定可能会导致培训成为走形式、完成立法任务的过程。其次，继续教育效果的反馈方式需要明确。反馈结果可以通过多种方式实现，如确定合理的考核形式。再其次，继续教育机构和人员的法律责任不明。《试行办法》确定了继续教育的组织内容、考核工作和药师义务，但是仍然未规定组织人员和机构应当承担的法律责任，问责机制是保障继续教育工作有效开展的保障，因此应细化法律责任的规定。[1] 最后，药师法律权利义务和法律责任规定不明。在现有的法律框架中，对药师的法律义务和责任缺乏详细规定，《执业药师执业资格制度规定》简单列举了药师的法律义务和责任。法律义务主要包括：遵守职业道德，忠于职守；严格执行相关法律法规及政策；药品监督与管理方面的工作；处方审核、指导合理用药等临床药学工作。[2] 药师的法律责任主要包括行政责任和刑事责任。

现行规定存在以下问题：（1）药师的义务性规定较笼统，实践中可操作性差，难以达到有效的规范效果，而且规定缺乏药师权利的内容。（2）《执业药师职业资格制度规定》规定药师以欺骗、贿赂等不正当手段取得"执业药师注册证"的，由发证部门撤销"执业药师注册证"，该规定为行政处罚中的资格处罚。《中华人民共和国行政处罚法》（以下简称《行政处罚法》）第9条规定的资格处罚为暂扣许可证件、降低资质等级、吊销许可证件。

---

〔1〕 参见赵晓佩："完善我国执业药师制度的冷思考"，载《医学与社会》2013年第12期。

〔2〕 参见鄢灵、赵晓佩："中美执业药师制度比较研究"，载《中国药房》2017年第16期。

《执业药师职业资格制度规定》中的处罚形式与《行政处罚法》不符，并且其为部门规章，无权确定其他处罚种类，应当按照《行政处罚法》的内容修订；（3）法律责任规定模糊。《执业药师职业资格制度规定》在法律责任的内容中，规定"违反本规定有关条款"或相关法律的，应当承担法律责任。行为模式不明确，难以起到对药师的有效制约作用。

总之，《执业药师职业资格制度规定》内容比较笼统，不够详尽。而且整部立法内容规范性欠缺。如该法第四章为职责，第五章为监督管理并将法律责任内容规定于此章，上述章节并不符合现行立法的技术要求。

当前，药师法已经进入全国人大常委会的立法议程。2017年我国正式启动药师法立法工作。2021年2月，最新版的《中华人民共和国药师法（草案第三次征求意见稿）》（以下简称《草案征求意见稿》）发布。《草案征求意见稿》基于药师领域存在的诸多问题进行了规定，主要对药师的法律地位，药师的考试和注册，药师的业务范围、权利和义务，药师的考核和培训及法律责任进行了规定。

2. 完善的建议

我国应加快药师的立法进程，通过法律规范的形式，规定执业药师名称的不可替代性、专业的排他性，[1]提升药师的法律地位。我国药师制度的推行，对民众的用药行为予以把关，是实现公民生命健康权的重要制度。今后药师法的正式颁布，对于确定药师地位，规范和明确药师管理的各项制度具有重大意义，将彻底改变药师领域现存的各种制约因素，促进我国药师队伍的加速壮大，提高药学服务的质量，最终将惠及患者。

对于《草案征求意见稿》，以下规定仍有待商榷：

第一，《草案征求意见稿》对药师的报考资格进行了规定。规定药师的报考学历为大专或本科，大专学历需要经过3年见习，本科学历需要经过1年见习。报考执业助理药师的学历要求为中专。该规定在一定程度上缓解了我国长期以来药师报考资格门槛过低、限报年限较长的问题。但是仍然存在的问题是允许大专学历报考药师，与我国实践中对药学服务专业人员的专业技术要求不符。通过执业助理药师的资格设置，已经可以解决低学历药学人

---

〔1〕 参见李朝辉、曹立亚："执业药师业务规范探讨"，载《中国药房》2012年第45期。

员的资质问题。因此建议报考药师的学历条件为本科，见习时间为 1 年；报考执业助理药师的学历条件为大专或中专，见习时间为 3 年。域外关于药师考试的学位条件一般为学士学位。例如，美国、加拿大都规定报考药师考试的最低学位要求为本科，而且必须是各州/省所承认的药学院毕业。英国甚至规定报考药师考试的学位要求为硕士。较高的药师考试门槛对于保障药师的专业水平和综合素质十分必要，而且也彰显并促进了药学服务工作的重要性。在美国、加拿大，药师都属于高收入群体恰恰说明了这些国家对药师的重视。

第二，《草案征求意见稿》在专业要求上，仍然沿用了"药学、中药学或相关专业"，该规定存在以下问题：相关专业的规定不明确，很难确定哪些专业属于相关专业，会导致专业要求过于宽泛。例如，如果化学类或生物类专业学生申请药师资格考试，这些专业虽然和药学专业学习的课程有相同，如一些化学知识，但这些专业的学生学习的药学知识是远远不够的，而药学知识应当是成为药师、药房工作人员首先应当具备的专业知识。从这个意义而言，相关专业并不适合参加药师考试，即虽然相关专业学生可以从事药房工作，但不能参加药师考试并获得药师身份。对此，美国、加拿大等国对药师专业的要求也十分一致，都是要求为药学专业学生，加拿大还针对药师专门设置了药剂学博士，对培养药学人才十分有利。

第三，完善药师的义务规定。药师除了在药房中承担审方、核方、配药、提供咨询等一系列基本药房服务外，基于网上药房经营模式，网上药房药师还应当承担特殊义务。如北爱尔兰的《网上药房服务专业标准与指南》中，对药师在网上售药时应承担的患者隐私保护、处方审核、支付安全、邮寄安全等义务给予了详细规定。对于网上药房药师应当承担的特定义务，立法模式上可以通过两种方式予以规定：一是在药师法中予以专门规定；二是药师法不作具体规定，授权市场监督管理总局和药监部门制定规范性文件或者部门规章予以明确。

第四，药师继续教育应更加规范。《草案征求意见稿》中并没有对药师的继续教育进行详细规定，而是授权行政部门制定药师规范化培训的具体事务，授权存在概括性授权的问题，没有对行政部门制定有关规章的目的、基本原则和时限等核心问题给予限制，给予了有关行政部门较大的自由裁量权。

药师职业作为实践性强、对专业能力和沟通能力要求较高的职位，加强药师的规范化培训十分重要。制定药师规范化培训的具体内容时，应当明确培训的具体内容除了包括专业知识技能、法律知识，还应当包括计算机安全等内容，适应药师在网上药房日益发展的当下提供互联网服务的要求，并且为了保证培训效果，应当制定切实有效的考核机制，如效果反馈机制或者考试考核制度。而且，《草案征求意见稿》中规定药师具有参加规范化培训的义务，因此应当明确药师、培训机构和人员的法律责任，使规范化培训能够落到实处。

（五）网络平台的法律义务

国家药品监督管理局官网公布信息显示，截至 2021 年 5 月，可提供互联网药品信息服务的企业达到 33,737 家，提供互联网药品交易服务的企业有 992 家。

药品监督管理局数据显示，截至 2019 年，药房网商城、天猫医药馆以及京东医药馆为网上药房数量最多的网络平台，药房网商城以 1010 家网上药房的数量遥遥领先于其他网络平台。

1. 网络平台职责的现行规定及问题

网络平台在我国立法中被称为"第三方平台"。这里的"第三方"是针对交易的买卖双方而言，平台不是买方，也不是卖方，只是为供需双方对接、促成交易而提供交易服务的中间平台。[1]网络平台在网上药房规制中具有特殊的身份和地方，如前所述，其既为接受药监部门规制的对象，同时基于网络自我规制理论，对平台内的网上药房承担规制职责。

2019 年新修订的《药品管理法》规定第三方平台可以向个体消费者提供网络售药服务，确定了网络售药第三方平台的法律地位，同时规定第三方平台对于平台内网上药房具有登记审查义务和管理报告义务。2020 年 11 月，国家药品监督管理局发布《药品网络销售监督管理办法（征求意见稿）》

---

〔1〕 参见杨乐：《网络平台法律责任探究》，电子工业出版社 2020 年版，第 2 页。

（本部分简称《征求意见稿》），对网络第三方平台的法律职责给予了比较详尽的规定。

然而，对于网上药房的违法行为，第三方平台与网上药房还存在责任划分不清的问题，网络平台对平台内网上药房的规制边界在目前立法中还较为模糊。虽然当前我国对于第三方平台向个人销售药品已经开启绿灯，但是《药品管理法》对于第三方平台的性质定位和规制义务规定都十分概括。因此下文将基于 2020 年《征求意见稿》的规定，探讨网络平台的法律地位和重要规制义务。

（1）审查检查义务

第三方平台应当对申请入驻的药房进行资质审查、建立药房档案，并定期对药房档案进行核实和更新。就"审查许可证"而言，平台主要审查药品经营者线上提交的信息是否与线下的实际情况一致。[1]第三方平台的资质审查义务十分重要，其在很大程度上保证了入驻药房的身份合法性，进而有效地保障和提升了消费者的购药安全。资质审查是动态管理，需要第三方平台定期维护，保证数据的真实性。

第三方平台还应当对网上药房发布的药品信息进行检查。网上药房展示的药品信息应当真实准确、合法有效，注明药品批准文号。具备网络销售处方药条件的网上药房，可以向公众展示处方药信息。

（2）监督制止义务

制止义务主要针对网上药房的不当或轻微违法行为，第三方平台应当加强对网上药房日常经营行为的监督。对于网上药房的轻微违法行为，如其所推送的药品信息存在部分失真、经营药品夸大其药效等问题，应及时予以制止。[2]

（3）报告惩戒义务

如果第三方平台发现入驻的网上药房有违法违规行为，应当及时制止并立即向所在地县级药品监督管理部门报告。有下列情形之一的，第三方平台应当禁止展示相关药品的信息，按规定公示，并立即向所在地县级药品监督

---

〔1〕　参见赵鹏："私人审查的界限——论网络交易平台对用户内容的行政责任"，载《清华法学》2016 年第 6 期。

〔2〕　参见万力等："网售药第三方平台的审查监管义务之立法检视"，载《医学与法学》2020年第 2 期。

管理部门报告，必要时协助召回或者追回所销售的药品；药品监督管理部门发布药品撤市、注销药品批准证明文件等决定的；药品监督管理部门、持有人公布药品存在质量安全问题或者要求召回的；药品经营企业要求追回药品的；发现药品存在质量安全问题或者安全隐患的。对于网上药房的严重违法行为，第三方平台还应当立即停止提供药品网络交易服务，如发现销售违禁药品、超经营范围销售药品的；发现药品网络销售者不具备药品网络销售资质的；发现其他严重违法违规行为的。

2. 完善的建议

（1）明确网络平台规制的边界

第三方平台作为提供给网上药房交易渠道的一方主体，对网上药房的资质和经营行为具有规制义务，以保障消费者的购药安全是必要的，这也是符合自我规制的基本理论的。在《中华人民共和国电子商务法》（以下简称《电子商务法》）、《互联网信息服务管理办法》等立法中都有对网络平台法定义务的规定。例如，如果平台"发现"，或"明知或应知"用户内容违法时，需要采取行动予以处理，否则将被行政处罚。[1]然而现存的问题是，第三方平台到底应当承担哪些规制义务。一个基本的思路是，第三方平台在"以网管网"的过程中，应当承担与其地位、权利和能力相当的规制义务，否则将可能导致第三方平台规制义务设定不当，或义务设定轻，难以起到应有的自我规制效果；或义务设定过重，第三方平台因无法实施有效的规制而导致法律规定流于形式。

政府规制与平台规制之间的界限应当进一步明确。对于网上药房的违法行为，平台应当承担的规制职责应当细化。在此，可以通过分析平台和网上药房的关系予以确定。首先，销售者在平台上买药，在一定程度上是基于对平台良好管理的信任，因此平台应当对平台内的网上药房承担资格审查的义务。因此，当网上药房存在资格问题而销售有关药品时，平台应当承担法律责任。其次，平台表面上不应对网上药房的日常经营行为负责。因为平台在法律性质上只是提供交易场所服务的企业，不应当为经营者的违法行为买单。但是医药平台因药品直接关系公众健康的特性而与一般的网络平台不

---

〔1〕 参见王涵："网络平台责任亟待法律明确"，载《民主与法制时报》2016 年 6 月 16 日。

同，其应当在一定程度上承担更强的法律责任。对此，美国、欧盟的电子商务立法均有提出，网上药房销售假药是侵犯知识产权的行为，平台不能获得"避风港"原则的豁免，而是应当在一定范围内承担相应的法律责任，如平台知晓网上药房存在销售假药行为时应对网上药房行为予以禁止。最后，平台作为平台内商家的网络管理人，具有充分的技术条件保存交易数据，封存电子证据。在政府药品规制主体对网上药房进行执法检查时，平台应当提供相应的数据资料，配合药监部门的执法检查。赋予平台电子证据提供的法律义务是契合网络特点、便于执法机构便捷执法的有力手段，对此平台应当承担该法律义务。

（2）细化具体职责

关于网络平台职责的现行规定中，尚存在法律用语有歧义、不准确，相关权力义务内容不明确，容易产生歧义等问题，因此应从以下两方面予以完善：

第一，明确法律术语的内涵，避免歧义。《征求意见稿》规定，第三方平台有权在网络药品交易中为交易双方提供"撮合交易"服务。然而，"撮合交易"的表述不准确，容易产生误解，将第三方平台理解为从事居间服务，促进买卖双方交易达成的中介服务平台。这种理解在一定程度上是不恰当的，第三方平台应该是处于药品网络交易中的中立地位，只为交易双方提供平台服务而不深入介入交易过程。因此"撮合交易"的提法不准确，应当明确网络平台只是为网上药房和消费者提供平台交易的场所。

第二，明确审查监督义务。《药品管理法》和《征求意见稿》均规定第三方平台对入驻平台的网上药房具有审查监督义务。审查监督义务的范畴主要包括资质审查、药品信息检查和经营行为监督。第三方平台履行资质审查和药品信息检查十分必要，而且由于第三方平台信息管理的优势，实施审查和检查义务比较容易。而第三方平台对网上药房的经营行为进行有效监督则是相对较为困难的。

我国 2018 年 8 月通过的《电子商务法》第 38 条规定，电子商务平台经营者知道或者应当知道平台内经营者销售的商品或者提供的服务不符合保障人身、财产安全的要求，或者有其他侵害消费者合法权益行为，未采取必要措施的，依法与该平台内经营者承担连带责任。对关系消费者生命健康的商品或者服务，电子商务平台经营者对平台内经营者的资质资格未尽到审核义务，或者对消费者未尽到安全保障义务，造成消费者损害的，依法承担相应的责任。该规定体现了电子商务平台承担责任的两种情形：对于一般商品而言，平台可以采取必要措施，通过"通知-删除"的程序从而避免承担连带责任，即"避风港"原则；而对于关系消费者生命健康的商品或者服务而言，平台的规制义务加强，要求对消费者尽到安全保障义务。因此，确定第三方平台对入驻的网上药房日常经营行为承担规制义务也是符合《电子商务法》之规定的，因为药品正是事关消费者生命健康的商品。

当然在加强第三方平台对网上药房规制义务的同时并非意味着第三方平台将承担所有的规制义务，要对网上药房的所有经营行为负责，因此立法也应当确定第三方平台法律责任豁免机制，如第三方平台已经对网上药房尽到了应有的资质审查和必要的日常监督，履行了勤勉监督的法定义务，有权主张法律责任豁免。

四、网上药房配套制度的发展

本质而言，网上药房政府规制制度的核心在于网上药房发展和公共用药安全之间的平衡。网上药房的政府规制旨在保障其规范、良性、快速发展，实现该种药品销售模式便利惠民的最大优势，保障公众的用药安全。而网上药房的良性、快速发展与电子处方和互联网医保制度的确立和完善息息相关。作为网上药房发展过程中的两大重要配套制度，下文将予以简要叙述。

（一）电子处方制度

电子处方是健康医疗大数据应用加速为互联网医疗行业带来的重大利好。就全球的发展趋势看，电子处方的应用是大势所趋。当前电子处方在我国也处于蓬勃发展的势头。为与国际进一步接轨，响应国家"加快卫生信息化建设"的号召，多地如天津、重庆、西安、成都、西宁、银川、济南等陆续颁布电子处方试点文件、启动电子处方试点项目；就中央而言，国务院和卫生行政部门先后颁布若干规定，如国务院办公厅 2016 年发布《关于促进和规范健康医疗大数据应用发展的指导意见》、国务院办公厅 2018 年发布

《关于促进"互联网+医疗健康"发展的意见》、国家卫健委于 2018 年先后颁布《互联网医院管理办法（试行）》《互联网诊疗管理办法（试行）》《医疗机构处方审核规范》等规定，从政策和法律层面力推电子处方的规范有序化发展。

我国在法律层面尚未对电子处方的定义给予明确的界定。早期部分国内学者倾向于对电子处方以"内部化"视角进行界定，即医师在医院内部开具、审核、流转和使用的有关患者用药的医疗电子文书。随着"互联网+"医疗、药品的迅速发展，电子处方并非为仅可在医院内部流转的电子化处方，其定义应具有更为丰富的内涵和外延，我们倾向于对电子处方的定义做扩大化解释。参考国内外相关文献，可视电子处方为利用电子设备，由医生开具的作为患者用药的数字化凭证，直接或间接地在医疗机构、互联网医院、药品零售企业和医保支付结算部门之间进行传输的处方。电子处方的显著作用，体现在提高患者用药安全、减少处方错误、提高诊疗效率和节约医疗资源等方面。

电子处方作为连接患者、医疗机构和网上药房的核心环节，其规制已成为"互联网+医药"大背景下涉及公众诊疗安全、用药安全的重要命题。2018 年，国家卫生健康委员会在《关于加快药学服务高质量发展的意见》中明确提出加强对电子处方的规范化管理是推动"互联网+药学服务"的重要议程。同年，《互联网诊疗管理办法（试行）》中规定了线上开具的处方必须配有医师电子签名并经药师审核才可由被委托的第三方机构配送药品，为电子处方在互联网诊疗过程中发挥的纽带作用给予了明确规定。2020 年，国家卫生健康委员会联合多部门共同颁布《关于加强医疗机构药事管理，促进合理用药的意见》，强调要规范对电子处方在互联网医药过程中的审核、调配、电子签名等关键环节管理。

1. 我国当前电子处方实践模式

我国尚未形成全国统一的电子处方实践路径，但各省市先后进行试点，积极探索电子处方实践应用模式。目前，电子处方的实现场景主要包含以下四种：

实体医疗机构电子处方应用模式。典型代表为梧州红十字会医院。2017 年梧州市红十字会医院试点搭建处方信息共享平台，以实现信息在医院、药房、社保个人账号间的互联互通。[1]患者在医院面诊时可自主选择院内或院外取药，约有七分之一的处方通过处方共享平台进入药房。

互联网医院电子处方应用模式。平台式互联网医院以微医旗下乌镇互联网医院为代表，患者可通过官方网站、APP、微信小程序等多种渠道进入互联网医院，医生完成线上诊疗后开具的电子处方发送至药师进行审方，由平台为患者提供送药服务。医院自建或共建的互联网医院可参考北京协和医院互联网医院，常见病、慢性病复诊患者通过下载掌上协和进行在线问诊，有用药需求的医保患者可选择"本院取药"或"外购处方"，自费患者目前仅支持"本院取药"。

医药电商电子处方应用模式。医药电商的服务模式又细分为 O2O、B2B、B2C 等，以叮当快药为代表，患者在没有处方单但需购买处方药时，由医药电商对接的互联网医院为患者在线开具处方，从而帮助患者完成处方药的购买。

实体零售药房电子处方应用模式。以微医的药诊店为代表，线下零售药房通过接入药诊店商家后台，在患者线下购买处方药的情境下为其提供互联网医院开具并经审核的电子处方，从而满足患者在实体药房的处方药用药需求。

不同模式的电子处方在我国实践运用的过程中亦产生了一系列值得我们关注的问题，诸如政府规制能力、实体医疗机构流转处方意愿、药师在线审方能力和患者隐私安全等。

2. 我国当前电子处方发展中存在的问题

首先，我国电子处方的实践应用仍处于试点阶段，缺乏立法保障和统一的行业标准作为指引，政府作为规制部门在对电子处方的规制过程中，面临着如何填补立法空缺、建立科学可行的行业标准引导行业健康发展等问题。

其次，彻底推行电子处方意味着需将院内处方流转至院外。在处方外流过程中，将会产生处方真实性、处方修改等影响用药安全的新问题。

再其次，药师人力资源状况对电子处方流转构成一定的制约。国家药品监管部门统计数据显示：全国药师注册人数为 931,479 人，每万人口拥有药

[1] 参见何伟："广西梧州启动处方信息共享平台建设惠泽 300 万群众"，http://www. xinhuanet. com/local/2017-11/22/c_ 1121994368. htm，最后访问日期：2020 年 11 月 13 日。

师人数仅为 6.6 人，且大多数药师就职于公立医疗机构，社会零售药房药师在承接大量在线审方工作时，受限于能力和人员规模而导致电子处方审核的安全性难以得到保障。

最后，电子处方作为患者用药凭证的电子文书，必然包含着与患者病情、诊断、用药相关的重要信息，这些信息在传输过程中有被篡改或泄漏风险，可能会给患者造成严重的危害。

在国外已有的体系化电子处方实践过程中，电子处方被证明具有减少用药错误、为患者和医生节约时间、预防药物不良反应等优势。我国电子处方应用模式仍处于试点阶段，在现实中尚未形成成熟统一的运用模式。美国、澳大利亚等国相对成熟与完善的电子处方实践路径与管理规范可为我国发展与完善电子处方实践模式提供经验。我们期待通过明确的立法、细化且具有可操作性的行业标准、医院外延处方意愿的提升、增强社会药房药师审方能力以及建立安全统一的电子处方流转平台等措施来推动电子处方在我国的发展与实践。积极探索电子处方的运用，契合了我国医疗卫生体制改革的方向，在互联网诊疗的快速发展以及"互联网+药学服务"的深度融合的环境之下，加之国家分级诊疗、医药分开、电子医保改革等利好政策，有望通过电子处方来实现我国现有药学服务模式向以患者为中心的方向转变。探索电子处方在我国的实现路径是我国深化医疗卫生体制改革道路上的应有之义。

（二）"互联网+医保"制度

就中央而言，其十分重视并大力推进"互联网+医保"工作：2019 年 8 月 17 日，国家医疗保障局发布《关于完善"互联网+"医疗服务价格和医保支付政策的指导意见》指出，完善"互联网+"医疗服务价格项目管理。2020 年 2 月 25 日，中共中央、国务院《关于深化医疗保障制度改革的意见》提出支持"互联网+医疗"等新服务模式发展，促进多层次医疗保障体系发展，加快发展商业健康保险。2020 年 2 月 28 日，国家医疗保障局、国家卫生健康委联合发布《关于推进新冠肺炎疫情防控期间开展"互联网+"医保服务的指导意见》，明确将符合条件的"互联网+"医疗服务费用纳入医保支付范围。该规定契合了我国疫情防控和统筹的即时需求，更是呼应了全社会、全行业疾呼的长期需求。2020 年 10 月 24 日，国家医疗保障局发布《关于积极推进"互联网+"医疗服务医保支付工作的指导意见》，细化了"互联网+医保"工作的具体措施。2020年12月4日，国家卫生健康委、国家医疗保障局、国家中医药管理局发布《关于深入推进"互联网+医疗健康""五个一"服务行动的通知》指出，推进"一体化"共享服务，推进"一码通"融合服务，破除多码并存互不通用信息壁垒。2020年12月，国家医疗保障局发布《医疗机构医疗保障定点管理暂行办法》和《零售药店医疗保障定点管理暂行办法》，两办法自2021年2月1日起实施。两办法的颁布，将全面系统重新构建医保定点协议管理体系，有利于推动"互联网+医保"政策的落地实施。"互联网+医保"在各省市也极受关注。响应国家"加快卫生信息化建设"的号召，截至2020年12月底，北京市、上海市、天津市、河北省、重庆市、广东省、江苏省、浙江省、福建省、山东省、贵州省、湖北省、四川省、陕西省等地，均出台了各项"互联网+医保"的相关政策。

从艾媒数据中心基于消费者对医药电商不满因素的调查中可见，尚未与医保支付环节有效衔接导致网上购药难以报销是阻碍消费者网上购药意愿的主要因素，约有53.2%的受访者对此感到不满。（见图12）

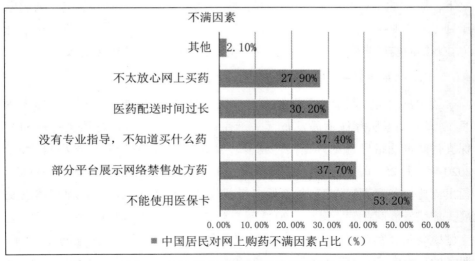

图12 2021年中国居民网上购药阻力分析

（数据来源：艾媒数据中心）

1. "互联网+医保" 的优势

"互联网+医疗"模式从试点到实践推广，逐步发展为新的诊疗模式，成为医疗体制深化改革的重要思路之一，是国家积极引导和支持的医疗发展模式。与之相配套的便是互联网医保支付，借助新型技术向纵深发展，相对于传统医保支付方式，其主要有以下几点优势：

优化医疗资源配置，满足日趋增长的就医需求。线上诊疗配备完善的医保支付手段后，因其便捷性、时效性，根据现有政策常见病、慢性病患者会更愿意选择通过互联网复诊，缓解三甲医院、专科医院"人满为患"，而其他医院无人问津的现状，使得各层级的优质医疗资源能够得到充分利用。在患者选择诊疗网络平台后，一部分患者可以直接通过平台获得诊疗建议，乃至后续的药品服务，通过互联网平台均衡分配医师资源，使患者得到优质服务。此外还可以发挥互联网医生的分流患者功能，根据患者的病情推荐不同层级的医院，由家庭医生或者全科医生负责常见病、慢病管理，专科医生负责专科疾病，康复科医生负责康复管理等，最后促成"分工协作"的体系。

为患者购药提供便利，推动互联网医疗服务发展。根据《医疗机构医疗保障定点管理的暂行办法》，"互联网+"医疗服务的医保政策与线下保持一致，参保人在定点的互联网诊疗的医疗机构就诊所发生的复诊医疗费和药品费用，可以按照线下的政策来支付。对于没有特殊管理条件的慢性疾病药品，患者可以直接通过互联网进行购买，仅需要支付自付费用，医保定点医疗、医药机构协同药品配送服务并通过建立配送到户机制，让慢性病患者配药更加便捷，节省时间，减少就医成本，实现医保为互联网医药领域等创新业态的发展的引领和支撑作用。此外，作为一个"互联网+医疗"的新业态，网上药房的发展是必然的新业态趋势，由于疫情的原因，加上网上药房的便利性，网络购药受众率逐渐升高，但是不能全面推行电子医保支付仍是阻碍其发展的壁垒。实体药房异地医保结算程序繁琐，耗时较长，若推动网上药房医保支付对接，将医药网络平台也纳入申请医保结算的主体，各地医药电商只需对接具有医保线上报销资格的网络平台，这样患者就可以随时随地利用医保购药，也可以降低医保部门的管理成本。新修订的《药品管理法》虽未对网售处方药的具体操作规范作细致说明，但一改以前明确"禁止网络销售处方药"的政策，而契合发展目标的互联网医保能够推进外购处方流转，方便患者购药，缓解医院药占比压力。不管是依托互联网医疗机构还是网上零售药房，都需要互联网医保结算的支持，从长远来看，这能够实现医疗、医保、医药改革联动，满足大众的健康需求。

简化业务办理程序，供应优质医保服务。传统的医保报销程序复杂，且需要各种纸质证明材料，往往费时费力，而医保脱卡结算可以提高医疗服务效率，让患者花最少的时间，获得最优质医疗服务。国家医疗保障局在 2019 年 11 月正式上线 "医保电子凭证"，以实现 "一人一码" "扫码支付"，在支付层面上为参保资质确认、线上支付排除了障碍。2020 年 10 月，国家医疗保障局印发的《关于积极推进 "互联网 +" 医疗服务医保支付工作的指导意见》中再次提到，构建信息平台需要使用全国统一的医保电子凭证以及全国编码数据库等。医保电子凭证不依托电子凭证，参保人可以通过官方 APP 或者经授权的第三方平台申请，进行登记、查询、支付等医保业务。通过互联网医保服务一体化平台进行管理、维护和运行，拓宽办理渠道，提供便利。"互联网+医保" 还能够缓解异地就医压力，异地就医联网结算后，可以直接结算，方便患者就医报销，避免来回奔波，持续确保医保体验优质化。

增强医保系统化管理，确保统一有效规制。互联网医保能够整合智能系统、大数据分析以及其他高新技术，将医疗保险智能监控模块嵌入医院信息系统，实现对医疗服务全过程管控不留死角，整治医疗乱象，实现医保基金在控制下流转。在传统模式下，医疗费用是由医保基金支出户直接划拨到定点医疗机构的财务账户，审核及其他环节存在很多弊端；而依托互联网的医保基金规制模式将会更可靠，这种模式可以将医保、卫生和物价等部门的政策规定、医药临床知识、医疗经验等信息，电子化、信息化形成审核知识库，然后准确地配置于审核引擎中，拓宽审核的广度和深度。在这个过程中辅之以溯源系统设置，最终能够实现对互联网医保平台中流转的医保资金的安全性审核，使得医保资金的使用符合实际需求。此外，展望智慧型医保，可以将人工智能纳入医保系统进而纳入到医院的信息系统，依此建立的事前系统（智慧助诊）可以通过大数据学习，判断医生的诊疗行为是否合理，某项检查是否必须，最后提供助诊服务提示，在一定程度上也有助于完善规制。

2. 我国当前"互联网+医保"发展中存在的问题

虽然"互联网+医保"展现出巨大的发展潜力，但我们同时也应该看到其面临的挑战。国家在政策层面上逐步推动互联网医保，但在管理细节方面仍有欠缺。

首先，国家层面制定的"互联网+医疗服务"项目技术规范包括的项目仍然较少，且缺少项目成本测算规范。目前根据相关文件的规定，纳入技术规范的项目有互联网诊疗、远程会诊、远程监测和远程诊断四部分，对于部分临床项目仍需要继续放开，满足医疗需求；项目成本上因为缺少统一规范，各地方制定的收费标准差距较大，不利于统一化管理，医保对接时也会产生问题。

其次，存在数据交换、数据储存问题。当前不同医院、不同地区采用的是不同的信息系统，如何让系统中患者信息加快流通将是亟需解决的问题，同时数据安全也是应该考虑的关键一环，应该建立并推行完备的体系，避免患者信息泄露，保护患者切身利益。

最后，互联网医疗医保支付从个别医疗机构和企业开始探索至今，推进过程之所以保持谨慎态度，一个重要的原因就是要确保医保资金的安全规制，在医疗保障局出台的几份文件中也都表现出对医保资金规制的重视，在未来需要结合电子数据保存、数据对接监管平台，并借助医保实时监测系统平台，识别风险服务行为，管控医疗服务质量安全和医保基金的使用，以科技手段保障医保基金的安全。

如今需要完善"互联网+医保"支付手段、规制措施，从完善医疗的后置环节来促进"互联网+医疗"项目的开展，转向线上医保不仅意味着支付方式发生改变，相应的付费机制、诊疗数据的利用、资源的配置等也将会在互联网的推动下改变。随着不断开放的政策细则和日益先进的科学技术的发展，辅之以合理的体系设置，互联网医保系统将会打通各个环节，形成有机联系的整体，为医疗健康保驾护航。

域外相关法律文件名称汇总

美国：

《联邦食品、药品和化妆品法》（Federal Food Drug and Cosmetic Act）

《标准州药房法》（The Model State Pharmacy Act）

《纯净食品药品法》（Pure Food and Drug Act）

《药品质量、安全和责任法》（The Pharmaceutical Quality, Security and Accountability Act）

《联邦管制物质法》（Federal Controlled Substances Act）

2008 年《瑞安·海特网上药房消费者保护法》（Ryan Haight Online Pharmacy Consumer Protection Act of 2008）

《通讯端正法》（Communication Decency Act）

《数字千年版权法》（Digital Millennium Copyright Act）

加拿大：

《食品药品法》（The Food and Drugs Act）

《管制药品和物质法案》（Controlled Drugs and Substances Act）

加拿大《药师执业规范》（Model Standards of Practice for Canadian Pharmacists）

加拿大《药师经互联网提供药房服务标准》（Model Standards for Candian Pharmacists Offering Pharmacy Services via the Internet）

欧盟：

2000 年 6 月 8 日欧洲议会及欧盟理事会关于共同体内部市场的信息社会服务，尤其是电子商务的若干法律方面的第 2000/3l/EC 号指令，即《电子商务指令》（Directive 2000 / 3L / EC of the European Parliament and the Council of 8 June 2000 on Certain Legal Aspects of Information Society Services in the Community Internal Market，Especially E-commerce）（EU E-commerce Directive）

2011 年 6 月 8 日通过的欧洲议会和理事会指令 2011/62/EU，就防止假药进入合法的供应链，修订指令 2001/83/EU，即《反伪造药品指令》（2011/62/EU）（Directive 2011 / 62 / EU of the European Parliament and of the Council，adopted on 8 June 2011，amends Directive 2001 / 83 / EU on preventing counterfeit drugs from entering the legal supply chain）（EU Counterfeit Drug Directive）

英国：

《健康和社会护理法》（The Health and Social Care Act）

1968 年《药品法案》（The Medicines Act 1968）

1971 年《滥用毒品法》（Drug Abuse Act 1971）

2010 年《药房法》（Pharmacy Act 2010）

2012 年《人用药品条例》（The Human Medicines Regulations 2012）

《注册药房标准》（Standards for Registered Pharmacies）

《注册药房提供远程服务（包括网上服务）指南》（Guidance for Registered Pharmacies Providing Pharmacy Services at a Distance，including on the Internet）。

《MHAR 关于在线（远程销售）向公众销售人用药指南》[MHRA Guidance. Selling Human Medicines Online（Distance Selling）to the Public]

《药师道德规范》（The Code of Ethics of the Royal Pharmaceutical Society of Great Britain）

北爱尔兰《网上药房服务专业标准与指南》（Professional Standards And

Guidance for Internet Pharmacy Services of Northern Ireland)

印度：

《药品和化妆品法》（The Drugs and Cosmetic Act）

《药品和化妆品规则》（The Drugs and Cosmetic Rules）

1948 年《药房法》（Pharmacy Act 1948）

《电子药房规则草案》（The Draft E-pharmacy Rules）

2000 年《信息技术法》（The Information Technology Act　2000）

德国：

《药品法》（The Medicines Act ）

《药房强化法》（The Pharmacy Strengthening Act，德语简称 VOASG）

《电信媒体法》（Telecommunications Media Law）

我国相关主要法律文件

1.《中华人民共和国药品管理法》（2019 年修订）

第一章　总　则

第一条　为了加强药品管理，保证药品质量，保障公众用药安全和合法权益，保护和促进公众健康，制定本法。

第二条　在中华人民共和国境内从事药品研制、生产、经营、使用和监督管理活动，适用本法。

本法所称药品，是指用于预防、治疗、诊断人的疾病，有目的地调节人的生理机能并规定有适应症或者功能主治、用法和用量的物质，包括中药、化学药和生物制品等。

第三条　药品管理应当以人民健康为中心，坚持风险管理、全程管控、社会共治的原则，建立科学、严格的监督管理制度，全面提升药品质量，保障药品的安全、有效、可及。

第四条　国家发展现代药和传统药，充分发挥其在预防、医疗和保健中的作用。

国家保护野生药材资源和中药品种，鼓励培育道地中药材。

第五条　国家鼓励研究和创制新药，保护公民、法人和其他组织研究、开发新药的合法权益。

第六条　国家对药品管理实行药品上市许可持有人制度。药品上市许可持有人依法对药品研制、生产、经营、使用全过程中药品的安全性、有效性和质量可控性负责。

第七条　从事药品研制、生产、经营、使用活动，应当遵守法律、法规、规章、标准和规范，保证全过程信息真实、准确、完整和可追溯。

第八条　国务院药品监督管理部门主管全国药品监督管理工作。国务院有关部门在各自职责范围内负责与药品有关的监督管理工作。国务院药品监督管理部门配合国务院有关部门，执行国家药品行业发展规划和产业政策。

省、自治区、直辖市人民政府药品监督管理部门负责本行政区域内的药品监督管理工作。设区的市级、县级人民政府承担药品监督管理职责的部门（以下称药品监督管理部门）负责本行政区域内的药品监督管理工作。县级以上地方人民政府有关部门在各自职责范围内负责与药品有关的监督管理工作。

第九条　县级以上地方人民政府对本行政区域内的药品监督管理工作负责，统一领导、组织、协调本行政区域内的药品监督管理工作以及药品安全突发事件应对工作，建立健全药品监督管理工作机制和信息共享机制。

第十条　县级以上人民政府应当将药品安全工作纳入本级国民经济和社会发展规划，将药品安全工作经费列入本级政府预算，加强药品监督管理能力建设，为药品安全工作提供保障。

第十一条　药品监督管理部门设置或者指定的药品专业技术机构，承担依法实施药品监督管理所需的审评、检验、核查、监测与评价等工作。

第十二条　国家建立健全药品追溯制度。国务院药品监督管理部门应当制定统一的药品追溯标准和规范，推进药品追溯信息互通互享，实现药品可追溯。

国家建立药物警戒制度，对药品不良反应及其他与用药有关的有害反应进行监测、识别、评估和控制。

第十三条　各级人民政府及其有关部门、药品行业协会等应当加强药品安全宣传教育，开展药品安全法律法规等知识的普及工作。

新闻媒体应当开展药品安全法律法规等知识的公益宣传，并对药品违法行为进行舆论监督。有关药品的宣传报道应当全面、科学、客观、公正。

第十四条　药品行业协会应当加强行业自律，建立健全行业规范，推动行业诚信体系建设，引导和督促会员依法开展药品生产经营等活动。

第十五条　县级以上人民政府及其有关部门对在药品研制、生产、经营、使用和监督管理工作中做出突出贡献的单位和个人，按照国家有关规定给予表彰、奖励。

第二章　药品研制和注册

第十六条　国家支持以临床价值为导向、对人的疾病具有明确或者特殊疗效的药物创新，鼓励具有新的治疗机理、治疗严重危及生命的疾病或者罕见病、对人体具有多靶向系统性调节干预功能等的新药研制，推动药品技术进步。

国家鼓励运用现代科学技术和传统中药研究方法开展中药科学技术研究和药物开发，建立和完善符合中药特点的技术评价体系，促进中药传承创新。

国家采取有效措施，鼓励儿童用药品的研制和创新，支持开发符合儿童生理特征的儿童用药品新品种、剂型和规格，对儿童用药品予以优先审评审批。

第十七条　从事药品研制活动，应当遵守药物非临床研究质量管理规范、药物临床试验质量管理规范，保证药品研制全过程持续符合法定要求。

药物非临床研究质量管理规范、药物临床试验质量管理规范由国务院药品监督管理部门会同国务院有关部门制定。

第十八条　开展药物非临床研究，应当符合国家有关规定，有与研究项目相适应的人员、场地、设备、仪器和管理制度，保证有关数据、资料和样品的真实性。

第十九条　开展药物临床试验，应当按照国务院药品监督管理部门的规定如实报送研制方法、质量指标、药理及毒理试验结果等有关数据、资料和样品，经国务院药品监督管理部门批准。国务院药品监督管理部门应当自受理临床试验申请之日起六十个工作日内决定是否同意并通知临床试验申办者，逾期未通知的，视为同意。其中，开展生物等效性试验的，报国务院药品监督管理部门备案。

开展药物临床试验，应当在具备相应条件的临床试验机构进行。药物临床试验机构实行备案管理，具体办法由国务院药品监督管理部门、国务院卫生健康主管部门共同制定。

第二十条　开展药物临床试验，应当符合伦理原则，制定临床试验方案，经伦理委员会审查同意。

伦理委员会应当建立伦理审查工作制度，保证伦理审查过程独立、客观、公正，监督规范开展药物临床试验，保障受试者合法权益，维护社会公共利益。

第二十一条　实施药物临床试验，应当向受试者或者其监护人如实说明和解释临床试验的目的和风险等详细情况，取得受试者或者其监护人自愿签署的知情同意书，并采取有效措施保护受试者合法权益。

第二十二条　药物临床试验期间，发现存在安全性问题或者其他风险的，临床试验申办者应当及时调整临床试验方案、暂停或者终止临床试验，并向国务院药品监督管理部门报告。必要时，国务院药品监督管理部门可以责令调整临床试验方案、暂停或者终止临床试验。

第二十三条　对正在开展临床试验的用于治疗严重危及生命且尚无有效治疗手段的疾病的药物，经医学观察可能获益，并且符合伦理原则的，经审查、知情同意后可以在开展临床试验的机构内用于其他病情相同的患者。

第二十四条　在中国境内上市的药品，应当经国务院药品监督管理部门批准，取得药品注册证书；但是，未实施审批管理的中药材和中药饮片除外。实施审批管理的中药材、中药饮片品种目录由国务院药品监督管理部门会同国务院中医药主管部门制定。

申请药品注册，应当提供真实、充分、可靠的数据、资料和样品，证明药品的安全性、有效性和质量可控性。

第二十五条　对申请注册的药品，国务院药品监督管理部门应当组织药学、医学和其他技术人员进行审评，对药品的安全性、有效性和质量可控性以及申请人的质量管理、风险防控和责任赔偿等能力进行审查；符合条件的，颁发药品注册证书。

国务院药品监督管理部门在审批药品时，对化学原料药一并审评审批，对相关辅料、直接接触药品的包装材料和容器一并审评，对药品的质量标准、生产工艺、标签和说明书一并核准。

本法所称辅料，是指生产药品和调配处方时所用的赋形剂和附加剂。

第二十六条 对治疗严重危及生命且尚无有效治疗手段的疾病以及公共卫生方面急需的药品，药物临床试验已有数据显示疗效并能预测其临床价值的，可以附条件批准，并在药品注册证书中载明相关事项。

第二十七条 国务院药品监督管理部门应当完善药品审评审批工作制度，加强能力建设，建立健全沟通交流、专家咨询等机制，优化审评审批流程，提高审评审批效率。

批准上市药品的审评结论和依据应当依法公开，接受社会监督。对审评审批中知悉的商业秘密应当保密。

第二十八条 药品应当符合国家药品标准。经国务院药品监督管理部门核准的药品质量标准高于国家药品标准的，按照经核准的药品质量标准执行；没有国家药品标准的，应当符合经核准的药品质量标准。

国务院药品监督管理部门颁布的《中华人民共和国药典》和药品标准为国家药品标准。

国务院药品监督管理部门会同国务院卫生健康主管部门组织药典委员会，负责国家药品标准的制定和修订。

国务院药品监督管理部门设置或者指定的药品检验机构负责标定国家药品标准品、对照品。

第二十九条 列入国家药品标准的药品名称为药品通用名称。已经作为药品通用名称的，该名称不得作为药品商标使用。

第三章　药品上市许可持有人

第三十条 药品上市许可持有人是指取得药品注册证书的企业或者药品研制机构等。

药品上市许可持有人应当依照本法规定，对药品的非临床研究、临床试验、生产经营、上市后研究、不良反应监测及报告与处理等承担责任。其他从事药品研制、生产、经营、储存、运输、使用等活动的单位和个人依法承担相应责任。

药品上市许可持有人的法定代表人、主要负责人对药品质量全面负责。

第三十一条 药品上市许可持有人应当建立药品质量保证体系，配备专门人员独立负责药品质量管理。

药品上市许可持有人应当对受托药品生产企业、药品经营企业的质量管理体系进行定期审核，监督其持续具备质量保证和控制能力。

第三十二条 药品上市许可持有人可以自行生产药品，也可以委托药品生产企业生产。

药品上市许可持有人自行生产药品的，应当依照本法规定取得药品生产许可证；委托生产的，应当委托符合条件的药品生产企业。药品上市许可持有人和受托生产企业应当签订委托协议和质量协议，并严格履行协议约定的义务。

国务院药品监督管理部门制定药品委托生产质量协议指南，指导、监督药品上市许可持有人和受托生产企业履行药品质量保证义务。

血液制品、麻醉药品、精神药品、医疗用毒性药品、药品类易制毒化学品不得委托生产；但是，国务院药品监督管理部门另有规定的除外。

第三十三条 药品上市许可持有人应当建立药品上市放行规程，对药品生产企业出厂放行的药品进行审核，经质量受权人签字后方可放行。不符合国家药品标准的，不得放行。

第三十四条 药品上市许可持有人可以自行销售其取得药品注册证书的药品，也可以委托药品经营企业销售。药品上市许可持有人从事药品零售活动的，应当取得药品经营许可证。

药品上市许可持有人自行销售药品的，应当具备本法第五十二条规定的条件；委托销售的，应当委托符合条件的药品经营企业。药品上市许可持有人和受托经营企业应当签订委托协议，并严格履行协议约定的义务。

第三十五条 药品上市许可持有人、药品生产企业、药品经营企业委托储存、运输药品的，应当对受托方的质量保证能力和风险管理能力进行评估，与其签订委托协议，约定药品质量责任、操作规程等内容，并对受托方进行监督。

第三十六条　药品上市许可持有人、药品生产企业、药品经营企业和医疗机构应当建立并实施药品追溯制度，按照规定提供追溯信息，保证药品可追溯。

第三十七条　药品上市许可持有人应当建立年度报告制度，每年将药品生产销售、上市后研究、风险管理等情况按照规定向省、自治区、直辖市人民政府药品监督管理部门报告。

第三十八条　药品上市许可持有人为境外企业的，应当由其指定的在中国境内的企业法人履行药品上市许可持有人义务，与药品上市许可持有人承担连带责任。

第三十九条　中药饮片生产企业履行药品上市许可持有人的相关义务，对中药饮片生产、销售实行全过程管理，建立中药饮片追溯体系，保证中药饮片安全、有效、可追溯。

第四十条　经国务院药品监督管理部门批准，药品上市许可持有人可以转让药品上市许可。受让方应当具备保障药品安全性、有效性和质量可控性的质量管理、风险防控和责任赔偿等能力，履行药品上市许可持有人义务。

第四章　药品生产

第四十一条　从事药品生产活动，应当经所在地省、自治区、直辖市人民政府药品监督管理部门批准，取得药品生产许可证。无药品生产许可证的，不得生产药品。

药品生产许可证应当标明有效期和生产范围，到期重新审查发证。

第四十二条　从事药品生产活动，应当具备以下条件：

（一）有依法经过资格认定的药学技术人员、工程技术人员及相应的技术工人；

（二）有与药品生产相适应的厂房、设施和卫生环境；

（三）有能对所生产药品进行质量管理和质量检验的机构、人员及必要的仪器设备；

（四）有保证药品质量的规章制度，并符合国务院药品监督管理部门依据本法制定的药品生产质量管理规范要求。

第四十三条 从事药品生产活动，应当遵守药品生产质量管理规范，建立健全药品生产质量管理体系，保证药品生产全过程持续符合法定要求。

药品生产企业的法定代表人、主要负责人对本企业的药品生产活动全面负责。

第四十四条 药品应当按照国家药品标准和经药品监督管理部门核准的生产工艺进行生产。生产、检验记录应当完整准确，不得编造。

中药饮片应当按照国家药品标准炮制；国家药品标准没有规定的，应当按照省、自治区、直辖市人民政府药品监督管理部门制定的炮制规范炮制。省、自治区、直辖市人民政府药品监督管理部门制定的炮制规范应当报国务院药品监督管理部门备案。不符合国家药品标准或者不按照省、自治区、直辖市人民政府药品监督管理部门制定的炮制规范炮制的，不得出厂、销售。

第四十五条 生产药品所需的原料、辅料，应当符合药用要求、药品生产质量管理规范的有关要求。

生产药品，应当按照规定对供应原料、辅料等的供应商进行审核，保证购进、使用的原料、辅料等符合前款规定要求。

第四十六条 直接接触药品的包装材料和容器，应当符合药用要求，符合保障人体健康、安全的标准。

对不合格的直接接触药品的包装材料和容器，由药品监督管理部门责令停止使用。

第四十七条 药品生产企业应当对药品进行质量检验。不符合国家药品标准的，不得出厂。

药品生产企业应当建立药品出厂放行规程，明确出厂放行的标准、条件。符合标准、条件的，经质量受权人签字后方可放行。

第四十八条 药品包装应当适合药品质量的要求，方便储存、运输和医疗使用。

发运中药材应当有包装。在每件包装上，应当注明品名、产地、日期、供货单位，并附有质量合格的标志。

第四十九条 药品包装应当按照规定印有或者贴有标签并附有说明书。

标签或者说明书应当注明药品的通用名称、成份、规格、上市许可持有人及其地址、生产企业及其地址、批准文号、产品批号、生产日期、有效期、适应症或者功能主治、用法、用量、禁忌、不良反应和注意事项。标签、说明书中的文字应当清晰，生产日期、有效期等事项应当显著标注，容易辨识。

麻醉药品、精神药品、医疗用毒性药品、放射性药品、外用药品和非处方药的标签、说明书，应当印有规定的标志。

第五十条　药品上市许可持有人、药品生产企业、药品经营企业和医疗机构中直接接触药品的工作人员，应当每年进行健康检查。患有传染病或者其他可能污染药品的疾病的，不得从事直接接触药品的工作。

第五章　药品经营

第五十一条　从事药品批发活动，应当经所在地省、自治区、直辖市人民政府药品监督管理部门批准，取得药品经营许可证。从事药品零售活动，应当经所在地县级以上地方人民政府药品监督管理部门批准，取得药品经营许可证。无药品经营许可证的，不得经营药品。

药品经营许可证应当标明有效期和经营范围，到期重新审查发证。

药品监督管理部门实施药品经营许可，除依据本法第五十二条规定的条件外，还应当遵循方便群众购药的原则。

第五十二条　从事药品经营活动应当具备以下条件：

（一）有依法经过资格认定的药师或者其他药学技术人员；

（二）有与所经营药品相适应的营业场所、设备、仓储设施和卫生环境；

（三）有与所经营药品相适应的质量管理机构或者人员；

（四）有保证药品质量的规章制度，并符合国务院药品监督管理部门依据本法制定的药品经营质量管理规范要求。

第五十三条　从事药品经营活动，应当遵守药品经营质量管理规范，建立健全药品经营质量管理体系，保证药品经营全过程持续符合法定要求。

国家鼓励、引导药品零售连锁经营。从事药品零售连锁经营活动的企业总部，应当建立统一的质量管理制度，对所属零售企业的经营活动履行管理责任。

药品经营企业的法定代表人、主要负责人对本企业的药品经营活动全面负责。

第五十四条 国家对药品实行处方药与非处方药分类管理制度。具体办法由国务院药品监督管理部门会同国务院卫生健康主管部门制定。

第五十五条 药品上市许可持有人、药品生产企业、药品经营企业和医疗机构应当从药品上市许可持有人或者具有药品生产、经营资格的企业购进药品；但是，购进未实施审批管理的中药材除外。

第五十六条 药品经营企业购进药品，应当建立并执行进货检查验收制度，验明药品合格证明和其他标识；不符合规定要求的，不得购进和销售。

第五十七条 药品经营企业购销药品，应当有真实、完整的购销记录。购销记录应当注明药品的通用名称、剂型、规格、产品批号、有效期、上市许可持有人、生产企业、购销单位、购销数量、购销价格、购销日期及国务院药品监督管理部门规定的其他内容。

第五十八条 药品经营企业零售药品应当准确无误，并正确说明用法、用量和注意事项；调配处方应当经过核对，对处方所列药品不得擅自更改或者代用。对有配伍禁忌或者超剂量的处方，应当拒绝调配；必要时，经处方医师更正或者重新签字，方可调配。

药品经营企业销售中药材，应当标明产地。

依法经过资格认定的药师或者其他药学技术人员负责本企业的药品管理、处方审核和调配、合理用药指导等工作。

第五十九条 药品经营企业应当制定和执行药品保管制度，采取必要的冷藏、防冻、防潮、防虫、防鼠等措施，保证药品质量。

药品入库和出库应当执行检查制度。

第六十条 城乡集市贸易市场可以出售中药材，国务院另有规定的除外。

第六十一条 药品上市许可持有人、药品经营企业通过网络销售药品，应当遵守本法药品经营的有关规定。具体管理办法由国务院药品监督管理部门会同国务院卫生健康主管部门等部门制定。

疫苗、血液制品、麻醉药品、精神药品、医疗用毒性药品、放射性药品、药品类易制毒化学品等国家实行特殊管理的药品不得在网络上销售。

第六十二条　药品网络交易第三方平台提供者应当按照国务院药品监督管理部门的规定，向所在地省、自治区、直辖市人民政府药品监督管理部门备案。

第三方平台提供者应当依法对申请进入平台经营的药品上市许可持有人、药品经营企业的资质等进行审核，保证其符合法定要求，并对发生在平台的药品经营行为进行管理。

第三方平台提供者发现进入平台经营的药品上市许可持有人、药品经营企业有违反本法规定行为的，应当及时制止并立即报告所在地县级人民政府药品监督管理部门；发现严重违法行为的，应当立即停止提供网络交易平台服务。

第六十三条　新发现和从境外引种的药材，经国务院药品监督管理部门批准后，方可销售。

第六十四条　药品应当从允许药品进口的口岸进口，并由进口药品的企业向口岸所在地药品监督管理部门备案。海关凭药品监督管理部门出具的进口药品通关单办理通关手续。无进口药品通关单的，海关不得放行。

口岸所在地药品监督管理部门应当通知药品检验机构按照国务院药品监督管理部门的规定对进口药品进行抽查检验。

允许药品进口的口岸由国务院药品监督管理部门会同海关总署提出，报国务院批准。

第六十五条　医疗机构因临床急需进口少量药品的，经国务院药品监督管理部门或者国务院授权的省、自治区、直辖市人民政府批准，可以进口。进口的药品应当在指定医疗机构内用于特定医疗目的。

个人自用携带入境少量药品，按照国家有关规定办理。

第六十六条　进口、出口麻醉药品和国家规定范围内的精神药品，应当持有国务院药品监督管理部门颁发的进口准许证、出口准许证。

第六十七条　禁止进口疗效不确切、不良反应大或者因其他原因危害人体健康的药品。

第六十八条　国务院药品监督管理部门对下列药品在销售前或者进口

时，应当指定药品检验机构进行检验；未经检验或者检验不合格的，不得销售或者进口：

（一）首次在中国境内销售的药品；

（二）国务院药品监督管理部门规定的生物制品；

（三）国务院规定的其他药品。

第六章 医疗机构药事管理

第六十九条 医疗机构应当配备依法经过资格认定的药师或者其他药学技术人员，负责本单位的药品管理、处方审核和调配、合理用药指导等工作。非药学技术人员不得直接从事药剂技术工作。

第七十条 医疗机构购进药品，应当建立并执行进货检查验收制度，验明药品合格证明和其他标识；不符合规定要求的，不得购进和使用。

第七十一条 医疗机构应当有与所使用药品相适应的场所、设备、仓储设施和卫生环境，制定和执行药品保管制度，采取必要的冷藏、防冻、防潮、防虫、防鼠等措施，保证药品质量。

第七十二条 医疗机构应当坚持安全有效、经济合理的用药原则，遵循药品临床应用指导原则、临床诊疗指南和药品说明书等合理用药，对医师处方、用药医嘱的适宜性进行审核。

医疗机构以外的其他药品使用单位，应当遵守本法有关医疗机构使用药品的规定。

第七十三条 依法经过资格认定的药师或者其他药学技术人员调配处方，应当进行核对，对处方所列药品不得擅自更改或者代用。对有配伍禁忌或者超剂量的处方，应当拒绝调配；必要时，经处方医师更正或者重新签字，方可调配。

第七十四条 医疗机构配制制剂，应当经所在地省、自治区、直辖市人民政府药品监督管理部门批准，取得医疗机构制剂许可证。无医疗机构制剂许可证的，不得配制制剂。

医疗机构制剂许可证应当标明有效期，到期重新审查发证。

第七十五条 医疗机构配制制剂，应当有能够保证制剂质量的设施、管理制度、检验仪器和卫生环境。

医疗机构配制制剂，应当按照经核准的工艺进行，所需的原料、辅料和包装材料等应当符合药用要求。

第七十六条 医疗机构配制的制剂，应当是本单位临床需要而市场上没有供应的品种，并应当经所在地省、自治区、直辖市人民政府药品监督管理部门批准；但是，法律对配制中药制剂另有规定的除外。

医疗机构配制的制剂应当按照规定进行质量检验；合格的，凭医师处方在本单位使用。经国务院药品监督管理部门或者省、自治区、直辖市人民政府药品监督管理部门批准，医疗机构配制的制剂可以在指定的医疗机构之间调剂使用。

医疗机构配制的制剂不得在市场上销售。

第七章　药品上市后管理

第七十七条 药品上市许可持有人应当制定药品上市后风险管理计划，主动开展药品上市后研究，对药品的安全性、有效性和质量可控性进行进一步确证，加强对已上市药品的持续管理。

第七十八条 对附条件批准的药品，药品上市许可持有人应当采取相应风险管理措施，并在规定期限内按照要求完成相关研究；逾期未按照要求完成研究或者不能证明其获益大于风险的，国务院药品监督管理部门应当依法处理，直至注销药品注册证书。

第七十九条 对药品生产过程中的变更，按照其对药品安全性、有效性和质量可控性的风险和产生影响的程度，实行分类管理。属于重大变更的，应当经国务院药品监督管理部门批准，其他变更应当按照国务院药品监督管理部门的规定备案或者报告。

药品上市许可持有人应当按照国务院药品监督管理部门的规定，全面评估、验证变更事项对药品安全性、有效性和质量可控性的影响。

第八十条 药品上市许可持有人应当开展药品上市后不良反应监测，主动收集、跟踪分析疑似药品不良反应信息，对已识别风险的药品及时采取风险控制措施。

第八十一条 药品上市许可持有人、药品生产企业、药品经营企业和医疗机构应当经常考察本单位所生产、经营、使用的药品质量、疗效和不良反应。发现疑似不良反应的，应当及时向药品监督管理部门和卫生健康主管部门报告。具体办法由国务院药品监督管理部门会同国务院卫生健康主管部门制定。

对已确认发生严重不良反应的药品，由国务院药品监督管理部门或者省、自治区、直辖市人民政府药品监督管理部门根据实际情况采取停止生产、销售、使用等紧急控制措施，并应当在五日内组织鉴定，自鉴定结论作出之日起十五日内依法作出行政处理决定。

第八十二条 药品存在质量问题或者其他安全隐患的，药品上市许可持有人应当立即停止销售，告知相关药品经营企业和医疗机构停止销售和使用，召回已销售的药品，及时公开召回信息，必要时应当立即停止生产，并将药品召回和处理情况向省、自治区、直辖市人民政府药品监督管理部门和卫生健康主管部门报告。药品生产企业、药品经营企业和医疗机构应当配合。

药品上市许可持有人依法应当召回药品而未召回的，省、自治区、直辖市人民政府药品监督管理部门应当责令其召回。

第八十三条 药品上市许可持有人应当对已上市药品的安全性、有效性和质量可控性定期开展上市后评价。必要时，国务院药品监督管理部门可以责令药品上市许可持有人开展上市后评价或者直接组织开展上市后评价。

经评价，对疗效不确切、不良反应大或者因其他原因危害人体健康的药品，应当注销药品注册证书。

已被注销药品注册证书的药品，不得生产或者进口、销售和使用。

已被注销药品注册证书、超过有效期等的药品，应当由药品监督管理部门监督销毁或者依法采取其他无害化处理等措施。

第八章　药品价格和广告

第八十四条 国家完善药品采购管理制度，对药品价格进行监测，开展成本价格调查，加强药品价格监督检查，依法查处价格垄断、哄抬价格等药品价格违法行为，维护药品价格秩序。

第八十五条 依法实行市场调节价的药品，药品上市许可持有人、药品生产企业、药品经营企业和医疗机构应当按照公平、合理和诚实信用、质价相符的原则制定价格，为用药者提供价格合理的药品。

药品上市许可持有人、药品生产企业、药品经营企业和医疗机构应当遵守国务院药品价格主管部门关于药品价格管理的规定，制定和标明药品零售价格，禁止暴利、价格垄断和价格欺诈等行为。

第八十六条 药品上市许可持有人、药品生产企业、药品经营企业和医疗机构应当依法向药品价格主管部门提供其药品的实际购销价格和购销数量等资料。

第八十七条 医疗机构应当向患者提供所用药品的价格清单，按照规定如实公布其常用药品的价格，加强合理用药管理。具体办法由国务院卫生健康主管部门制定。

第八十八条 禁止药品上市许可持有人、药品生产企业、药品经营企业和医疗机构在药品购销中给予、收受回扣或者其他不正当利益。

禁止药品上市许可持有人、药品生产企业、药品经营企业或者代理人以任何名义给予使用其药品的医疗机构的负责人、药品采购人员、医师、药师等有关人员财物或者其他不正当利益。禁止医疗机构的负责人、药品采购人员、医师、药师等有关人员以任何名义收受药品上市许可持有人、药品生产企业、药品经营企业或者代理人给予的财物或者其他不正当利益。

第八十九条 药品广告应当经广告主所在地省、自治区、直辖市人民政府确定的广告审查机关批准；未经批准的，不得发布。

第九十条 药品广告的内容应当真实、合法，以国务院药品监督管理部门核准的药品说明书为准，不得含有虚假的内容。

药品广告不得含有表示功效、安全性的断言或者保证；不得利用国家机关、科研单位、学术机构、行业协会或者专家、学者、医师、药师、患者等的名义或者形象作推荐、证明。

非药品广告不得有涉及药品的宣传。

第九十一条 药品价格和广告，本法未作规定的，适用《中华人民共和国价格法》、《中华人民共和国反垄断法》、《中华人民共和国反不正当竞争法》、《中华人民共和国广告法》等的规定。

第九章　药品储备和供应

第九十二条　国家实行药品储备制度，建立中央和地方两级药品储备。

发生重大灾情、疫情或者其他突发事件时，依照《中华人民共和国突发事件应对法》的规定，可以紧急调用药品。

第九十三条　国家实行基本药物制度，遴选适当数量的基本药物品种，加强组织生产和储备，提高基本药物的供给能力，满足疾病防治基本用药需求。

第九十四条　国家建立药品供求监测体系，及时收集和汇总分析短缺药品供求信息，对短缺药品实行预警，采取应对措施。

第九十五条　国家实行短缺药品清单管理制度。具体办法由国务院卫生健康主管部门会同国务院药品监督管理部门等部门制定。

药品上市许可持有人停止生产短缺药品的，应当按照规定向国务院药品监督管理部门或者省、自治区、直辖市人民政府药品监督管理部门报告。

第九十六条　国家鼓励短缺药品的研制和生产，对临床急需的短缺药品、防治重大传染病和罕见病等疾病的新药予以优先审评审批。

第九十七条　对短缺药品，国务院可以限制或者禁止出口。必要时，国务院有关部门可以采取组织生产、价格干预和扩大进口等措施，保障药品供应。

药品上市许可持有人、药品生产企业、药品经营企业应当按照规定保障药品的生产和供应。

第十章　监督管理

第九十八条　禁止生产（包括配制，下同）、销售、使用假药、劣药。

有下列情形之一的，为假药：

（一）药品所含成份与国家药品标准规定的成份不符；

（二）以非药品冒充药品或者以他种药品冒充此种药品；

（三）变质的药品；

（四）药品所标明的适应症或者功能主治超出规定范围。

有下列情形之一的，为劣药：

（一）药品成份的含量不符合国家药品标准；

（二）被污染的药品；

（三）未标明或者更改有效期的药品；

（四）未注明或者更改产品批号的药品；

（五）超过有效期的药品；

（六）擅自添加防腐剂、辅料的药品；

（七）其他不符合药品标准的药品。

禁止未取得药品批准证明文件生产、进口药品；禁止使用未按照规定审评、审批的原料药、包装材料和容器生产药品。

第九十九条　药品监督管理部门应当依照法律、法规的规定对药品研制、生产、经营和药品使用单位使用药品等活动进行监督检查，必要时可以对为药品研制、生产、经营、使用提供产品或者服务的单位和个人进行延伸检查，有关单位和个人应当予以配合，不得拒绝和隐瞒。

药品监督管理部门应当对高风险的药品实施重点监督检查。

对有证据证明可能存在安全隐患的，药品监督管理部门根据监督检查情况，应当采取告诫、约谈、限期整改以及暂停生产、销售、使用、进口等措施，并及时公布检查处理结果。

药品监督管理部门进行监督检查时，应当出示证明文件，对监督检查中知悉的商业秘密应当保密。

第一百条　药品监督管理部门根据监督管理的需要，可以对药品质量进行抽查检验。抽查检验应当按照规定抽样，并不得收取任何费用；抽样应当购买样品。所需费用按照国务院规定列支。

对有证据证明可能危害人体健康的药品及其有关材料，药品监督管理部门可以查封、扣押，并在七日内作出行政处理决定；药品需要检验的，应当自检验报告书发出之日起十五日内作出行政处理决定。

第一百零一条　国务院和省、自治区、直辖市人民政府的药品监督管理部门应当定期公告药品质量抽查检验结果；公告不当的，应当在原公告范围内予以更正。

第一百零二条 当事人对药品检验结果有异议的，可以自收到药品检验结果之日起七日内向原药品检验机构或者上一级药品监督管理部门设置或者指定的药品检验机构申请复验，也可以直接向国务院药品监督管理部门设置或者指定的药品检验机构申请复验。受理复验的药品检验机构应当在国务院药品监督管理部门规定的时间内作出复验结论。

第一百零三条 药品监督管理部门应当对药品上市许可持有人、药品生产企业、药品经营企业和药物非临床安全性评价研究机构、药物临床试验机构等遵守药品生产质量管理规范、药品经营质量管理规范、药物非临床研究质量管理规范、药物临床试验质量管理规范等情况进行检查，监督其持续符合法定要求。

第一百零四条 国家建立职业化、专业化药品检查员队伍。检查员应当熟悉药品法律法规，具备药品专业知识。

第一百零五条 药品监督管理部门建立药品上市许可持有人、药品生产企业、药品经营企业、药物非临床安全性评价研究机构、药物临床试验机构和医疗机构药品安全信用档案，记录许可颁发、日常监督检查结果、违法行为查处等情况，依法向社会公布并及时更新；对有不良信用记录的，增加监督检查频次，并可以按照国家规定实施联合惩戒。

第一百零六条 药品监督管理部门应当公布本部门的电子邮件地址、电话，接受咨询、投诉、举报，并依法及时答复、核实、处理。对查证属实的举报，按照有关规定给予举报人奖励。

药品监督管理部门应当对举报人的信息予以保密，保护举报人的合法权益。举报人举报所在单位的，该单位不得以解除、变更劳动合同或者其他方式对举报人进行打击报复。

第一百零七条 国家实行药品安全信息统一公布制度。国家药品安全总体情况、药品安全风险警示信息、重大药品安全事件及其调查处理信息和国务院确定需要统一公布的其他信息由国务院药品监督管理部门统一公布。药品安全风险警示信息和重大药品安全事件及其调查处理信息的影响限于特定区域的，也可以由有关省、自治区、直辖市人民政府药品监督管理部门公布。未经授权不得发布上述信息。

公布药品安全信息，应当及时、准确、全面，并进行必要的说明，避免误导。

任何单位和个人不得编造、散布虚假药品安全信息。

第一百零八条　县级以上人民政府应当制定药品安全事件应急预案。药品上市许可持有人、药品生产企业、药品经营企业和医疗机构等应当制定本单位的药品安全事件处置方案，并组织开展培训和应急演练。

发生药品安全事件，县级以上人民政府应当按照应急预案立即组织开展应对工作；有关单位应当立即采取有效措施进行处置，防止危害扩大。

第一百零九条　药品监督管理部门未及时发现药品安全系统性风险，未及时消除监督管理区域内药品安全隐患的，本级人民政府或者上级人民政府药品监督管理部门应当对其主要负责人进行约谈。

地方人民政府未履行药品安全职责，未及时消除区域性重大药品安全隐患的，上级人民政府或者上级人民政府药品监督管理部门应当对其主要负责人进行约谈。

被约谈的部门和地方人民政府应当立即采取措施，对药品监督管理工作进行整改。

约谈情况和整改情况应当纳入有关部门和地方人民政府药品监督管理工作评议、考核记录。

第一百一十条　地方人民政府及其药品监督管理部门不得以要求实施药品检验、审批等手段限制或者排斥非本地区药品上市许可持有人、药品生产企业生产的药品进入本地区。

第一百一十一条　药品监督管理部门及其设置或者指定的药品专业技术机构不得参与药品生产经营活动，不得以其名义推荐或者监制、监销药品。

药品监督管理部门及其设置或者指定的药品专业技术机构的工作人员不得参与药品生产经营活动。

第一百一十二条　国务院对麻醉药品、精神药品、医疗用毒性药品、放射性药品、药品类易制毒化学品等有其他特殊管理规定的，依照其规定。

第一百一十三条 药品监督管理部门发现药品违法行为涉嫌犯罪的，应当及时将案件移送公安机关。

对依法不需要追究刑事责任或者免予刑事处罚，但应当追究行政责任的，公安机关、人民检察院、人民法院应当及时将案件移送药品监督管理部门。

公安机关、人民检察院、人民法院商请药品监督管理部门、生态环境主管部门等部门提供检验结论、认定意见以及对涉案药品进行无害化处理等协助的，有关部门应当及时提供，予以协助。

第十一章　法律责任

第一百一十四条 违反本法规定，构成犯罪的，依法追究刑事责任。

第一百一十五条 未取得药品生产许可证、药品经营许可证或者医疗机构制剂许可证生产、销售药品的，责令关闭，没收违法生产、销售的药品和违法所得，并处违法生产、销售的药品（包括已售出和未售出的药品，下同）货值金额十五倍以上三十倍以下的罚款；货值金额不足十万元的，按十万元计算。

第一百一十六条 生产、销售假药的，没收违法生产、销售的药品和违法所得，责令停产停业整顿，吊销药品批准证明文件，并处违法生产、销售的药品货值金额十五倍以上三十倍以下的罚款；货值金额不足十万元的，按十万元计算；情节严重的，吊销药品生产许可证、药品经营许可证或者医疗机构制剂许可证，十年内不受理其相应申请；药品上市许可持有人为境外企业的，十年内禁止其药品进口。

第一百一十七条 生产、销售劣药的，没收违法生产、销售的药品和违法所得，并处违法生产、销售的药品货值金额十倍以上二十倍以下的罚款；违法生产、批发的药品货值金额不足十万元的，按十万元计算，违法零售的药品货值金额不足一万元的，按一万元计算；情节严重的，责令停产停业整顿直至吊销药品批准证明文件、药品生产许可证、药品经营许可证或者医疗机构制剂许可证。

生产、销售的中药饮片不符合药品标准，尚不影响安全性、有效性的，责令限期改正，给予警告；可以处十万元以上五十万元以下的罚款。

第一百一十八条 生产、销售假药，或者生产、销售劣药且情节严重的，对法定代表人、主要负责人、直接负责的主管人员和其他责任人员，没收违法行为发生期间自本单位所获收入，并处所获收入百分之三十以上三倍以下的罚款，终身禁止从事药品生产经营活动，并可以由公安机关处五日以上十五日以下的拘留。

对生产者专门用于生产假药、劣药的原料、辅料、包装材料、生产设备予以没收。

第一百一十九条 药品使用单位使用假药、劣药的，按照销售假药、零售劣药的规定处罚；情节严重的，法定代表人、主要负责人、直接负责的主管人员和其他责任人员有医疗卫生人员执业证书的，还应当吊销执业证书。

第一百二十条 知道或者应当知道属于假药、劣药或者本法第一百二十四条第一款第一项至第五项规定的药品，而为其提供储存、运输等便利条件的，没收全部储存、运输收入，并处违法收入一倍以上五倍以下的罚款；情节严重的，并处违法收入五倍以上十五倍以下的罚款；违法收入不足五万元的，按五万元计算。

第一百二十一条 对假药、劣药的处罚决定，应当依法载明药品检验机构的质量检验结论。

第一百二十二条 伪造、变造、出租、出借、非法买卖许可证或者药品批准证明文件的，没收违法所得，并处违法所得一倍以上五倍以下的罚款；情节严重的，并处违法所得五倍以上十五倍以下的罚款，吊销药品生产许可证、药品经营许可证、医疗机构制剂许可证或者药品批准证明文件，对法定代表人、主要负责人、直接负责的主管人员和其他责任人员，处二万元以上二十万元以下的罚款，十年内禁止从事药品生产经营活动，并可以由公安机关处五日以上十五日以下的拘留；违法所得不足十万元的，按十万元计算。

第一百二十三条 提供虚假的证明、数据、资料、样品或者采取其他手段骗取临床试验许可、药品生产许可、药品经营许可、医疗机构制剂许可或者药品注册等许可的，撤销相关许可，十年内不受理其相应申请，并处五十万元以上五百万元以下的罚款；情节严重的，对法定代表人、主要负责人、直接负责的主管人员和其他责任人员，处二万元以上二十万元以下的罚款，十年内禁止从事药品生产经营活动，并可以由公安机关处五日以上十五日以下的拘留。

第一百二十四条 违反本法规定，有下列行为之一的，没收违法生产、进口、销售的药品和违法所得以及专门用于违法生产的原料、辅料、包装材料和生产设备，责令停产停业整顿，并处违法生产、进口、销售的药品货值金额十五倍以上三十倍以下的罚款；货值金额不足十万元的，按十万元计算；情节严重的，吊销药品批准证明文件直至吊销药品生产许可证、药品经营许可证或者医疗机构制剂许可证，对法定代表人、主要负责人、直接负责的主管人员和其他责任人员，没收违法行为发生期间自本单位所获收入，并处所获收入百分之三十以上三倍以下的罚款，十年直至终身禁止从事药品生产经营活动，并可以由公安机关处五日以上十五日以下的拘留：

（一）未取得药品批准证明文件生产、进口药品；

（二）使用采取欺骗手段取得的药品批准证明文件生产、进口药品；

（三）使用未经审评审批的原料药生产药品；

（四）应当检验而未经检验即销售药品；

（五）生产、销售国务院药品监督管理部门禁止使用的药品；

（六）编造生产、检验记录；

（七）未经批准在药品生产过程中进行重大变更。

销售前款第一项至第三项规定的药品，或者药品使用单位使用前款第一项至第五项规定的药品的，依照前款规定处罚；情节严重的，药品使用单位的法定代表人、主要负责人、直接负责的主管人员和其他责任人员有医疗卫生人员执业证书的，还应当吊销执业证书。

未经批准进口少量境外已合法上市的药品，情节较轻的，可以依法减轻或者免予处罚。

第一百二十五条 违反本法规定，有下列行为之一的，没收违法生产、销售的药品和违法所得以及包装材料、容器，责令停产停业整顿，并处五十万元以上五百万元以下的罚款；情节严重的，吊销药品批准证明文件、药品生产许可证、药品经营许可证，对法定代表人、主要负责人、直接负责的主管人员和其他责任人员处二万元以上二十万元以下的罚款，十年直至终身禁止从事药品生产经营活动：

（一）未经批准开展药物临床试验；

（二）使用未经审评的直接接触药品的包装材料或者容器生产药品，或者销售该类药品；

（三）使用未经核准的标签、说明书。

第一百二十六条 除本法另有规定的情形外，药品上市许可持有人、药品生产企业、药品经营企业、药物非临床安全性评价研究机构、药物临床试验机构等未遵守药品生产质量管理规范、药品经营质量管理规范、药物非临床研究质量管理规范、药物临床试验质量管理规范等的，责令限期改正，给予警告；逾期不改正的，处十万元以上五十万元以下的罚款；情节严重的，处五十万元以上二百万元以下的罚款，责令停产停业整顿直至吊销药品批准证明文件、药品生产许可证、药品经营许可证等，药物非临床安全性评价研究机构、药物临床试验机构等五年内不得开展药物非临床安全性评价研究、药物临床试验，对法定代表人、主要负责人、直接负责的主管人员和其他责任人员，没收违法行为发生期间自本单位所获收入，并处所获收入百分之十以上百分之五十以下的罚款，十年直至终身禁止从事药品生产经营等活动。

第一百二十七条 违反本法规定，有下列行为之一的，责令限期改正，给予警告；逾期不改正的，处十万元以上五十万元以下的罚款：

（一）开展生物等效性试验未备案；

（二）药物临床试验期间，发现存在安全性问题或者其他风险，临床试验申办者未及时调整临床试验方案、暂停或者终止临床试验，或者未向国务院药品监督管理部门报告；

（三）未按照规定建立并实施药品追溯制度；

（四）未按照规定提交年度报告；

（五）未按照规定对药品生产过程中的变更进行备案或者报告；

（六）未制定药品上市后风险管理计划；

（七）未按照规定开展药品上市后研究或者上市后评价。

第一百二十八条 除依法应当按照假药、劣药处罚的外，药品包装未按照规定印有、贴有标签或者附有说明书，标签、说明书未按照规定注明相关信息或者印有规定标志的，责令改正，给予警告；情节严重的，吊销药品注册证书。

第一百二十九条 违反本法规定，药品上市许可持有人、药品生产企业、药品经营企业或者医疗机构未从药品上市许可持有人或者具有药品生产、经营资格的企业购进药品的，责令改正，没收违法购进的药品和违法所得，并处违法购进药品货值金额二倍以上十倍以下的罚款；情节严重的，并处货值金额十倍以上三十倍以下的罚款，吊销药品批准证明文件、药品生产许可证、药品经营许可证或者医疗机构执业许可证；货值金额不足五万元的，按五万元计算。

第一百三十条 违反本法规定，药品经营企业购销药品未按照规定进行记录，零售药品未正确说明用法、用量等事项，或者未按照规定调配处方的，责令改正，给予警告；情节严重的，吊销药品经营许可证。

第一百三十一条 违反本法规定，药品网络交易第三方平台提供者未履行资质审核、报告、停止提供网络交易平台服务等义务的，责令改正，没收违法所得，并处二十万元以上二百万元以下的罚款；情节严重的，责令停业整顿，并处二百万元以上五百万元以下的罚款。

第一百三十二条 进口已获得药品注册证书的药品，未按照规定向允许药品进口的口岸所在地药品监督管理部门备案的，责令限期改正，给予警告；逾期不改正的，吊销药品注册证书。

第一百三十三条 违反本法规定，医疗机构将其配制的制剂在市场上销售的，责令改正，没收违法销售的制剂和违法所得，并处违法销售制剂货值金额二倍以上五倍以下的罚款；情节严重的，并处货值金额五倍以上十五倍以下的罚款；货值金额不足五万元的，按五万元计算。

第一百三十四条 药品上市许可持有人未按照规定开展药品不良反应监测或者报告疑似药品不良反应的，责令限期改正，给予警告；逾期不改正的，责令停产停业整顿，并处十万元以上一百万元以下的罚款。

药品经营企业未按照规定报告疑似药品不良反应的，责令限期改正，给予警告；逾期不改正的，责令停产停业整顿，并处五万元以上五十万元以下的罚款。

医疗机构未按照规定报告疑似药品不良反应的，责令限期改正，给予警告；逾期不改正的，处五万元以上五十万元以下的罚款。

第一百三十五条 药品上市许可持有人在省、自治区、直辖市人民政府药品监督管理部门责令其召回后，拒不召回的，处应召回药品货值金额五倍以上十倍以下的罚款；货值金额不足十万元的，按十万元计算；情节严重的，吊销药品批准证明文件、药品生产许可证、药品经营许可证，对法定代表人、主要负责人、直接负责的主管人员和其他责任人员，处二万元以上二十万元以下的罚款。药品生产企业、药品经营企业、医疗机构拒不配合召回的，处十万元以上五十万元以下的罚款。

第一百三十六条 药品上市许可持有人为境外企业的，其指定的在中国境内的企业法人未依照本法规定履行相关义务的，适用本法有关药品上市许可持有人法律责任的规定。

第一百三十七条 有下列行为之一的，在本法规定的处罚幅度内从重处罚：

（一）以麻醉药品、精神药品、医疗用毒性药品、放射性药品、药品类易制毒化学品冒充其他药品，或者以其他药品冒充上述药品；

（二）生产、销售以孕产妇、儿童为主要使用对象的假药、劣药；

（三）生产、销售的生物制品属于假药、劣药；

（四）生产、销售假药、劣药，造成人身伤害后果；

（五）生产、销售假药、劣药，经处理后再犯；

（六）拒绝、逃避监督检查，伪造、销毁、隐匿有关证据材料，或者擅自动用查封、扣押物品。

第一百三十八条 药品检验机构出具虚假检验报告的，责令改正，给予警告，对单位并处二十万元以上一百万元以下的罚款；对直接负责的主管人员和其他直接责任人员依法给予降级、撤职、开除处分，没收违法所得，并处五万元以下的罚款；情节严重的，撤销其检验资格。药品检验机构出具的检验结果不实，造成损失的，应当承担相应的赔偿责任。

第一百三十九条 本法第一百一十五条至第一百三十八条规定的行政处

罚，由县级以上人民政府药品监督管理部门按照职责分工决定；撤销许可、吊销许可证件的，由原批准、发证的部门决定。

第一百四十条 药品上市许可持有人、药品生产企业、药品经营企业或者医疗机构违反本法规定聘用人员的，由药品监督管理部门或者卫生健康主管部门责令解聘，处五万元以上二十万元以下的罚款。

第一百四十一条 药品上市许可持有人、药品生产企业、药品经营企业或者医疗机构在药品购销中给予、收受回扣或者其他不正当利益的，药品上市许可持有人、药品生产企业、药品经营企业或者代理人给予使用其药品的医疗机构的负责人、药品采购人员、医师、药师等有关人员财物或者其他不正当利益的，由市场监督管理部门没收违法所得，并处三十万元以上三百万元以下的罚款；情节严重的，吊销药品上市许可持有人、药品生产企业、药品经营企业营业执照，并由药品监督管理部门吊销药品批准证明文件、药品生产许可证、药品经营许可证。

药品上市许可持有人、药品生产企业、药品经营企业在药品研制、生产、经营中向国家工作人员行贿的，对法定代表人、主要负责人、直接负责的主管人员和其他责任人员终身禁止从事药品生产经营活动。

第一百四十二条 药品上市许可持有人、药品生产企业、药品经营企业的负责人、采购人员等有关人员在药品购销中收受其他药品上市许可持有人、药品生产企业、药品经营企业或者代理人给予的财物或者其他不正当利益的，没收违法所得，依法给予处罚；情节严重的，五年内禁止从事药品生产经营活动。

医疗机构的负责人、药品采购人员、医师、药师等有关人员收受药品上市许可持有人、药品生产企业、药品经营企业或者代理人给予的财物或者其他不正当利益的，由卫生健康主管部门或者本单位给予处分，没收违法所得；情节严重的，还应当吊销其执业证书。

第一百四十三条 违反本法规定，编造、散布虚假药品安全信息，构成违反治安管理行为的，由公安机关依法给予治安管理处罚。

第一百四十四条 药品上市许可持有人、药品生产企业、药品经营企业或者医疗机构违反本法规定，给用药者造成损害的，依法承担赔偿责任。

因药品质量问题受到损害的，受害人可以向药品上市许可持有人、药品生产企业请求赔偿损失，也可以向药品经营企业、医疗机构请求赔偿损失。接到受害人赔偿请求的，应当实行首负责任制，先行赔付；先行赔付后，可以依法追偿。

生产假药、劣药或者明知是假药、劣药仍然销售、使用的，受害人或者其近亲属除请求赔偿损失外，还可以请求支付价款十倍或者损失三倍的赔偿金；增加赔偿的金额不足一千元的，为一千元。

第一百四十五条　药品监督管理部门或者其设置、指定的药品专业技术机构参与药品生产经营活动的，由其上级主管机关责令改正，没收违法收入；情节严重的，对直接负责的主管人员和其他直接责任人员依法给予处分。

药品监督管理部门或者其设置、指定的药品专业技术机构的工作人员参与药品生产经营活动的，依法给予处分。

第一百四十六条　药品监督管理部门或者其设置、指定的药品检验机构在药品监督检验中违法收取检验费用的，由政府有关部门责令退还，对直接负责的主管人员和其他直接责任人员依法给予处分；情节严重的，撤销其检验资格。

第一百四十七条　违反本法规定，药品监督管理部门有下列行为之一的，应当撤销相关许可，对直接负责的主管人员和其他直接责任人员依法给予处分：

（一）不符合条件而批准进行药物临床试验；

（二）对不符合条件的药品颁发药品注册证书；

（三）对不符合条件的单位颁发药品生产许可证、药品经营许可证或者医疗机构制剂许可证。

第一百四十八条　违反本法规定，县级以上地方人民政府有下列行为之一的，对直接负责的主管人员和其他直接责任人员给予记过或者记大过处分；情节严重的，给予降级、撤职或者开除处分：

（一）瞒报、谎报、缓报、漏报药品安全事件；

（二）未及时消除区域性重大药品安全隐患，造成本行政区域内发生特别重大药品安全事件，或者连续发生重大药品安全事件；

（三）履行职责不力，造成严重不良影响或者重大损失。

第一百四十九条 违反本法规定，药品监督管理等部门有下列行为之一的，对直接负责的主管人员和其他直接责任人员给予记过或者记大过处分；情节较重的，给予降级或者撤职处分；情节严重的，给予开除处分：

（一）瞒报、谎报、缓报、漏报药品安全事件；

（二）对发现的药品安全违法行为未及时查处；

（三）未及时发现药品安全系统性风险，或者未及时消除监督管理区域内药品安全隐患，造成严重影响；

（四）其他不履行药品监督管理职责，造成严重不良影响或者重大损失。

第一百五十条 药品监督管理人员滥用职权、徇私舞弊、玩忽职守的，依法给予处分。

查处假药、劣药违法行为有失职、渎职行为的，对药品监督管理部门直接负责的主管人员和其他直接责任人员依法从重给予处分。

第一百五十一条 本章规定的货值金额以违法生产、销售药品的标价计算；没有标价的，按照同类药品的市场价格计算。

第十二章　附　则

第一百五十二条 中药材种植、采集和饲养的管理，依照有关法律、法规的规定执行。

第一百五十三条 地区性民间习用药材的管理办法，由国务院药品监督管理部门会同国务院中医药主管部门制定。

第一百五十四条 中国人民解放军和中国人民武装警察部队执行本法的具体办法，由国务院、中央军事委员会依据本法制定。

第一百五十五条 本法自 2019 年 12 月 1 日起施行。

2.《网络交易监督管理办法》（2021 年 3 月 15 日国家市场监督管理总局令第 37 号公布）

第一章　总　则

第一条　为了规范网络交易活动，维护网络交易秩序，保障网络交易各方主体合法权益，促进数字经济持续健康发展，根据有关法律、行政法规，制定本办法。

第二条　在中华人民共和国境内，通过互联网等信息网络（以下简称通过网络）销售商品或者提供服务的经营活动以及市场监督管理部门对其进行监督管理，适用本办法。

在网络社交、网络直播等信息网络活动中销售商品或者提供服务的经营活动，适用本办法。

第三条　网络交易经营者从事经营活动，应当遵循自愿、平等、公平、诚信原则，遵守法律、法规、规章和商业道德、公序良俗，公平参与市场竞争，认真履行法定义务，积极承担主体责任，接受社会各界监督。

第四条　网络交易监督管理坚持鼓励创新、包容审慎、严守底线、线上线下一体化监管的原则。

第五条　国家市场监督管理总局负责组织指导全国网络交易监督管理工作。

县级以上地方市场监督管理部门负责本行政区域内的网络交易监督管理工作。

第六条　市场监督管理部门引导网络交易经营者、网络交易行业组织、消费者组织、消费者共同参与网络交易市场治理，推动完善多元参与、有效协同、规范有序的网络交易市场治理体系。

第二章　网络交易经营者

第一节　一般规定

第七条　本办法所称网络交易经营者，是指组织、开展网络交易活动的自然人、法人和非法人组织，包括网络交易平台经营者、平台内经营者、自建网站经营者以及通过其他网络服务开展网络交易活动的网络交易经营者。

本办法所称网络交易平台经营者，是指在网络交易活动中为交易双方或者多方提供网络经营场所、交易撮合、信息发布等服务，供交易双方或者多方独立开展网络交易活动的法人或者非法人组织。

本办法所称平台内经营者，是指通过网络交易平台开展网络交易活动的网络交易经营者。

网络社交、网络直播等网络服务提供者为经营者提供网络经营场所、商品浏览、订单生成、在线支付等网络交易平台服务的，应当依法履行网络交易平台经营者的义务。通过上述网络交易平台服务开展网络交易活动的经营者，应当依法履行平台内经营者的义务。

第八条 网络交易经营者不得违反法律、法规、国务院决定的规定，从事无证无照经营。除《中华人民共和国电子商务法》第十条规定的不需要进行登记的情形外，网络交易经营者应当依法办理市场主体登记。

个人通过网络从事保洁、洗涤、缝纫、理发、搬家、配制钥匙、管道疏通、家电家具修理修配等依法无须取得许可的便民劳务活动，依照《中华人民共和国电子商务法》第十条的规定不需要进行登记。

个人从事网络交易活动，年交易额累计不超过 10 万元的，依照《中华人民共和国电子商务法》第十条的规定不需要进行登记。同一经营者在同一平台或者不同平台开设多家网店的，各网店交易额合并计算。个人从事的零星小额交易须依法取得行政许可的，应当依法办理市场主体登记。

第九条 仅通过网络开展经营活动的平台内经营者申请登记为个体工商户的，可以将网络经营场所登记为经营场所，将经常居住地登记为住所，其住所所在地的县、自治县、不设区的市、市辖区市场监督管理部门为其登记机关。同一经营者有两个以上网络经营场所的，应当一并登记。

第十条 平台内经营者申请将网络经营场所登记为经营场所的，由其入驻的网络交易平台为其出具符合登记机关要求的网络经营场所相关材料。

第十一条 网络交易经营者销售的商品或者提供的服务应当符合保障人身、财产安全的要求和环境保护要求，不得销售或者提供法律、行政法规禁止交易，损害国家利益和社会公共利益，违背公序良俗的商品或者服务。

第十二条 网络交易经营者应当在其网站首页或者从事经营活动的主页面显著位置，持续公示经营者主体信息或者该信息的链接标识。鼓励网络交易经营者链接到国家市场监督管理总局电子营业执照亮照系统，公示其营业执照信息。

已经办理市场主体登记的网络交易经营者应当如实公示下列营业执照信息以及与其经营业务有关的行政许可等信息，或者该信息的链接标识：

（一）企业应当公示其营业执照登载的统一社会信用代码、名称、企业类型、法定代表人（负责人）、住所、注册资本（出资额）等信息；

（二）个体工商户应当公示其营业执照登载的统一社会信用代码、名称、经营者姓名、经营场所、组成形式等信息；

（三）农民专业合作社、农民专业合作社联合社应当公示其营业执照登载的统一社会信用代码、名称、法定代表人、住所、成员出资总额等信息。

依照《中华人民共和国电子商务法》第十条规定不需要进行登记的经营者应当根据自身实际经营活动类型，如实公示以下自我声明以及实际经营地址、联系方式等信息，或者该信息的链接标识：

（一）"个人销售自产农副产品，依法不需要办理市场主体登记"；

（二）"个人销售家庭手工业产品，依法不需要办理市场主体登记"；

（三）"个人利用自己的技能从事依法无须取得许可的便民劳务活动，依法不需要办理市场主体登记"；

（四）"个人从事零星小额交易活动，依法不需要办理市场主体登记"。

网络交易经营者公示的信息发生变更的，应当在十个工作日内完成更新公示。

第十三条 网络交易经营者收集、使用消费者个人信息，应当遵循合法、正当、必要的原则，明示收集、使用信息的目的、方式和范围，并经消费者同意。网络交易经营者收集、使用消费者个人信息，应当公开其收集、使用规则，不得违反法律、法规的规定和双方的约定收集、使用信息。

网络交易经营者不得采用一次概括授权、默认授权、与其他授权捆绑、停止安装使用等方式，强迫或者变相强迫消费者同意收集、使用与经营活动无直接关系的信息。收集、使用个人生物特征、医疗健康、金融账户、个人行踪等敏感信息的，应当逐项取得消费者同意。

网络交易经营者及其工作人员应当对收集的个人信息严格保密，除依法配合监管执法活动外，未经被收集者授权同意，不得向包括关联方在内的任何第三方提供。

第十四条 网络交易经营者不得违反《中华人民共和国反不正当竞争法》等规定，实施扰乱市场竞争秩序，损害其他经营者或者消费者合法权益的不正当竞争行为。

网络交易经营者不得以下列方式，作虚假或者引人误解的商业宣传，欺骗、误导消费者：

（一）虚构交易、编造用户评价；

（二）采用误导性展示等方式，将好评前置、差评后置，或者不显著区分不同商品或者服务的评价等；

（三）采用谎称现货、虚构预订、虚假抢购等方式进行虚假营销；

（四）虚构点击量、关注度等流量数据，以及虚构点赞、打赏等交易互动数据。

网络交易经营者不得实施混淆行为，引人误认为是他人商品、服务或者与他人存在特定联系。

网络交易经营者不得编造、传播虚假信息或者误导性信息，损害竞争对手的商业信誉、商品声誉。

第十五条 消费者评价中包含法律、行政法规、规章禁止发布或者传输的信息的，网络交易经营者可以依法予以技术处理。

第十六条 网络交易经营者未经消费者同意或者请求，不得向其发送商业性信息。

网络交易经营者发送商业性信息时，应当明示其真实身份和联系方式，并向消费者提供显著、简便、免费的拒绝继续接收的方式。消费者明确表示拒绝的，应当立即停止发送，不得更换名义后再次发送。

第十七条 网络交易经营者以直接捆绑或者提供多种可选项方式向消费者搭售商品或者服务的，应当以显著方式提醒消费者注意。提供多种可选项方式的，不得将搭售商品或者服务的任何选项设定为消费者默认同意，不得将消费者以往交易中选择的选项在后续独立交易中设定为消费者默认选择。

第十八条 网络交易经营者采取自动展期、自动续费等方式提供服务的，应当在消费者接受服务前和自动展期、自动续费等日期前五日，以显著方式提请消费者注意，由消费者自主选择；在服务期间内，应当为消费者提供显著、简便的随时取消或者变更的选项，并不得收取不合理费用。

第十九条 网络交易经营者应当全面、真实、准确、及时地披露商品或者服务信息，保障消费者的知情权和选择权。

第二十条 通过网络社交、网络直播等网络服务开展网络交易活动的网络交易经营者，应当以显著方式展示商品或者服务及其实际经营主体、售后服务等信息，或者上述信息的链接标识。

网络直播服务提供者对网络交易活动的直播视频保存时间自直播结束之日起不少于三年。

第二十一条 网络交易经营者向消费者提供商品或者服务使用格式条款、通知、声明等的，应当以显著方式提请消费者注意与消费者有重大利害关系的内容，并按照消费者的要求予以说明，不得作出含有下列内容的规定：

（一）免除或者部分免除网络交易经营者对其所提供的商品或者服务应当承担的修理、重作、更换、退货、补足商品数量、退还货款和服务费用、赔偿损失等责任；

（二）排除或者限制消费者提出修理、更换、退货、赔偿损失以及获得违约金和其他合理赔偿的权利；

（三）排除或者限制消费者依法投诉、举报、请求调解、申请仲裁、提起诉讼的权利；

（四）排除或者限制消费者依法变更或者解除合同的权利；

（五）规定网络交易经营者单方享有解释权或者最终解释权；

（六）其他对消费者不公平、不合理的规定。

第二十二条 网络交易经营者应当按照国家市场监督管理总局及其授权的省级市场监督管理部门的要求，提供特定时段、特定品类、特定区域的商品或者服务的价格、销量、销售额等数据信息。

第二十三条 网络交易经营者自行终止从事网络交易活动的，应当提前三十日在其网站首页或者从事经营活动的主页面显著位置，持续公示终止网络交易活动公告等有关信息，并采取合理、必要、及时的措施保障消费者和相关经营者的合法权益。

第二节 网络交易平台经营者

第二十四条 网络交易平台经营者应当要求申请进入平台销售商品或者提供服务的经营者提交其身份、地址、联系方式、行政许可等真实信息，进行核验、登记，建立登记档案，并至少每六个月核验更新一次。

网络交易平台经营者应当对未办理市场主体登记的平台内经营者进行动态监测，对超过本办法第八条第三款规定额度的，及时提醒其依法办理市场主体登记。

第二十五条 网络交易平台经营者应当依照法律、行政法规的规定，向市场监督管理部门报送有关信息。

网络交易平台经营者应当分别于每年1月和7月向住所地省级市场监督管理部门报送平台内经营者的下列身份信息：

（一）已办理市场主体登记的平台内经营者的名称（姓名）、统一社会信用代码、实际经营地址、联系方式、网店名称以及网址链接等信息；

（二）未办理市场主体登记的平台内经营者的姓名、身份证件号码、实际经营地址、联系方式、网店名称以及网址链接、属于依法不需要办理市场主体登记的具体情形的自我声明等信息；其中，对超过本办法第八条第三款规定额度的平台内经营者进行特别标示。

鼓励网络交易平台经营者与市场监督管理部门建立开放数据接口等形式的自动化信息报送机制。

第二十六条 网络交易平台经营者应当为平台内经营者依法履行信息公示义务提供技术支持。平台内经营者公示的信息发生变更的，应当在三个工作日内将变更情况报送平台，平台应当在七个工作日内进行核验，完成更新公示。

第二十七条 网络交易平台经营者应当以显著方式区分标记已办理市场主体登记的经营者和未办理市场主体登记的经营者，确保消费者能够清晰辨认。

第二十八条 网络交易平台经营者修改平台服务协议和交易规则的，应当完整保存修改后的版本生效之日前三年的全部历史版本，并保证经营者和消费者能够便利、完整地阅览和下载。

第二十九条 网络交易平台经营者应当对平台内经营者及其发布的商品或者服务信息建立检查监控制度。网络交易平台经营者发现平台内的商品或者服务信息有违反市场监督管理法律、法规、规章，损害国家利益和社会公共利益，违背公序良俗的，应当依法采取必要的处置措施，保存有关记录，并向平台住所地县级以上市场监督管理部门报告。

第三十条 网络交易平台经营者依据法律、法规、规章的规定或者平台服务协议和交易规则对平台内经营者违法行为采取警示、暂停或者终止服务等处理措施的，应当自决定作出处理措施之日起一个工作日内予以公示，载明平台内经营者的网店名称、违法行为、处理措施等信息。警示、暂停服务等短期处理措施的相关信息应当持续公示至处理措施实施期满之日止。

第三十一条 网络交易平台经营者对平台内经营者身份信息的保存时间自其退出平台之日起不少于三年；对商品或者服务信息，支付记录、物流快递、退换货以及售后等交易信息的保存时间自交易完成之日起不少于三年。法律、行政法规另有规定的，依照其规定。

第三十二条 网络交易平台经营者不得违反《中华人民共和国电子商务法》第三十五条的规定，对平台内经营者在平台内的交易、交易价格以及与其他经营者的交易等进行不合理限制或者附加不合理条件，干涉平台内经营者的自主经营。具体包括：

（一）通过搜索降权、下架商品、限制经营、屏蔽店铺、提高服务收费等方式，禁止或者限制平台内经营者自主选择在多个平台开展经营活动，或者利用不正当手段限制其仅在特定平台开展经营活动；

（二）禁止或者限制平台内经营者自主选择快递物流等交易辅助服务提供者；

（三）其他干涉平台内经营者自主经营的行为。

第三章　监督管理

第三十三条　县级以上地方市场监督管理部门应当在日常管理和执法活动中加强协同配合。

网络交易平台经营者住所地省级市场监督管理部门应当根据工作需要，及时将掌握的平台内经营者身份信息与其实际经营地的省级市场监督管理部门共享。

第三十四条　市场监督管理部门在依法开展监督检查、案件调查、事故处置、缺陷消费品召回、消费争议处理等监管执法活动时，可以要求网络交易平台经营者提供有关的平台内经营者身份信息，商品或者服务信息，支付记录、物流快递、退换货以及售后等交易信息。网络交易平台经营者应当提供，并在技术方面积极配合市场监督管理部门开展网络交易违法行为监测工作。

为网络交易经营者提供宣传推广、支付结算、物流快递、网络接入、服务器托管、虚拟主机、云服务、网站网页设计制作等服务的经营者（以下简称其他服务提供者），应当及时协助市场监督管理部门依法查处网络交易违法行为，提供其掌握的有关数据信息。法律、行政法规另有规定的，依照其规定。

市场监督管理部门发现网络交易经营者有违法行为，依法要求网络交易平台经营者、其他服务提供者采取措施制止的，网络交易平台经营者、其他服务提供者应当予以配合。

第三十五条　市场监督管理部门对涉嫌违法的网络交易行为进行查处时，可以依法采取下列措施：

（一）对与涉嫌违法的网络交易行为有关的场所进行现场检查；

（二）查阅、复制与涉嫌违法的网络交易行为有关的合同、票据、账簿等有关资料；

（三）收集、调取、复制与涉嫌违法的网络交易行为有关的电子数据；

（四）询问涉嫌从事违法的网络交易行为的当事人；

（五）向与涉嫌违法的网络交易行为有关的自然人、法人和非法人组织调查了解有关情况；

（六）法律、法规规定可以采取的其他措施。

采取前款规定的措施，依法需要报经批准的，应当办理批准手续。

市场监督管理部门对网络交易违法行为的技术监测记录资料，可以作为实施行政处罚或者采取行政措施的电子数据证据。

第三十六条 市场监督管理部门应当采取必要措施保护网络交易经营者提供的数据信息的安全，并对其中的个人信息、隐私和商业秘密严格保密。

第三十七条 市场监督管理部门依法对网络交易经营者实施信用监管，将网络交易经营者的注册登记、备案、行政许可、抽查检查结果、行政处罚、列入经营异常名录和严重违法失信企业名单等信息，通过国家企业信用信息公示系统统一归集并公示。对存在严重违法失信行为的，依法实施联合惩戒。

前款规定的信息还可以通过市场监督管理部门官方网站、网络搜索引擎、经营者从事经营活动的主页面显著位置等途径公示。

第三十八条 网络交易经营者未依法履行法定责任和义务，扰乱或者可能扰乱网络交易秩序，影响消费者合法权益的，市场监督管理部门可以依职责对其法定代表人或者主要负责人进行约谈，要求其采取措施进行整改。

第四章　法律责任

第三十九条 法律、行政法规对网络交易违法行为的处罚已有规定的，依照其规定。

第四十条 网络交易平台经营者违反本办法第十条，拒不为入驻的平台内经营者出具网络经营场所相关材料的，由市场监督管理部门责令限期改正；逾期不改正的，处一万元以上三万元以下罚款。

第四十一条 网络交易经营者违反本办法第十一条、第十三条、第十六条、第十八条，法律、行政法规有规定的，依照其规定；法律、行政法规没有规定的，由市场监督管理部门依职责责令限期改正，可以处五千元以上三万元以下罚款。

第四十二条　网络交易经营者违反本办法第十二条、第二十三条，未履行法定信息公示义务的，依照《中华人民共和国电子商务法》第七十六条的规定进行处罚。对其中的网络交易平台经营者，依照《中华人民共和国电子商务法》第八十一条第一款的规定进行处罚。

第四十三条　网络交易经营者违反本办法第十四条的，依照《中华人民共和国反不正当竞争法》的相关规定进行处罚。

第四十四条　网络交易经营者违反本办法第十七条的，依照《中华人民共和国电子商务法》第七十七条的规定进行处罚。

第四十五条　网络交易经营者违反本办法第二十条，法律、行政法规有规定的，依照其规定；法律、行政法规没有规定的，由市场监督管理部门责令限期改正；逾期不改正的，处一万元以下罚款。

第四十六条　网络交易经营者违反本办法第二十二条的，由市场监督管理部门责令限期改正；逾期不改正的，处五千元以上三万元以下罚款。

第四十七条　网络交易平台经营者违反本办法第二十四条第一款、第二十五条第二款、第三十一条，不履行法定核验、登记义务，有关信息报送义务，商品和服务信息、交易信息保存义务的，依照《中华人民共和国电子商务法》第八十条的规定进行处罚。

第四十八条　网络交易平台经营者违反本办法第二十七条、第二十八条、第三十条的，由市场监督管理部门责令限期改正；逾期不改正的，处一万元以上三万元以下罚款。

第四十九条　网络交易平台经营者违反本办法第二十九条，法律、行政法规有规定的，依照其规定；法律、行政法规没有规定的，由市场监督管理部门依职责责令限期改正，可以处一万元以上三万元以下罚款。

第五十条　网络交易平台经营者违反本办法第三十二条的，依照《中华人民共和国电子商务法》第八十二条的规定进行处罚。

第五十一条　网络交易经营者销售商品或者提供服务，不履行合同义务或者履行合同义务不符合约定，或者造成他人损害的，依法承担民事责任。

第五十二条　网络交易平台经营者知道或者应当知道平台内经营者销售的商品或者提供的服务不符合保障人身、财产安全的要求，或者有其他侵害消费者合法权益行为，未采取必要措施的，依法与该平台内经营者承担连带责任。

对关系消费者生命健康的商品或者服务，网络交易平台经营者对平台内经营者的资质资格未尽到审核义务，或者对消费者未尽到安全保障义务，造成消费者损害的，依法承担相应的责任。

第五十三条　对市场监督管理部门依法开展的监管执法活动，拒绝依照本办法规定提供有关材料、信息，或者提供虚假材料、信息，或者隐匿、销毁、转移证据，或者有其他拒绝、阻碍监管执法行为，法律、行政法规、其他市场监督管理部门规章有规定的，依照其规定；法律、行政法规、其他市场监督管理部门规章没有规定的，由市场监督管理部门责令改正，可以处五千元以上三万元以下罚款。

第五十四条　市场监督管理部门的工作人员，玩忽职守、滥用职权、徇私舞弊，或者泄露、出售或者非法向他人提供在履行职责中所知悉的个人信息、隐私和商业秘密的，依法追究法律责任。

第五十五条　违反本办法规定，构成犯罪的，依法追究刑事责任。

第五章　附　则

第五十六条　本办法自 2021 年 5 月 1 日起施行。2014 年 1 月 26 日原国家工商行政管理总局令第 60 号公布的《网络交易管理办法》同时废止。

3. 《药品网络销售监督管理办法（征求意见稿）》（2020 年）

第一章　总　则

第一条　【立法目的】　为规范药品网络销售和药品网络交易服务行为，保障公众用药安全，根据《中华人民共和国药品管理法》（以下简称《药品管理法》）、《中华人民共和国电子商务法》（以下简称《电子商务法》）等法律、行政法规，制定本办法。

第二条　【适用范围】　在中华人民共和国境内从事药品网络销售、提供药品网络交易服务及监督管理，应当遵守本办法。

第三条　【监管职责】　国家药品监督管理局负责指导全国药品网络销售、药品网络交易服务的监督管理。

省级药品监督管理部门负责药品网络交易第三方平台的监督管理。

县级以上地方负责药品监督管理的部门按照职责分工，负责本行政区域内药品网络销售的监督管理。

第四条　【义务条款】　从事药品网络销售、提供药品网络交易第三方平台服务，应当具备相应资质或者条件，遵守药品法律法规、规章和规范，依法诚信经营，保障药品质量安全。

药品网络交易第三方平台提供者（以下简称第三方平台），是指在药品网络交易中提供网络经营场所、交易撮合、信息发布等服务，供交易双方或者多方开展交易活动的法人组织或者非法人组织。

第五条　【追溯义务】　从事药品网络销售、提供药品网络交易服务，应当采取有效措施，保障资料和数据真实、完整和交易信息可追溯。

第六条　【社会共治】　负责药品监督管理的部门应当加强部门协作，充分发挥行业组织等机构的作用，推进诚信体系建设，促进社会共治。

第二章　药品网络销售管理

第七条　【药品网络销售者】　药品网络销售者应当是药品上市许可持有人（以下简称持有人）或者药品经营企业。

中药饮片生产企业销售其生产的中药饮片，应当履行本办法规定的持有人相关义务。

第八条 【网络销售范围】 药品网络销售不得超出企业经营方式和药品经营范围。药品网络销售者为持有人的，仅能销售其持有批准文号的药品。没有取得药品零售资质的，不得向个人销售药品。

疫苗、血液制品、麻醉药品、精神药品、医疗用毒性药品、放射性药品、药品类易制毒化学品等国家实行特殊管理的药品，不得通过网络销售。

药品零售企业通过网络销售药品，不得以买药品赠药品、买商品赠药品等方式向公众赠送处方药和甲类非处方药。

第九条 【网络销售处方药条件】 药品零售企业通过网络销售处方药的，应当确保电子处方来源真实、可靠，并按照有关要求进行处方调剂审核，对已使用的处方进行电子标记。

第十条 【网络销售者义务】 药品网络销售者应当符合国家药品监督管理以及网络交易管理的法律、法规和规章等相关要求，并履行下列义务：

（一）建立药品网络销售安全管理制度，实现药品销售全程可追溯、可核查；

（二）建立并实施保障药品质量与安全的配送管理制度；

（三）建立并实施投诉举报处理制度；

（四）建立并实施网络销售药品不良反应监测报告制度；

（五）协助持有人履行药品召回义务，及时传达、反馈药品召回信息，控制和追回存在安全隐患的药品。

向个人销售药品的，还应当建立在线药学服务制度，配备执业药师，指导合理用药；执业药师的数量应当与经营规模相适应；做到药品最小销售单元的销售记录清晰留存、可追溯。

第十一条 【技术要求】 药品网络销售者可以通过自建网站、网络客户端应用程序、第三方平台或者以其他形式依托相关网络服务商自建网上店铺开展药品网络销售。通过以上方式开展药品网络销售的，应当具有满足业务开展要求的应用软件、网络安全措施和相关数据库。

第十二条 【报告要求】 药品网络销售者应当将企业名称或者持有人名称、法定代表人、主要负责人、统一社会信用代码、网站名称或者网络客户端应用程序名、网站域名、药品生产许可证或者药品经营许可证编号等信息向药品监督管理部门报告。药品网络销售者为持有人的,还应当提交药品批准文号信息;药品零售企业通过网络销售处方药的,还应当提交确保电子处方来源真实、可靠的证明材料。

药品网络销售者为持有人或者药品批发企业的,应当向省级药品监督管理部门报告。药品网络销售者为药品零售企业的,应当向设区的市级负责药品监督管理的部门报告。省级药品监督管理部门和市级负责药品监督管理部门应当及时将报告信息公示。

第十三条【资质信息展示】 药品网络销售者应当在网站首页或者经营活动的主页面醒目位置,清晰展示相关资质证明文件和联系方式。有关信息发生变更的,应当及时更新。药品网络销售者为药品零售企业的,还应当展示所配备执业药师的执业药师注册证。

第十四条【药品信息展示】 药品网络销售者展示的药品信息应当真实准确、合法有效,注明药品批准文号。

具备网络销售处方药条件的药品零售企业,可以向公众展示处方药信息。其他药品零售企业不得通过网络发布处方药销售信息。

具备网络销售处方药条件的药品零售企业,向公众展示处方药信息时,应当突出显示"处方药须凭处方在执业药师指导下购买和使用"等风险警示信息。

第十五条【配送质量管理】 药品网络销售者应当对配送药品的质量与安全负责,保障药品储存运输过程符合药品经营质量管理规范的有关规定。根据配送药品数量、运输距离、运输时间、温度要求等情况,选择适宜的运输工具和温控方式,确保运输过程符合要求、配送活动全程可追溯。

委托配送的,药品网络销售者应当对受托企业的质量管理体系进行审核,并与受托企业签订质量协议,确保落实药品经营质量管理规范的具体规定。

第十六条【记录保存要求】 向个人销售药品的,应当按规定出具销售凭证。销售凭证可以以电子化形式出具。

药品网络销售者应当完整保存供货企业资质证明文件、购销记录、电子订单、在线药学服务等记录，销售处方药的药品零售企业还应当保存电子处方记录。相关记录保存期限不得少于 5 年，且不少于药品有效期后 1 年。

第十七条【风险控制】 药品网络销售者对存在质量问题或者安全隐患的药品，应当采取停止销售、召回或者追回等措施，并及时在网站或者经营活动主页面发布相应信息。

第十八条【配合检查】 药品网络销售者应当积极配合药品监督管理部门的监督检查，在信息查询、数据提取等方面提供技术支持。

第三章　平台管理

第十九条【平台义务】 第三方平台应当符合国家药品监督管理以及网络交易管理的法律、法规和规章等相关要求，具备法人组织或非法人组织资格，具有满足业务开展要求的应用软件、网络安全措施和相关数据库，平台具有网上查询、生成订单、网上支付、配送管理等交易服务功能。

第三方平台应当履行下列义务：

（一）建立并实施保证药品质量安全的制度；

（二）建立药品质量管理机构，承担药品质量管理工作；

（三）建立交易记录保存、投诉管理和争议解决、药品不良反应信息收集等制度；

（四）建立并实施配送质量管理制度。

第二十条【平台备案要求】 第三方平台应当将企业名称、法定代表人、统一社会信用代码、网站名称或者网络客户端应用程序名、网络域名等信息向省级药品监督管理部门备案，取得备案凭证。省级药品监督管理部门应当将平台备案信息公示。

第二十一条【资质信息展示】 第三方平台应当在平台首页清晰展示相关资质证明文件、备案凭证、联系方式、投诉举报方式等相关信息。

第二十二条【平台审查义务】 第三方平台应当对申请入驻的药品网络销售者资质进行审查，确保入驻的药品网络销售者符合法定要求，建立登记档案并及时定期核实、更新药品网络销售资质信息。

第二十三条【平台检查制度】 第三方平台应当建立检查制度，对发布的药品信息进行检查，对交易行为进行监督，对发现的问题主动制止，涉及药品质量安全的重大问题及时报告药品监督管理部门。

第二十四条 【记录保存要求】 第三方平台应当保存药品展示信息、交易记录、销售凭证、评价与投诉举报信息。保存期限应当不少于3年，且不少于药品有效期后1年。

第三方平台应当采取电子签名、数据备份、故障恢复等技术手段，确保资料、信息和数据的真实、完整和安全，并为入驻的药品网络销售者自行保存上述数据提供便利。

第二十五条 【平台禁止情形】 第三方平台发现入驻的药品网络销售者有违法违规行为的，应当及时制止并立即向所在地县级药品监督管理部门报告。

有下列情形之一的，第三方平台应当禁止展示相关药品的信息，按规定公示，并立即向所在地县级药品监督管理部门报告，必要时协助召回或者追回所销售的药品：

（一）药品监督管理部门发布药品撤市、注销药品批准证明文件等决定的；

（二）药品监督管理部门、持有人公布药品存在质量安全问题或者要求召回的；

（三）药品经营企业要求追回药品的；

（四）发现药品存在质量安全问题或者安全隐患的。

有下列情形之一的，第三方平台还应当立即停止提供药品网络交易服务：

（一）发现销售违禁药品、超经营范围销售药品的；

（二）发现药品网络销售者不具备药品网络销售资质的；

（三）发现其他严重违法违规行为的。

第二十六条 【投诉举报处理】 第三方平台接到投诉举报的，应当及时处理。

第二十七条 【配合监督检查】 第三方平台应当按照药品监督管理部门监督检查和网络监测工作要求，提供所需的技术配合，如实提供经营活动相关数据。

第四章　监督管理

第二十八条【监督检查要求】　药品监督管理部门按照法律、法规和规章等相关规定，依职权对药品网络销售和第三方平台实施监督检查。

药品监督管理部门应当配备专业技术人员、设备，开展药品网络销售和第三方平台监督管理工作。

第二十九条【监督检查职权】　药品监督管理部门对药品网络销售和药品网络交易服务进行检查时，有权采取下列措施：

（一）进入经营场所、办公场所、物流活动场所、服务器所在地以及其他有关场所实施现场检查；

（二）对网络销售的药品进行抽样检验；

（三）询问有关人员，调查了解药品网络销售活动或者其委托的物流活动相关情况；

（四）查阅、复制交易数据、合同、票据、账簿以及其他相关资料；

（五）调取网络销售的技术监测、记录资料；

（六）依法对药品、数据存储介质等物品以及从事违法经营活动和相关物流活动的场所、设施等采取查封、扣押措施；

（七）法律、法规规定可以采取的其他措施。

第三十条【当事人配合义务】　药品监督管理部门依法开展检查时，当事人应当予以协助、配合，不得以任何理由拒绝、阻挠。

拒绝、阻挠或者不予配合药品监督管理部门监督检查，经责令改正后仍不改正、造成无法完成检查工作的，检查结论直接判定为不符合相关要求。

第三十一条【管辖权】　对药品网络销售者违法行为的查处，由其所在地县级以上地方负责药品监督管理的部门按职责分工负责；对第三方平台违法行为的查处，由其所在地省级药品监督管理部门负责。

违反本办法规定从事药品网络销售，能够确定违法销售者地址的，由所在地县级以上地方负责药品监督管理的部门按职责分工查处；不能确定违法销售者地址的，由违法行为发生地或者违法行为结果地的县级以上地方负责药品监督管理的部门查处。通过平台销售的，由第三方平台所在地省级药品监督管理部门查处；经调查后能够确定管辖地的，及时移送有管辖权的药品监督管理部门。

对发生药品网络销售违法行为的网站，由药品监督管理部门通报互联网信息主管部门。

第三十二条 【药品网络交易监测】 国家药品监督管理局组织建立国家药品网络交易监测平台。

省级药品监督管理部门自行建立药品网络交易监测平台的，应当与国家药品网络交易监测平台实现数据对接。

县级以上地方负责药品监督管理部门应当依职责对监测发现的违法违规行为，及时组织调查处置。

第三十三条 【检查权限】 药品监督管理部门在检查中发现药品网络销售者或者第三方平台未按规定建立并执行相关质量管理制度，且存在药品质量安全隐患的，可以责令其暂停网络销售或者暂停提供相关药品网络交易服务。恢复药品网络销售或者恢复提供相关药品网络交易服务的，药品网络销售者或者第三方平台应当向原作出处理决定的药品监督管理部门提出申请，经药品监督管理部门检查通过后方可恢复。

第三十四条 【责任约谈】 药品网络销售者、第三方平台有下列情形之一的，药品监督管理部门可以依职责对其法定代表人或者主要负责人进行约谈：

（一）存在药品质量安全隐患，可能引发药品质量安全风险的；

（二）未及时采取有效措施排查、消除药品质量安全隐患，未落实药品质量安全责任的；

（三）需要进行约谈的其他情形。

约谈不影响药品监督管理部门依法对其进行行政处理。被约谈企业无正当理由未按照要求整改的，县级以上地方负责药品监督管理部门应当依职责增加监督检查频次。

第三十五条 【违法行为公开】 对存在违法行为的药品网络销售者和第三方平台，药品监督管理部门可以通过政务网站等渠道，予以公示。

第三十六条【证据采用】 药品网络销售和药品网络交易服务的技术监测记录、信息追溯资料等，可以作为药品监督管理部门实施行政处罚或者采取行政措施的证据。

第三十七条【部门数据共享】 药品监督管理部门应当与公安机关、互联网信息主管部门等合作，加强对药品网络销售和药品网络交易服务的监督检查，实现监管部门之间数据共享。

第五章 法律责任

第三十八条【行刑衔接】 药品网络销售者、第三方平台违反电子商务和药品管理法律法规从事销售活动或者交易服务，法律法规已有规定的，从其规定。构成犯罪的，依法追究刑事责任。

第三十九条【不具备条件从事网络活动罚则】 有下列情形之一的，责令限期改正，处1万元以上3万元以下罚款：

（一）违反本办法第十一条规定，从事药品网络销售的；

（二）违反本办法第十九条规定，从事药品网络交易服务的；

（三）未按照药品监督管理部门的决定暂停（或者终止）网络销售或者网络交易服务的。

第四十条【未备案罚则】 违反本办法第十二条、第二十条规定，未按规定报告或者备案的，责令限期改正；逾期不改的，处1万元以上3万元以下罚款。

第四十一条【违反信息报告义务罚则】 违反本办法第十四条、第十七条规定，未按要求展示或者发布相关信息的，责令限期改正；逾期不改的，处5000元以上1万元以下罚款。

第四十二条【未出具销售凭证罚则】 违反本办法第十六条第一款规定，未出具销售凭证的，责令限期改正；拒不改正的，处1000元以上1万元以下罚款。

违反本办法第十六条第二款规定，未按照规定留存电子订单台账记录的，责令限期改正，处5000元以上2万元以下罚款。

第四十三条【GSP有关罚则】 违反本办法第八条第三款、第九条、第十条、第十五条规定的，按照《药品管理法》第一百二十六条规定进行处罚。

第四十四条【平台罚则】 违反本办法第二十二条、第二十三条、第二十五条第三款规定的，按照《药品管理法》第一百三十一条规定进行处罚。

违反本办法第二十四条第一款规定，未按规定保存相关记录、凭证、信息的，责令限期改正，处 1 万元以上 3 万元以下罚款。

第四十五条【从重处罚】 违反本办法规定，对药品监督管理部门依法开展的监督检查拒绝、阻挠或者不予配合的，依法从重处罚。

第四十六条【监管人员责任】 药品监督管理部门及其工作人员不履行职责或者滥用职权、玩忽职守、徇私舞弊的，依法追究行政责任；构成犯罪的，移送司法机关追究刑事责任。

第六章 附 则

第四十七条【省局实施细则】 省级药品监督管理部门可依据本办法，结合监管实际制定本办法的实施细则。

第四十八条【施行日期】 本办法自 2020 年 月 日起施行。